墨香财经学术文库
“十二五”辽宁省重点图书出版规划项目

我国学前教育的政府和市场供给作用机制研究

Study on the Government and Market Supply Mechanism of Preschool Education in China

吕思锜 著

东北财经大学出版社 大连
Dongbei University of Finance & Economics Press

图书在版编目（CIP）数据

我国学前教育的政府和市场供给作用机制研究 / 吕思锜著. —大连 : 东北财经大学出版社，2023.4
（墨香财经学术文库）
ISBN 978-7-5654-4797-6

Ⅰ.我…　Ⅱ.吕…　Ⅲ.学前教育-供给制-研究-中国　Ⅳ.G61

中国国家版本馆CIP数据核字（2023）第032520号

东北财经大学出版社出版发行
大连市黑石礁尖山街217号　邮政编码　116025
网　　址：http：//www.dufep.cn
读者信箱：dufep @ dufe.edu.cn
大连美辰印刷厂印刷

幅面尺寸：170mm×240mm　字数：203千字　印张：13.75　插页：1
2023年4月第1版　2023年4月第1次印刷
责任编辑：李　彬　孙　平　徐　群　时　博　责任校对：王芃南
封面设计：原　皓　版式设计：原　皓
定价：56.00元

教学支持　售后服务　联系电话：(0411) 84710309

如有印装质量问题，请联系营销部：(0411) 84710711

前言

人口老龄化趋势下，伴随我国生育政策调整，学前教育需求急剧扩大。加之公众与政府逐步认同学前教育对个人学习与生活以及经济社会发展的重大意义，也带来高质量发展学前教育的迫切需求。与旺盛的学前教育需求相背离，我国学前教育满意度较低，亦不符合“办好人民满意的教育”政策规划和主张。因此，从公众诉求和政策导向来看，迫切需要聚合政府与家庭以及社会其他组织之力，以完善学前教育供给机制。

学前教育满意度低与已成为热点民生问题的学前教育“入园难、入园贵”问题相挂钩，而要想从根本上解决该问题，仍需重新审视学前教育供给中政府与市场机制的分工和合作关系。从现存学前教育供给中政府与市场机制的分工和合作相关研究看，多数研究主要立足于政府视角，对于基于学前教育的产品属性进而考量政府机制与市场机制各自优势，形成互补与合作关系研究，有待进行理论思考和实践探索。因此，为完善学前教育政府与市场供给作用机制，仍需首先做扎实的理论铺垫，结合学前教育供给的客观问题以及公众的主观诉求，构建切实缓解

“入园难、入园贵”问题、提升学前教育满意度、促进学前教育稳定发展的成本分担机制。

因此，本书以学前教育供给过程中政府与市场分工和合作作为研究对象，定性分析学前教育客观供给的突出问题，定量分析影响学前教育主观满意度的因素，以学前教育的准公共产品属性为依托，以效率和公平为原则，试图明确划分学前教育政府事权，构建学前教育成本分担机制以完善学前教育供给政府与市场作用机制。本书的研究内容具体包括：

第1章为导论。本章主要介绍选题的背景与意义，在综述现有文献、识别研究争议点的基础上，确定本书的逻辑框架与研究方法，简述可能的创新与不足之处。

第2章是政府和市场供给学前教育理论分析。为明确学前教育供给过程中政府与市场供给机制的职能分工，从学前教育产品的个人层面以及社会层面的正外部性，以及学前教育消费过程中一定范围内的非竞争性和非排他性、超出特定范围后存在一定程度的竞争性和排他性，基于公共产品理论，界定学前教育服务的准公共产品属性。在此基础上，分别探讨学前教育满意度和学前教育成本分担问题。最后，从学前教育供给中政府和市场机制的分工与合作、学前教育供给中政府发挥重要作用、学前教育供给中政府采取多样化财政支持方式以及中央和地方政府间学前教育供给事权和支出责任划分等方面，梳理并总结部分典型国家政府和市场供给学前教育的政府和市场供给机制。

第3章是我国学前教育供给突出问题的定性分析。准确认识我国学前教育供给中的突出问题，是改革并完善我国学前教育制度设计的首要基础条件。因此，本章基于我国学前教育供给中政府和市场机制分工与合作的历史演进梳理，并基于我国学前教育供给中政府职能定位和制度规定、中央和地方政府间学前教育供给事权和支出责任划分以及学前教育供给中政府的财政支持方式及绩效等逻辑框架，从学前教育供给过程中政府和市场分工、政府间学前教育事权和支出责任划分、省际差异、城乡差异以及绩效等方面，分析我国学前教育供给中的突出问题。

第4章是我国学前教育满意度实证分析。与学前教育政府和市场供给机制的两个重要来自供给方的主体相对，接受学前教育幼儿及其家长构成学前教育需求方主体。学前教育的准公共产品属性以及正外部性也意味着，学前教育幼儿及其家长对于学前教育的满意度，应成为考量学前教育政府与市场供给效率的重要因素。因此，本章从学前教育需求方角度，基于科学方法精确测度学前教育满意度，并综合考虑影响学前教育满意度诸因素，试图明确我国学前教育政府和市场供给过程的“痛点”所在，从而与前述我国学前教育政府和市场供给中存在的突出问题相印证，为完善我国学前教育政府和市场供给提供政策指向。具体地，将学前教育满意度的影响因素具体化为幼儿家长个人因素、学前教育的客观供给因素以及中介因素，并侧重分析幼儿园类型、学前教育支出占收入比重等因素对我国学前教育满意度的影响。

第5章是我国学前教育成本分担的机制。合理清晰划定学前教育供给政府事权、完善学前教育成本分担机制，是解决我国学前教育供给中的突出问题以提升适龄幼儿家长学前教育满意度的重要途径。鉴于此，首先，本章结合我国学前教育实践探究基于成本角度的学前教育成本核算，并与我国现行学前教育投入进行比较，得到我国学前教育投入缺口。其次，在划分学前教育政府与市场职能，并明确各级政府事权的基础上，测算构建包含政府和市场成本分担以及各级政府成本分担的学前教育成本分担机制。最后，本章还以DL市ZS区为例基于调研数据测算学前教育成本分担。

第6章是完善我国学前教育政府和市场供给作用机制的政策建议。基于学前教育的准公共产品属性与公平原则、效率原则，结合学前教育供给中的突出问题、满意度的实证结果以及学前教育成本分担的思路，从学前教育政府与市场的职能定位、政府的制度供给、政府间事权与支出责任划分以及学前教育财政支持方式等角度，就完善我国学前教育政府和市场供给作用机制提出政策建议。具体地，首先，应校准学前教育政府与市场供给职能定位，使政府承担学前教育供给的基本质量标准服务职责，使市场机制在学前教育供给中发挥满足高质量多样化标准服务需求的作用。其次，完善我国政府学前教育制度供给职能，并主要表现在学前教育战略规划，制定学前教育质量标准，建立学前教育质量监督、评价与公开制度，建立学前教育师资队伍建设保障制度，并尽快实现学前教育立法。再次，建立规范学前教育政府间事权与支出责任划分制度，清晰划分中央、省和县级政府学前教育事权与支出责任。最后，从建立完善学前教育经费投入机制以及多元化财政支持方式角度，优化我国学前教育供给中财政支持方式与绩效。

为更全面和准确研究我国学前教育供给过程中的政府和市场机制分工和合作关系，本书尝试从学前教育满意度分析以及学前教育成本核算和分担机制建设两个方面夯实基础。首先，为实施学前教育满意度实证分析，现有研究中满意度数据主要来自大规模调查。考虑到针对学前教育满意度进行调查，耗费的时间与货币成本过高，为此，本书的学前教育满意度数据获取主要基于中国家庭追踪调查（CFPS）问卷中的教育满意度数据，通过增加限定条件，转化成可用的学前教育满意度数据。同时，受益于中国家庭追踪调查数据的连续性特征，分析了三期学前教育三年行动计划的重要改革阶段，全国学前教育满意度的变化趋势。其次，以表征学前教育政府与市场分工以及成本分担的指标为核心解释变量构建模型，不仅验证了学前教育供给政府与市场分工对满意度的显著影响，同时结合赫兹伯格的双因素理论，分析了学前教育客观供给因素中降低学前教育不满意程度的因素与进一步提升学前教育满意度的因素的差异，为完善学前教育供给政府与市场机制提供了可选政策路径。

进一步而言，将学前教育成本界定为资源被充分利用前提下、满足基本需求质量标准的机会成本，并在成本核算中严格遵循此定义。与此同时，考虑到区域间学前教育发展的异质性，设计了可随经济与质量调整的成本核算方法。本书构建的成本核算方法，其核算结果不仅可以作为学前教育成本分担的依据，还可以作为评价学前教育经费投入合理性的参照。

吕思锜

2022年7月

目录

1 导论

1.1 研究背景与选题意义

苏联著名教育学家马卡连柯曾言:“教育的基础主要是5岁以前奠定的,它占整个教育过程的百分之九十。在这以后,教育继续进行,人进一步成长、开花、结果,而你精心培植的花朵在5岁前就已经绽蕾。”虽然还没有科学研究证明百分之九十的准确性,但学前教育的重要性已凸显出来。学前教育之所以重要,主要是因为,幼儿学习的初始阶段是幼儿智力发展的最基础阶段,不仅是幼儿性格和习惯养成的关键时期,而且是儿童人格形成的萌芽阶段。正是学前教育阶段对个体层面的学习和生活具有重大意义,以及对社会层面的经济社会具有深远影响,完善学前教育市场与政府的供给机制,为适龄幼儿提供满足其需求的学前教育产品成为必要之举。

1.1.1 研究背景

1.人口老龄化趋势下生育政策调整带来巨大学前教育需求

当今世界，人口老龄化是不可逆转的全球化趋势。依据1956年联合国《人口老龄化及其社会经济后果》划分标准，当一个国家或地区65岁及以上老年人口数量占总人口比例超过7%时，则意味着这个国家或地区进入老龄化；1982年，维也纳老龄问题世界大会将老龄化标准从年龄和占比两方面调整为60岁及以上老年人口占总人口比例超过10%。从我国人口老龄化发展趋势看，依据2000年我国第五次人口普查数据，65岁及以上老年人口占比7.09%，60岁及以上人口占比10.45%。因此，无论是1956年联合国的老龄化标准，还是1982年维也纳老龄问题世界大会标准，我国都已经进入老龄化社会。进一步地，2019年年末，65岁及以上老年人口占比以及60岁及以上人口占比分别增长到12.6%和18.1%[①]。据预测，我国65岁及以上人口比例从7%到14%仅需用26年，与老龄化最严重的日本相同，可见我国人口老龄化的速度之快。加之中国人口基数大，在未来60年内，我国老年人口数量将维持全球之最[②]。

以老年人口占比大幅上升为表征的人口结构转型变化，将给经济和退休养老制度可持续发展带来重大挑战。在此背景下，包括人口政策、社会保障政策、经济和产业政策以及与健康照料相关的政策调整，成为各国应对严峻的人口老龄化趋势的重要内容。为改善人口结构，将人口政策调整为鼓励增加新生儿出生，进入各国视野。应注意到，在除家庭经济以及工作压力等常见影响家庭二孩决策的因素中，学前教育需求的满足亦是一个重要考量因素。据测算，2015年实施全面二孩政策后，我国城镇在园幼儿数在2022年达到峰值，较2016年增加1 738.87万[③]。面对新增幼儿学前教育资源巨大需求压力，有效解决幼儿园入园难、入

---

① 中华人民共和国国家统计局. 中华人民共和国2019年国民经济和社会发展统计公报[M]. 北京：中国统计出版社，2020.

② 杜鹏，杨慧. 中国和亚洲各国人口老龄化比较［J］. 人口与发展，2009，15（2）：75-80.

③ 李玲，黄宸，李汉东. “全面二孩”政策下城乡学前教育资源需求分析［J］. 教育研究，2018，39（4）：40-50.

园贵等现实问题就变得至关重要。

2.社会公众对于学前教育需求旺盛与满意度不高并存

我国生育政策调整带来新增幼儿巨大的学前教育需求，以及社会收入水平和公众对学前教育价值认知提升带来学前教育需求持续增长，但与此相悖的是，学前教育的供给相对有限。而旺盛的学前教育需求与有限的学前教育供给无法匹配，突出表现在“入园难、入园贵”这一亟须解决的民生问题上。首先，“入园难”问题表现为两个层面：一方面入读普通幼儿园难，即适龄幼儿入读普通幼儿园的机会受限，教育部全国教育事业发展统计公报数据显示，2019年我国学前教育毛入园率仅为83.4%；另一方面入读学前教育质量较好的幼儿园难，即质优价廉的公办园学位供给不足。据教育部有关统计数据，2019年公办幼儿园学位供给量仅为全部幼儿园学位供给量的43.8%。其次，“入园贵”问题得到相关调查研究印证，如刘焱等（2014）调研得到，城市3~6岁幼儿家庭的学前教育总消费占家庭人均可支配收入的81%，其中，中国教育财政研究所调查发现，作为幼儿家庭必需的花费校内支出占据教育总支出的份额达到88.8%。

“入园难、入园贵”问题，突出反映在表征学前教育需求方主观感知的学前教育满意度水平较低，且多项调查研究证实学前教育主观满意度是各教育阶段最为薄弱的一环。值得注意的是，剖析学前教育满意度水平较低与“入园难、入园贵”问题背后的学前教育供给的症结所在，已成为亟待解决的问题。

总而言之，为应对人口老龄化趋势下生育政策调整带来的巨大的学前教育需求挑战，提升与旺盛学前教育需求相龃龉的低层级的满意度水平，迫切需要聚合政府与家庭以及社会其他组织之力，界定学前教育供给中政府和市场的职能分工，划分政府间事权与支出责任，以完善学前教育供给机制。

1.1.2 选题意义

1.探究政府与市场机制在学前教育供给中分工合作关系

从现实意义而言，学前教育需求随人口老龄化趋势下的生育政策转变以及公众收入水平提升和对学前教育观念改变迎来快速与多元化的增长，但当前较低的学前教育满意度反映了学前教育供给机制的不完善，在学前教育供给和需求矛盾突出的背景下，理顺学前教育供给中市场机制和政府机制的关系，发挥好各自的优势，对促进学前教育的可持续发展至关重要。

从理论意义而言，当前关于学前教育供给政府与市场分工的研究主要从政府的角度出发，仍可以补充政府机制与市场机制互动的视角，即以学前教育的产品属性为核心，考量政府机制与市场机制各自优势，形成互补与合作关系的研究。换言之，探究政府机制与市场机制在学前教育供给中的分工合作关系是对学前教育供给研究的重要理论补充。

2.明确不同层级政府供给学前教育职责与成本分担

明确不同层级政府供给学前教育职责与成本分担具有重要的现实意义。这表现在：当前经济新常态形势下，经济下行压力加大，加之减税降费的影响，财政收支矛盾凸显，财政性教育经费增长受限，而学前教育政府供给的职责仍存在不清晰、不合理等问题。基于此，明确划分不同层级政府供给学前教育的职责，对深化和完善教育财政体制改革、合理配置财政资源、提高财政资金管理和使用效率、保障学前教育财政投入长效稳定具有重要意义。

明确不同层级政府供给学前教育职责与成本分担具有重要的理论意义。首先，当前政府间学前教育事权由哪一层级政府承担，具体如何划分还有较多理论争议，而学前教育成本分担作为政府支出责任的重要一环是以政府间学前教育事权为基础的，因此，以清晰事权界定为基底的学前教育成本分担理论构建还有较大的理论探讨空间。其次，学前教育成本分担的现有研究处于学前教育成本概念理论和成本分担机制设计的并行独立研究阶段，存在有机结合两者的研究拓展方向，而作此研究拓展的价值在于，以科学界定的学前教育成本概念为基础构建学前教育成本分担机制，更能针对学前教育供给的痛点，实现促进学前教育资源配置效率和教育质量提升的目的。因此，明确不同层级政府供给学前教育职责与成本分担，有助于完善学前教育供给政府事权理论，构建事权清晰、学前教育成本概念科学的成本分担机制。

3.探讨基于社会公众学前教育满意度的政府和市场供给方式

“办好人民满意的教育”是中国共产党第十八次全国代表大会报告中将教育放在改善民生和加强社会建设之首、深化教育领域综合改革中所强调的。教育满意度不仅为研究教育供给现状提供需求视角，还为公众提供主观表达教育感受与诉求的渠道，同时也为政府提供工作绩效评价、薄弱环节诊断与破解的依据。

当前关于教育满意度的研究多集中于基础教育阶段，而全国范围内学前教育阶段幼儿及家长的满意度水平及其变化趋势仍可进一步探讨。应特别注意的是，在学前教育改革背景下，学前教育的客观供给在近年内发生较大的变化，从主观满意度的视角剖析学前教育供给的未完善之处，既为学前教育改革提供以需求角度为切入点的政策依据，也为完善学前教育供给的理论研究提供重要的视角补充。

1.2 文献综述

纵览现有学前教育供给研究文献，可以发现学前教育政府和市场供给研究主要涉及以下四方面：学前教育供给政府与市场分工的理论依据以及学前教育供给政府与市场分工、学前教育政府职能研究、学前教育成本分担以及学前教育的满意度研究。综述现有文献，目的在于识别研究的侧重点，分析不同文献争议点存在的缘由，并以此为依托构建本书的逻辑框架。

1.2.1 学前教育供给政府与市场分工研究

学前教育供给主体包括政府与市场，据此进行逻辑推演，学前教育产品可以由政府、市场单独提供，或者由政府和市场共同提供，而本书探究学前教育供给政府与市场分工，源自学前教育产品在理论研究和绝大多数国家实践中，都以政府与市场共同提供为主。从理论研究而言，学前教育产品由政府和市场共同提供是基于学前教育的准公共产品属性（Kimura等，2009；闫建璋等，2011；江夏，2017；蔡迎旗等，2019；

刘焱等，2020），可充分利用市场配置资源的信息优势和政府配置资源的公平准绳（Casey Abington等，2013；Paulo Bastos等，2016；Susana Cordeiro Guerra等，2019）。从各国实践而言，以经济合作与发展组织（OECD）的34个成员国为例，绝大多数国家学前教育产品由政府与市场共同供给，仅有爱尔兰一个国家由政府一方单独提供（李宏堡，2015）。因此，探究学前教育供给的政府与市场分工具有理论与实践基础。

目前探究学前教育供给政府与市场分工的研究专注于两方面：学前教育供给政府与市场分工的依据，以及学前教育供给政府与市场分工。

1.学前教育供给政府与市场分工的依据研究

学前教育供给中政府与市场依据何种原则予以分工，是学前教育政策设计与评估的基石，且直接关系到学前教育的发展定位，因此确定学前教育供给政府与市场分工依据具有重要作用。目前涉及的学前教育供给政府与市场分工依据，主要包含教育公平和学前教育资源配置效率两类，具体如下所述：

第一，学前教育供给政府与市场分工应当以教育公平为原则，众多研究支持政府对教育公平发挥作用这一观点，但教育公平的含义在不同研究中仍有差异，具体表现在：一类观点认为学前教育供给政府与市场分工中，教育公平原则体现为政府面向所有适龄幼儿提供基本质量标准的学前教育产品。而提出该项主张是基于以下两方面原因：一方面是由学前教育的基本公共服务属性出发，即关注学前教育的外部收益，故要求满足广泛的适龄儿童入园需求，如王默等（2015）、冯婉桢（2016）；另一方面是从提高需求方的主观满意度角度出发，认为面向所有适龄幼儿提供基本质量标准的学前教育产品有助于提高学前教育满意度，如冯婉桢（2015）、黎日龙等（2015）。另一类观点认为学前教育供给政府与市场分工中，教育公平原则体现为政府面向处境不利的幼儿及其家庭提供扶助。提出该项主张是基于“底线公平”原则或者承担政府管制连锁反应责任，具体来说，遵循社会保障制度的“底线公平”，不是面向普通公众而是仅对处境不利的幼儿及其家庭提供扶助，是为避免社会保障刚性支出过度膨胀和资源浪费，如姜勇等（2019）持有这种观点；但崔总合（2018）认为学前教育供给是因为受到政府管制，譬如设置学前教育市场最低准入门槛，才导致部分幼儿没有经济能力获得教育机会，因此从政府与市场分工的角度，政府应当承担针对该部分群体的学前教育供给责任。

上述两类关于学前教育供给政府和市场分工中政府发挥教育公平作用的理解，其实是包含与被包含的关系，第一类面向所有适龄幼儿提供基本质量标准的学前教育产品，必然包含第二类针对处境不利幼儿及其家庭的特别扶助，但将教育公平仅局限于第二类观点，折射出学前教育供给政府和市场分工的理论研究中学前教育产品属性不明的问题。因此，明确学前教育供给政府与市场分工公平原则的前提是清晰界定学前教育的产品属性。

第二，学前教育供给政府与市场分工应当以资源配置的效率为原则。学前教育资源配置效率的原则，是以保证基本质量标准为前提，反映了学前教育资源稀缺的条件下，追求既定资源提供更多的学位供给，满足幼儿及其家长不同学前教育质量需求的目标。学前教育供给政府与市场分工以效率为原则的研究，包括学前教育供给政府与市场资源配置效率的优势，以及政府与市场资源配置效率实现的保障条件。分而述之，首先，学前教育供给政府与市场资源配置效率的优势体现在：一方面，市场配置资源效率体现在民办幼儿园的信息优势，具体而言，民办幼儿园在同质化学前教育产品供给中难以获得经济利润，只能通过不断降低成本获取需求信息以供给质量差异化的产品获取垄断利润，因而市场适合满足形式、内容、规格等多样化的学前教育需求，如崔总合（2018）、冯婉桢等（2016）、李辉（2019）、任慧娟（2020）；另一方面，政府配置资源效率体现在公办幼儿园的规模优势，在既定质量标准限制下，政府凭借财政资金等优势迅速扩大学前教育供给，进而凭借规模优势吸引学前教育专业人才流入该行业，从而促进实现学前教育资源有效配置的目标，如冯婉桢等（2018）。其次，实现资源配置效率的保障条件分别就政府与市场展开，其中保障政府资源配置的效率，需要考量社会发展规划、人口流动趋势以及城乡交通便利条件等方面对学前教育需求的影响，如冯婉桢等（2019），以及政府的财政能力、政府支出偏好（吕炜等，2008）、教育管理制度的完善程度等方面对学前教育供给的影响，如张雪（2019）；进一步地，保障市场资源配置效率，需要搭建全面可靠的学前教育质量信息服务平台，以确保民办幼儿园差异化质量的学前教育产品能够获取垄断利润（肖灿，2014；陈欢等，2019）。

学前教育供给政府与市场分工，无论是公平原则抑或是效率原则，都是以学前教育质量为基准的，因此考量学前教育供给政府与市场分工，必须考量政府机制与市场机制对学前教育质量的影响。目前关于政府机制与市场机制对学前教育质量影响的研究包括两类观点：第一类强调市场机制对学前教育质量的正向促进作用，以市场机制为表征的民办幼儿园通过与以政府机制为表征的公办幼儿园在招生和师资培训方面竞争，促使学前教育质量提升，如冯婉桢等（2016）；第二类强调政府机制对学前教育质量的保障作用，表现为政府对公办幼儿园的直接监督管理，如张雪（2019），对民办幼儿园通过教育质量信息公开以及普及科学教育观念促进其在超额利润引导下追求学前教育质量提升，如陈欢等（2019）。

2.学前教育供给政府与市场分工

探讨学前教育供给政府与市场分工，目的在于从学前教育现实出发，厘清政府与市场分工的问题，与上述从理论层面界定政府与市场分工的依据形成参照与补充的关系，进而增强政策制定的科学性。总体来说，现有文献表明学前教育供给政府和市场分工存在不合理的问题，体现为政府供给未能满足学前教育基本质量需求，以市场机制为表征的民办幼儿园发展受困。具体表现如下：

第一，政府供给未能充分满足学前教育基本质量需求。依据教育公平的第一类观点以及政府配置资源的规模优势，政府应当面向所有适龄幼儿提供基本质量标准的学前教育产品，但现实是政府财政惠及的幼儿数量减少，政府供给未能惠及城市家庭经济条件普通以及农村和偏远地区的适龄幼儿（李键江等，2020），政府未能充分满足学前教育基本质量需求，其结果是，市场机制被动进入低端幼儿园市场，以填补市场空缺（冯婉桢等，2016；杨娟，2012）。

第二，以市场机制为表征的民办幼儿园发展受困。依据市场配置学前教育资源的信息优势，民办幼儿园应当满足更高质量标准的多元化需求。但是，现实存在公办幼儿园凭借财政投入与民办幼儿园展开不合理竞争的情况，表现为：对非普惠性民办幼儿园而言，公办幼儿园与其竞争高质量标准的学前教育需求生源，凭借低价挤压其盈利空间（冯婉桢等，2016）；不仅如此，对在当前公办幼儿园供给匮乏背景下发展而来的普惠性民办幼儿园而言，其承担着与公办幼儿园共同提供基本质量标准的学前教育产品职责，但是由于其接受的政府补贴无法与公办幼儿园相媲美，在共同提供同质化产品时，普惠性民办幼儿园被公办幼儿园挤压盈利空间，更重要的是无法吸引学前教育专业人才（冯婉桢等，2019），从而遭遇发展瓶颈。

总而言之，学前教育供给政府与市场分工的现实，与理论分工依据呈现较大差距，究其原因，既与学前教育产品属性不明有关，又与学前教育政府事权界定不清有关。

1.2.2 学前教育供给政府间事权划分研究

学前教育供给政府间事权划分，在于规范学前教育供给中各级政府的职责，各级政府按照规定履行职责才能保障学前教育的稳定发展。具体来说，政府间事权划分不清，现实往往带来基层政府负担过重的结果，原因在于，当前我国自上而下的垂直管理体制，会使得模糊不清的事权极易通过上级政府的考核等政治程序分解下放给下级政府（熊波，2007；张雪，2016；李振宇等，2017），而不断下放的事权累积于基层政府，使得基层政府超负运转而无法全面履行所有政府职责，带来政府职能缺位问题，进而影响公共产品提供的质量与水平。基于此，研究学前教育政府间事权划分，目的在于各级政府各司其职从而保证学前教育的制度供给和财政投入的长效稳定，进一步保障学前教育产品提供的质量与水平。

目前有关学前教育供给政府间事权划分的相关研究，存在较多理论交锋，表现为：对学前教育事权政府承担的层级尚存争议，中央与地方政府事权划分的主张侧重点不尽相同，具体如下所述：

（1）学前教育供给事权是由较高层级政府，还是由较低层级政府承担仍有争议。第一类观点认为学前教育事权应该由较低层级政府承担，原因在于，根据西方财政分权理论，地方政府供给地方性公共产品的优势在于地方政府相较于中央政府可以低成本获取当地居民的需求信息，且居民可采取“用脚投票”的方式促进地方政府展开财政竞争，继而提高学前教育资源配置效率（Tiebout等，1956），因此学前教育投入应该由较低层级政府承担，多数研究者认为应当由县级政府承担学前教育主要事权（王春元，2014；孙开等，2018；徐晓，2018）；第二类观点认为应当由较高层级政府承担学前教育事权，原因在于，我国现有的财政分权制度与西方财政分权制度存在差异，在西方财政分权制度下基于“用脚投票”机制，地方政府供给非经济性公共物品可以提高资源配置效率，但在我国现有财政分权体制下，实践结果显示地方政府供给非经济性公共物品并未提高资源配置效率（傅勇，2010；赵海利，2011），具体到普惠性学前教育资源的供给，现有的转移支付制度未能调动地方政府的积极性，使得学前教育供给质量和水平受限，基于此，应当将学前教育事权适当上移至中央和省级政府统筹（张雪，2016；刘焱，2020）。总而言之，两类观点的交锋之处在于上级政府的转移支付是否是解决基层政府自有财力不足问题的最有效方式。

（2）学前教育供给事权进一步细化为行政管理权、统筹管理权和财政投入权，而三者的职责重心不同，行政管理事权重心在县级政府、统筹管理事权重心在省级政府、财政投入重心在中央支持下的地方政府，持此观点的有李宏堡等（2015）；另一类观点将学前教育事权细分为决策权、执行权和监督权，学前教育政策制定的决策权和监督权由中央和省级政府承担，执行权由市县两级政府承担，更进一步，为达到学前教育事权与支出责任相匹配，孙开等（2018）提出“事权法定、上级统筹、超负上移”的观点；还有一类观点将学前教育事权分为直接事权与间接事权，分别匹配学前教育的直接支出责任和间接支出责任，其中，学前教育的直接支出责任由本级政府的自有财力支持，间接支出责任由上级政府转移支付支持，持此观点的有黄洪等（2014）。

政府间学前教育供给事权划分的三类观点，其理论交锋之处在于处理基层政府财力与事权不匹配问题的方式不同。具体而言，第一类观点考虑基层政府存在财力与事权不匹配问题，因而将行政管理、统筹管理和财政投入的重心加以区分，但忽视了事权与支出责任不匹配可能带来政府职能缺位问题；第二类观点在处理基层政府财力与事权不匹配问题时，提出上级政府对本级政府决策承担兜底职责，但未就学前教育的具体事权进一步展开讨论；第三类观点重视学前教育事权与支出责任的匹配，但以是否由本级政府自有财力支持来区分学前教育直接支出责任与间接支出责任，进而匹配直接事权与间接事权，忽视了现实中区域间基层政府自有财力的异质性，从而将导致直接事权与间接事权定义的复杂化。基于此，仍留有很大空间进一步探讨基层政府财力与事权不匹配时如何处理以及学前教育具体事权的划分问题。

除此之外，学前教育供给地方政府间事权划分也是形成财政投入长效机制的基础性环节。黄洪等（2014）的研究结合30个省级政府发布的“学前教育三年行动计划”，总结地方政府间投入的管理体制，得到的结论是在第一个三年计划期间，20个省份政府管理体制以县为主，5个省份以市县为主，1个省份以县乡为主，其余省份未明确管理体制。但该文献距今已有8年，且囿于当时为学前教育三年计划的起始阶段，相关数据统计还不健全，因而更新目前学前教育地方政府间事权的政策性规定，并结合学前教育供给的现状，可以进一步探讨学前教育事权划分的合理性以深化该部分研究。

解决学前教育供给问题，不仅需要以清晰界定的政府事权来规范各级政府行为，同时还需要以有效的成本分担机制作为学前教育资源配置效率和质量提升的保障，因此，接下来将继续追溯学前教育成本分担的相关研究。

1.2.3 学前教育成本分担研究

学前教育成本分担机制研究在理论与实践方面都具有重要意义。具体来说，从理论来看，科学的学前教育成本分担机制可以通过约束地方政府对学前教育投入责任，防止其以刚性的义务教育财政投入挤占非刚性的学前教育财政投入来释放财政压力，从而保障学前教育投入的充足与稳定（徐晓，2018；张琴秀等，2019）；更进一步，充足与稳定的学前教育财政经费是政府供给学前教育的重要保障（Duncan R.，1999；虞永平，2007）。从国际经验来看，科学的学前教育成本分担机制能够有效促进学前教育的发展，如日本通过法律形式确定学前教育各类成本在各级政府之间的分担机制，从而促进了日本学前教育的发展（徐晓，2018）。基于此，学前教育成本分担问题也顺理成章成为学前教育供给理论研究的焦点。

当前学前教育成本分担的研究主要涉及以下三方面：学前教育成本政府与市场分担现状研究、学前教育成本政府间分担现状分析以及成本分担机制研究。

1.学前教育成本政府与市场分担现状研究

剖析学前教育政府与市场成本分担现状，识别学前教育成本分担的问题，继而为有针对性构建学前教育成本分担机制提供现实依据。现有文献对学前教育成本政府与市场分担现状的分析，主要从政府投入角度出发，分析政府投入的效率和公平问题。

第一，有关学前教育经费投入-产出效率的研究，主要使用DEA分析模型考察全国、各区域以及各类幼儿园的效率。总体而言，众多研究结果共同显示全国学前教育经费投入-产出整体效率低（王水娟等，2012；董艳艳，2015；郭燕芬等，2017；霍利婷等，2019）。进一步具体到各区域，对比其学前教育经费投入-产出效率，所得结论并不一致，例如，郭燕芬等（2017）实证结果为东部省份的学前教育经费投入效率低于中西部地区，而霍利婷等（2019）实证结果显示虽然西部省份经费支持力度高，但使用效率非常低，两者使用相同的分析模型得到的结论却相互矛盾。更进一步具体至各类幼儿园的教育经费使用效率，民办幼儿园效率高于其他类型幼儿园（包海芹等，2015）。总结而言，不同研究使用同一方法对同一问题进行研究所得结论却相互矛盾，这主要归因于学前教育的投入指标、产出指标设置不同，但相互矛盾的结论使得研究的可靠性受到一定的质疑。

第二，有关学前教育财政投入的公平问题研究，主要涉及学前教育财政投入的省际差异、城乡差异，以及政府财政支持的公办幼儿园内部差异。首先，关于学前教育财政投入省际和城乡差异的研究，主要通过学前教育经费政府分担比例、学前教育生均经费、学前教育生均预算内经费、生均学杂费指标，或者构建学前教育公益普惠的指标体系，得到省际存在不均衡问题（杜莉，2017），同一省域内农村的不均衡程度高于城市（杨雪萍，2013；庄爱玲等，2015；赵彦俊等，2017；陈蓉晖等，2018；夏茂林，2019），而省级差异在缩小（吴静等，2015）。其次，关于政府财政支持的公办幼儿园内部差异的研究，通过宏观数据和微观调查数据证实了长期以来学前教育财政投入集中于部分公办幼儿园的“倾斜性投入体制”，即财政投入主要投向于各级示范园和事业单位直属园等高端幼儿园，为有权家庭或者高收入家庭的子女提供超标准的学前教育服务，导致基本质量标准的学前教育学位供给不足（桂磊，2004；杨娟，2012；董艳艳，2015；张雪，2016；冯婉桢等，2016；王娅等，2019；李键江等，2020）。总而言之，学前教育财政投入的公平性不足，但是近年来是否发生变化有待进一步确认。

学前教育成本分担问题，不仅包含政府与市场之间的划分，还应当包括学前教育成本政府间的划分，因此有必要对此问题进行进一步探究。

2.学前教育成本政府间分担现状研究

学前教育成本政府间分担是学前教育成本分担中的重要环节，而当前相关研究主要涉及中央与中央以下地方政府学前教育成本分担。

具体来说，中央与中央以下地方政府学前教育成本分担的现状，现有研究有两类呈现形式：一类是以举例的方式对中央与中央以下地方政府学前教育成本分担的状况加以说明，如“学前教育三年行动计划”中，中央政府投入500亿元学前教育专项经费，中央以下地方政府投入1 600多亿元（魏聪等，2015）；另一类则在不考虑中央政府对地方政府的转移支付前提下，通过收集各省市财政决算报告，汇总分析学前教育支出中中央与地方政府的分担现状（孙开等，2018）。

总结而言，对中央及中央以下地方政府学前教育成本分担以举例方式应用于本研究会过于简略，无法切实说明中央与中央以下地方政府成本分担的变化趋势，第二类方式则忽视了中央政府对地方政府的转移支付。因此，如何将转移支付考虑在内，分析政府间学前教育成本分担的变化趋势是可延展的思路。

3.学前教育成本分担机制研究

学前教育成本分担现状研究，是为构建科学的学前教育成本分担机制提供现实依据，而科学的学前教育成本分担机制是学前教育政府投入充足以及学前教育稳定发展的有力保障，鉴于此，需要梳理以往对学前教育成本分担机制的研究。目前有关学前教育成本分担机制构建的研究，主要涉及学前教育成本分担理论依据以及模型构建两部分。具体如下所述：

第一，学前教育成本分担理论依据的相关探讨，主要集中于效率考量的收益原则、社会公平原则与国际比较借鉴三类原则（赵海利，2011；张曾莲，2012；王东，2017），在此基础上，赵景辉等（2012）发展为准公共产品理论、成本分担理论和公平理论。目前成本分担的理论依据存在的不足表现为，理论部分学前教育的准公共产品属性尚未充分论证，实践中成本分担理论与公平理论未能转化为指导成本分担机制构建的抓手。

第二，当前研究中，学前教育成本的模型主要为理论模型。具体而言，学前教育成本的理论模型构建，考量学前教育成本界定、个人和政府成本分担以及各级政府承担责任（赵海利，2011），以及其他保障措施，包括制定并实施有关财政性学前教育投入与成本分担的法律法规、建立第三方财政监督体系（赵景辉等，2012）来构建学前教育成本分担机制。进一步地，以幼儿园运营成本的调研数据为基础，通过学前教育成本核算、地方政府分担成本的财政压力测算以及转移支付方式选择，构建了普惠性学前教育成本分担机制（徐晓，2018）。但是，上述理论模型与以现实幼儿园运营成本调研数据为基础构建的模型，对学前教育成本的概念界定存在较大差异，因此将理论与调研数据有机结合是值得进一步探讨的内容。

科学的学前教育成本分担机制构建，不仅要从供给角度以学前教育客观供给的现实问题为依据，还需从需求角度考量公众对学前教育的主观满意度。因此，梳理学前教育满意度的现有文献将有助于丰富学前教育政府与市场供给的研究视角。

1.2.4 学前教育满意度研究

学前教育满意度调查，既是公众表达对学前教育诉求的渠道，也是政府评价学前教育的政策制定与执行绩效的衡量依据，在本研究中，学前教育满意度作为描述学前教育供给现状的主观视角，为构建学前教育成本分担机制提供依据。目前，学前教育满意度的研究，按照评价主体的不同主要分为两类：以学前教育教师为评价主体和以学前教育适龄幼儿家长为评价主体的研究。以下将分类论述。

1.以学前教育教师为评价主体的学前教育满意度研究

学前教育教师作为学前教育质量维系的重要标尺，在学前教育供给实践中并未受到适龄幼儿家长和幼儿园管理者应有的重视，因此受到研究者的关注，从而使得以学前教育教师为评价主体的学前教育满意度调查成为研究热点。梳理学前教育满意度的现有研究可以得知，以学前教育教师为评价主体的研究成果主要包含两类：一类是学前教育专业培养的满意度；另一类是入职后学前教育教师对工作的满意度。

学前教育专业培养的满意度，反映学前教育专业培养与个人发展的匹配程度，主要为学前教育专业培养提供改进方向。现有研究主要运用问卷调查的方法，通过比较学前教育专业毕业工作后的学生与在校生对学校课程培养满意度，得到毕业生认可度高而在校生认可度低的结论，提出建立职前职后一体化的教育服务平台（樊婷婷，2014；孙诚等，2018），通过对学前教育实习满意度构建结构方程，提出健全高校实习管理制度、增加实习园所的支持、合理引导学生对教育实习的建议（但菲等，2018）。

入职后学前教育教师对工作的满意度，与学前教育教师队伍的稳定性密切相关。现有的相关文献利用问卷调查的方式，研究了两类问题：一类是学前教育教师工作满意度对职业倦怠的中介影响机制；另一类是研究学前教育教师工作满意度的影响因素。具体来说，第一类分析学前教育教师工作满意度对职业倦怠的中介影响作用，如提高职业生涯适应力（张玉琴等，2020）、人岗匹配程度（孙晓露等，2020），可提升工作满意度，进而降低职业倦怠以保障学前教育师资队伍的稳定。第二类分析学前教育教师工作满意度的影响因素，得到对新入职学前教育教师应当增强职业导引、提高教师经济地位与社会地位可以提升教师满意度的结论（方怡妮等，2015）。

总而言之，以学前教育教师为评价主体的学前教育满意度，重在从学前教育供给中的师资队伍建设这一重点环节入手，以此完善学前教育专业人才培养方式、稳定学前教育师资队伍。但从学前教育产品供给角度而言，适龄幼儿家长作为学前教育产品的需求方，其满意度更能反映学前教育供给现状，因此需要进一步梳理相关研究。

2.以学前教育适龄幼儿家长为评价主体的学前教育满意度研究

适龄幼儿家长作为学前教育产品的需求方，将其对学前教育供给的各个方面的整体感知与评价运用于政策设计，有助于学前教育供给质量与水平的提升。目前以学前教育适龄幼儿家长为评价主体的满意度研究，部分嵌套于基础教育领域满意度文献中，主要以大规模的调研数据为依托，分析满意度的影响因素。

在研究基础教育领域时附带增加的学前教育模块，通常利用抽样调查数据或者官方统计数据，使用有序Logistic回归、分层模型、结构方程模型等分析基础教育满意度的影响因素。研究基本结论是基础教育满意度不高，究其原因，从微观因素来看，主要包含教育期望、教育公平感知和教育质量感知对满意度的影响（崔保师等，2019），从宏观因素来看，包括基础教育事业投入、产出、效果在内的地方政府的客观绩效指标（李文彬等，2019；郑方辉等，2019），以及财政自主权（高琳，2012）对满意度的影响。但是由于学前教育与义务教育在政府投入方面存在差异，将两者作为基础教育共同分析满意度将掩盖学前教育“入园贵”这一突出问题背后重要的影响因素，因此需要进一步梳理专门针对学前教育适龄幼儿家长满意度的研究。

目前专就学前教育阶段适龄幼儿家长满意度的研究，主要以特定地区为调查对象使用问卷和访谈的方法，对影响学前教育满意度的因素予以分析。具体而言，影响学前教育满意度的因素有：幼儿园的日常管理、外部环境及设施、公共卫生、教师工作情况以及幼儿发展情况（黎日龙等，2015），或者将其概括为便利性服务、教师素质、保育服务和教育内容四方面（高孝品等，2017）。总结来看，专就学前教育阶段幼儿家长满意度的研究还可以从以下两方面进行拓展：从研究的区域特征来看，鉴于地区间学前教育供给的异质性，将学前教育满意度研究从特定地区扩展至全国范围是有意义的；从研究方法来看，可以增加学前教育满意度的宏观影响因素维度，予以规范的建模分析。

3.学前教育满意度研究的逻辑思维方式

为针对学前教育阶段适龄幼儿家长满意度展开深入研究，需要对既有研究的逻辑思维方式做出归纳总结。简言之，既有研究分别使用了演绎和归纳的逻辑思维方式。具体如下所述：

第一，使用演绎逻辑思维方式的学前教育满意度研究。首先，明确演绎的概念。演绎是指从一般性的原理或常识推导个别或特殊的结论的思维方式。针对学前教育的满意度调查，使用演绎的逻辑思维方式，是从满意度的原始概念出发，由因果关系逻辑推演原因变量，再将原因变量进一步推演至可度量的观察指标。其次，举例来说，崔保师等（2019）建立了教育满意度模型，其建模的方式遵循了演绎的思维方式。具体而言，将教育满意度定义为对教育产品的综合感知与期望相比较之后形成的感觉状态，在教育满意度的原始概念基础上，可知满意度与消费教育产品的综合感知与期望有关，结合教育的特点，将综合感知细化为质量感知和公平感知，再将教育满意度、教育公平感知、教育质量感知与教育期望四个变量具体化为可以度量的指标，将教育公平感知划分为机会公平和过程公平，将教育质量感知划分为学校环境与条件、学校理念与文化、学习与发展、课程与学习四方面予以度量，将教育期望具体化为对本地区学校的期望、对教育产品顾客化的期望以及对就读学校的期望三部分内容。这是典型的使用演绎逻辑思维方式建模的研究。与传统的满意度模型相比，教育满意度是在其基础上，添加了“感知公平”变量，同时删减了“感知价值”变量。

第二，使用归纳逻辑思维方式的学前教育满意度研究。首先，明确归纳的概念。归纳是指从个别或特殊的事实概括出一般性的原理或知识的思维方式。针对学前教育的满意度，使用归纳逻辑思维方式的研究，是从学前教育活动发生的各个环节加以分析，用以归纳影响学前教育满意度的因素。其次，举例来说，黎日龙等（2015）从环境及设施、服务及公共卫生、日常管理、教师工作情况、幼儿发展情况五方面归纳影响学前教育满意度的因素。

综上所述，目前学前教育满意度研究的逻辑思维方式分别侧重使用了演绎法或者归纳法，因而可以从两种逻辑思维方式综合使用的角度拓展研究。

1.2.5 文献述评

1.学前教育供给政府与市场分工研究

学前教育供给政府与市场分工的研究，目前可以从增加历史研究维度，以及结合学前教育产品属性系统论述政府与市场职能分工依据的角度进一步探究。

首先，从学前教育供给政府与市场分工的研究维度来看，可以增加历史维度，分析学前教育供给方式的变迁。现有研究主要从现实具体问题出发阐述特征与建议，但是，结合各国学前教育实践来看，分析我国学前教育政府与市场供给分工的变化，一方面可追溯学前教育供给分工问题的由来，另一方面利于正确认知政府与市场分工的发展进程。

其次，从学前教育供给政府与市场分工的理论依据来看，可以从结合学前教育产品属性来界定政府与市场职能的角度予以系统论述。目前的研究，主要是从现实问题出发，比较零散地提及学前教育政府与市场的分工依据——公平与效率，如张雪（2019）、陈欢等（2019）、冯婉桢等（2016）的研究，且对于教育公平的理解有差异。归根结底，学前教育供给政府与市场的分工，首先需要明确学前教育的产品属性，在此基础上系统论述政府与市场的分工。

2.学前教育政府事权划分研究

目前，有关学前教育事权划分现状的研究还可以从以下两方面予以精进：第一，从政策文件梳理学前教育中央政府事权以及支出方式，通过现有财政决算公开数据，考虑中央政府对地方政府的转移支付，分离学前教育支出中的中央政府支出与地方政府支出；第二，通过各省市的政策文件分析学前教育地方政府间事权划分的演变。

就当前文献可知，学前教育政府间事权划分不清，仍需在透析政府间事权划分现状的前提下予以清晰界定。具体而言，学前教育政府间事权划分，应聚焦现有研究的争议点，结合学前教育的产品属性，综合考量基层政府财力与事权匹配问题，对学前教育具体事权予以划分。

3.学前教育成本分担研究

学前教育成本分担研究是学前教育政府支出责任研究的重要一环，与“入园难”“入园贵”紧密相连，被学术界广泛关注，故而研究成果丰硕。但是，构建学前教育成本机制仍需完善以下两点：将学前教育政府事权划分置于成本分担之前予以明确，以及界定学前教育成本概念并以此为依据合理核算学前教育成本。

首先，构建学前教育成本分担机制的研究中，虽然包含对成本分担依据的讨论，但是仍可以从基础性的政府事权划分与政府间事权划分角度增强学前教育成本分担机制实施的保障。梳理学前教育成本分担机制构建的相关文献，得到进一步研究的思路，即首先明确学前教育产品属性，遵循公平效率原则，考量学前教育客观供给和主观满意度，在明确划分学前教育政府与市场职能、政府间事权的基础上，将学前教育核定成本在家庭与政府之间以及各级政府之间予以分担。

其次，学前教育成本分担研究中，成本分担现状研究中所用成本数据与理论界定的学前教育成本定义有较大差异。具体来说，学前教育成本分担的现状分析中，通常使用已经发生的学前教育费用。例如，统计分析中常以“幼儿园经费总支出”作为政府与家庭共同所需分摊的学前教育成本量（吴静，2015；张琴秀，2019），这其实是在目前统计数据限制下的平衡取舍。但是，理论界定的学前教育成本是政府与家庭共同所需分担的成本，赵海利（2011）的界定具有代表性，他认为所需共担的成本应满足三点：一是剔除现实支出中因资源未被充分利用而浪费的支出；二是剔除因个性化需求带来额外支出的部分；三是与货币成本相对应包括隐成本在内的机会成本。

学前教育成本概念在现有统计数据和理论界定之间的差别，对重新核算学前教育成本提出了要求。对此作出尝试性修正的有徐晓（2018），其借鉴美国的学生成本计量方法，重新设计学前教育成本指标体系，组合收集幼儿园的成本信息，利用会计核算相关知识调整官方数据得到学前教育成本。该方法思路比较严谨，最大的困难之处在于调整方法相对复杂，幼儿园调研范围受限，进而影响样本对整体的代表性。因而，依据学前教育成本概念合理核算学前教育成本仍可进一步拓展。

4.学前教育满意度研究

学前教育满意度仍有较大的研究空间，包括扩大学前教育满意度调研的范围与延长数据时间线，以及综合使用演绎与归纳的逻辑思维方式。

首先，学前教育满意度研究有必要将调研范围扩大至全国并进行历史分析，原因在于：区域学前教育供给差异较大对将学前教育满意度调研拓展至全国提出要求，而2011年开始连续开展三期的学前教育三年行动计划，使得学前教育供给发生变化，适龄幼儿家长对学前教育的满意度是否提升以及背后原因的探究对完善学前教育供给机制具有重要的指导作用，这对学前教育满意度调研开展历史研究提出了需求。但是，作此拓展的现实困难在于，已有研究的满意度数据主要来自大规模调查，而专就学前教育阶段的满意度进行调查，所耗费的时间与货币成本过高。鉴于此，利用已有的调研数据开展历史的全国范围的学前教育满意度研究是可选路径。

其次，目前学前教育满意度研究的逻辑思维方式分别侧重使用了演绎法与归纳法，可以综合使用两种逻辑思维方式。

主张综合使用两种逻辑思维方式的原因在于两者从认识论的角度是互为因果的关系，而单纯使用任意一种逻辑方式加以分析都存在问题，具体表现在：首先，单纯使用演绎的逻辑思维方式分析满意度，存在将满意度碎片化问题，就如同剥洋葱一样，层层剥皮，能否通过各种观察指标有效还原满意度，其有效性有待商榷。比如崔保师等（2019）研究基础教育满意度时按照满意度模型构建的思路，将学前教育与其他教育阶段共同分析，学前教育的价格因素这一重要影响因素被抹除，最终是否能用公平感知、质量感知与教育期望还原对学前教育的满意度有待商榷。进一步加以说明，义务教育阶段价格因素可以忽略源自绝大多数教育经费由政府承担，但是对于学前教育来说，“入园贵”的问题仍未解决，因此价格因素仍与满意度有或多或少的关联，忽略学前教育这一因素，对回溯“洋葱”实体增加了难度。其次，单纯使用归纳的逻辑思维方式分析满意度，存在的问题就如盲人摸象一般，即在归纳的过程中，可能忽略核心变量而使结论变得不可靠。比如，高孝品等（2017）在研究学前教育满意度时，以保育服务、便利性服务、教育内容、教师素质四方面内容分析学前教育满意度，主要从学前教育质量变量演绎推理，而忽视了学前教育公平这一核心变量。

因此，在学前教育满意度的研究中，理应综合应用两种逻辑思维方式。可选择的研究路径是，从满意度的原始概念入手，结合学前教育的特点，理论分析并构建学前教育满意度的模型，并利用现有事实对模型加以印证与解释，从而增加理论的可信度。

1.3 研究内容及研究方法

1.3.1 研究内容

本书以学前教育供给过程中政府与市场分工和合作作为研究对象，定性分析学前教育客观供给的突出问题，定量分析影响学前教育主观满意度的因素，以学前教育的准公共产品属性为依托，以效率和公平为原则，试图明确划分学前教育政府事权，构建学前教育成本分担机制以完善学前教育供给政府与市场作用机制。本书的研究内容具体包括：

第1章为导论部分。本章主要介绍选题的背景与意义，在综述现有文献、识别研究争议点的基础上，确定本书的逻辑框架与研究方法，简述可能的创新与不足之处。

第2章是政府和市场供给学前教育理论分析。为明确学前教育供给过程中政府与市场供给机制的职能分工，从学前教育产品的个人层面以及社会层面的正外部性，以及学前教育消费过程中一定范围内的非竞争性和非排他性、超出特定范围后存在一定程度的竞争性和排他性，基于公共产品理论，界定学前教育服务的准公共产品属性。在此基础上，分别探讨学前教育满意度和学前教育成本分担问题。最后，从学前教育供给中政府和市场机制的分工与合作、学前教育供给中政府发挥重要作用、学前教育供给中政府采取多样化财政支持方式以及中央和地方政府间学前教育供给事权和支出责任划分等方面，梳理并总结部分典型国家政府和市场供给学前教育的政府和市场供给机制。

第3章是我国学前教育供给突出问题的定性分析。准确认识我国学前教育供给中的突出问题，是改革并完善我国学前教育制度设计的首要基础条件。因此，本章基于我国学前教育供给中政府和市场机制分工与合作的历史演进梳理，并基于我国学前教育供给中政府职能定位和制度规定、中央和地方政府间学前教育供给事权和支出责任划分以及学前教育供给中政府的财政支持方式及绩效等逻辑框架，从学前教育供给过程中政府和市场分工、政府间学前教育事权和支出责任划分、省际差异、城乡差异以及绩效等方面，分析我国学前教育供给中的突出问题。

第4章是我国学前教育满意度实证分析。与学前教育政府和市场供给机制的两个重要来自供给方的主体相对，接受学前教育幼儿及其家长构成学前教育需求方主体。学前教育的准公共产品属性以及正外部性也意味着，学前教育幼儿及其家长对于学前教育的满意度，应成为考量学前教育政府与市场供给效率的重要因素。因此，本章从学前教育需求方角度，基于科学方法精确测度学前教育满意度，并综合考虑影响学前教育满意度诸因素，试图明确我国学前教育政府和市场供给过程的“痛点”所在，从而与前述我国学前教育政府和市场供给中存在的突出问题相印证，为完善我国学前教育政府和市场供给提供政策指向。具体地，将学前教育满意度的影响因素具体化为幼儿家长个人因素、学前教育的客观供给因素以及中介因素，并侧重分析幼儿园类型、学前教育支出占收入比重等因素对我国学前教育满意度的影响。

第5章是我国学前教育成本分担的机制。合理清晰划定学前教育供给政府事权、完善学前教育成本分担机制，是解决我国学前教育供给中的突出问题以提升适龄幼儿家长学前教育满意度的重要途径。鉴于此，首先，本章结合我国学前教育实践探究基于成本角度的学前教育成本核算，并与我国现行学前教育投入进行比较，得到我国学前教育投入缺口。其次，在划分学前教育政府与市场职能，并明确各级政府事权的基础上，测算构建包含政府和市场成本分担以及各级政府成本分担的学前教育成本分担机制。最后，本章还以DL市ZS区为例基于调研数据测算学前教育成本分担。

第6章是完善我国学前教育政府和市场供给作用机制的政策建议。基于学前教育的准公共产品属性与公平原则、效率原则，结合学前教育供给中的突出问题、满意度的实证结果以及学前教育成本分担的思路，从学前教育政府与市场的职能定位、政府的制度供给、政府间事权与支出责任划分以及学前教育财政支持方式等角度，就完善我国学前教育政府和市场供给作用机制提出政策建议。首先，应校准学前教育政府与市场供给职能定位，使政府承担学前教育供给的基本质量标准服务职责，使市场机制在学前教育供给中发挥满足高质量多样化标准服务需求的作用。其次，完善我国政府学前教育制度供给职能，并主要表现在学前教育战略规划，制定学前教育质量标准，建立学前教育质量监督、评价与公开制度，建立学前教育师资队伍建设保障制度，并尽快实现学前教育立法。再次，建立规范学前教育政府间事权与支出责任划分制度，清晰划分中央、省和县级政府学前教育事权与支出责任。最后，从建立完善学前教育经费投入机制以及多元化财政支持方式角度，优化我国学前教育供给中财政支持方式与绩效。

1.3.2 研究方法

本书以国内外文献、公开出版物的数据以及调研数据为基础，以学前教育供给政府与市场分工为核心，在界定学前教育准公共产品属性基础上，定性分析学前教育客观供给的突出问题，定量分析学前教育主观满意度问题，继而划分学前教育政府事权，构建学前教育成本分担机制。在研究过程中，综合采用了实地调研研究法、描述统计法和计量分析法。

1. 实地调研研究法

从公开出版物获取的统计数据存在加总和平均趋势，在此过程中可能将特征问题掩盖，因而仍需微观数据加以补充说明。基于问题意识的准确性，本书使用了个体层面的微观社会调查数据以及实地调研数据。

本研究在两处使用微观调查数据：第一部分使用中国家庭追踪调查（CFPS）数据库数据，用以探寻微观层面适龄幼儿家长学前教育满意度的影响因素，并依靠微观数据库追踪调查的优势，分析学前教育满意度的变化趋势；第二部分则由个人采集DL市ZS区所有幼儿园的幼儿园类型信息（公办幼儿园/普惠性民办幼儿园/非普惠性民办幼儿园）、在园幼儿数量以及学杂费信息，从数据层面补充普惠性民办幼儿园的相关信息，以此为基础，进一步探究县级层面学前教育的成本分担现实与理论差异。

2.描述统计法

描述性统计是对收集的数据所做的初步整理和分析，包括运用表格与图形对数据做分类概括，为进一步研究做准备。本书对来自公开出版物相应年份的《中国统计年鉴》《中国教育统计年鉴》《中国教育经费统计年鉴》以及来自中国家庭追踪调查（CFPS）数据库2012年、2014年、2016年和2018年数据进行必要的描述统计分析，为从全国层面分析学前教育的客观供给，以及从个体层面分析适龄幼儿家长学前教育满意度的影响因素做准备。

3.有序多分类Logistic回归计量分析法

计量分析法是在定性分析基础上，科学严谨地建立模型并进行数据分析，深入定量揭示问题的原理与机制。本书综合运用定性与定量分析，基于2018年中国家庭追踪调查（CFPS）数据库教育满意度的数据以及《中国统计年鉴》《中国教育统计年鉴》的相关数据，构建学前教育满意度影响因素模型，并根据学前教育满意度的数据类型，采用有序多分类Logistic回归Non-Proportional Odds模型，用以分析学前教育供给的不同层面对满意度的差异化影响。

1.4 本书的创新与不足

1.4.1 创新之处

为更全面和准确研究我国学前教育供给过程中的政府和市场机制分

工和合作关系，本书尝试从学前教育满意度分析以及学前教育成本核算和分担机制建设两个方面夯实基础。首先，为实施学前教育满意度实证分析，现有研究中满意度数据主要来自大规模调查。考虑到针对学前教育满意度进行调查，耗费的时间与货币成本过高，为此，本书的学前教育满意度数据获取，主要基于中国家庭追踪调查（CFPS）问卷中的教育满意度数据，通过增加限定条件，转化成可用的学前教育满意度数据。同时，受益于中国家庭追踪调查数据的连续性特征，分析了三期学前教育三年行动计划的重要改革阶段，全国学前教育满意度的变化趋势。其次，以表征学前教育政府与市场分工以及成本分担的指标为核心解释变量构建模型，不仅验证了学前教育供给政府与市场分工对满意度的显著影响，同时结合赫兹伯格的双因素理论，分析了学前教育客观供给因素中降低学前教育不满意程度的因素与进一步提升学前教育满意度的因素的差异，为完善学前教育供给政府与市场机制提供了可选政策路径。

进一步而言，将学前教育成本界定为资源被充分利用前提下、满足基本需求质量标准的机会成本，并在成本核算中严格遵循此定义。与此同时，考虑到区域间学前教育发展的异质性，设计了可随经济与质量调整的成本核算方法。本书构建的成本核算方法，其核算结果不仅可以作为学前教育成本分担的依据，还可以作为评价学前教育经费投入合理性的参照。

1.4.2 不足之处

本书的研究不足之处主要体现在获取数据的时效性。2020年是连续三期的学前教育三年行动计划的收官年份，也是对各地政府学前教育政策落地实施评价的重要节点，因而可观察到的是，各基层政府在收官年份紧锣密鼓地追赶完成三年行动计划的目标。而本研究数据只更新至2018年，无法有效反映近些年学前教育的客观供给变化与满意度变化，这一点十分可惜。

2 政府和市场供给学前教育理论分析

为明确学前教育供给过程中政府与市场供给机制的职能分工，从学前教育产品的个人层面以及社会层面的正外部性，以及学前教育消费过程中一定范围内的非竞争性和非排他性、超出特定范围后存在一定程度的竞争性和排他性，基于公共产品理论，界定学前教育服务的准公共产品属性。在此基础上，分别探讨学前教育满意度和学前教育成本分担问题。最后，从学前教育供给中政府和市场机制的分工与合作、学前教育供给中政府发挥重要作用、学前教育供给中政府采取多样化财政支持方式以及中央和地方政府间学前教育供给事权和支出责任划分等方面，梳理并总结部分典型国家政府和市场供给学前教育的政府和市场供给机制。

2.1 学前教育的内涵与职能

通俗而言，学前教育，又称“幼儿教育”，旧称“幼稚教育”，用以描述和概括幼儿在接受初等教育前在教养机构里所受的教育（许崇德，

1995)。[①]根据《社会科学大词典》，学前教育一般指保育机构根据一定的培养目标和幼儿身心特点，对学龄前儿童进行有计划的教育[②]。更进一步可细化分析如下：

2.1.1 学前教育载体及目标

值得注意的是，学前教育也有广义和狭义之分，广义上来说，凡是能够影响幼儿身体成长和认知、情感、性格等方面发展的有目的的活动，如幼儿在成人的指导下看电视、做家务、参加社会活动等，都可以称之为幼儿教育。由于学校教育比家庭教育和社会教育更具有计划性和系统性的比较优势，实施学前教育的主要机构被称为幼儿园和托儿所。因此，本书所探讨的乃狭义的学前教育，也即特指幼儿园和其他专门开设的幼儿教育机构的教育。从起源上看，世界上最早的幼儿教育机构是1809年英国空想社会主义者罗伯特·欧文在苏格兰纳克所创办的“幼儿学校”。在我国，清朝末年也就是光绪二十九年，奏定学堂章程规定设蒙养院，收3～7岁的幼儿，并在湖北武昌设立了武昌幼稚园。

从学前教育目标看，美国芝加哥大学著名心理学家布鲁姆1964年出版的《人类特性的稳定与变化》系统提出了著名的智力发展假设，从而初步奠定学前教育必要性的理论基础。具体地，布鲁姆指出，人的智力或心理是遗传与环境交互作用的结果，而5岁前是儿童智力发展最迅速时期。而且类似地，日本学者木村久一认为，儿童的潜在能力遵循着一种递减规律：生下来具有100分潜在能力的儿童如果一出生就进行理想的教育，就可以成为具有100分能力的人；若从5岁开始教育，即使是理想的教育，也只能成为具有80分能力的人；若从10岁开始教育，就只能成为具有60分能力的人。所以说，幼儿期是人生智力发展的关键期，抓紧早期教育，可以提高学习效果。针对尽早开始学前教育可能对孩子大脑发育带来不好影响的疑虑乃至质疑，一些基于动物大脑的实验揭示，早期丰富的环境刺激与学习机会不但不会伤害大脑发育，反而

① 许崇德. 中华法学大辞典：宪法学卷［M］. 北京：中国检察出版社，1995.
② 彭克宏. 社会科学大词典［M］. 北京：中国国际广播出版社，1989.

会促进大脑发育。

2.1.2 学前教育阶段及职责

因为学前教育的重要性，世界各国普遍重视学前教育。根据《国际教育标准分类法》（ISCED2011），教育被划为8级，0级为早期儿童教育（early childhood education），包括早期儿童教育开发（early childhood educational development，ISCED2011 level 0 programme 1）和学前教育（pre-primary education，ISCED2011 level 0 programme 2），前者针对的对象为0～2岁的较年幼儿童，后者针对的是3岁到初等教育开始之前的儿童。因而，可以说，学前教育年龄段为3岁到初等教育开始之前。从实践角度看，通常而言，因国情和文化差异，各国确定的学前教育年龄段略有差异。比如，前苏联确定为2个月～7岁，英国确定为3～5岁，法国确定为2～6岁，而中国、日本确定为3～6岁。从毛入园率来看，世界银行2016年数据显示，美国为71.93%，新西兰为91.50%，中国为83.69%。

从幼儿教育内容看，中国、前苏联、日本和东欧一些国家都有全国统一的教育大纲。1979年我国教育委员会印发的《城市幼儿园工作条例（试行草案）》规定："幼儿园是对三岁至六岁进行学龄前教育的事业机构"，"幼儿园工作的任务是：根据党的教育方针和毛主席'好好的保育儿童'的教导，对幼儿进行初步的全面发展的教育，使幼儿健康、活泼地成长，为入小学打好基础，同时也减轻家长在教育孩子方面的负担，使他们能够安心生产、工作和学习"。在此基础上，1981年我国教育委员会颁布《幼儿园教育纲要（试行草案）》，将幼儿园的任务明确为向幼儿进行德、智、体、美全面发展的教育，为入小学打好基础。不仅如此，为便利幼儿教育、教养，幼儿园按照年龄一般划分为小班（3～4岁）、中班（4～5岁）、大班（5～6岁直至入小学）。

综上，本书集中研究的学前教育专指，从受教育对象看，3岁到接受初等教育之前的幼儿；从载体看，包括幼儿园和托儿所在内的保教机构；从教育目的看，是使幼儿的身心在入小学之前获得健全发展。

2.2 学前教育准公共产品属性分析

总体上，学前教育的准公共产品属性得到学界的广泛认同（闫建璋等，2011；李祥云等，2015；江夏，2017；蔡迎旗等，2019；刘焱等，2020）。更具体地，学前教育的准公共产品属性，可以从学前教育正外部性（柏檀等，2018）以及一定程度上的竞争性和排他性角度进行深入分析。

2.2.1 学前教育正外部性分析

本质上，学前教育是一种人力资本投资形式。从人力资本投资收益看，学前教育不仅显著提高幼儿本身收益，而且将为整个社会带来长期经济收益与社会收益（Barnett W. S.等，2006）。就此而言，学前教育收益的外部性呈现出公共外部性和社会外部性两种形式。

1.学前教育提升教育接受者收益

大量实证研究表明，从接受学前教育的幼儿本身考量，学前教育将显著提升其收益并呈现出较强的内在性（Siraj-Blatchford等，2003）。从幼儿本身而言，Edward M. Gramlich（1986）研究发现，美国佩里学前教育项目长期而言，带来了个人的出勤率、学业成就、毕业率和收入的增长。与没有接受学前教育相比，接受1～2年优质学前教育的儿童的学业成就、就业率和经济收入水平都较高，Ho Lun Wong等（2013）也有类似结论。待儿童成长至27岁和40岁时，投入回报率分别为7.16倍和17.07倍（Schweinhart等，2016）。Reynolds等（2006）总结多项学前教育项目和学前至小学三年级教育项目的收益成本比发现（见表2-1），学前教育收益远超成本。至2002年，预测每位参与者一生的经济回报达6万到14万美元不等。Belfield C. R.等（2006）测算与不接受学前教育相比，接受学前教育终生收入溢价达11%～34%，且女性得到更大收益，溢价达19%～36%。Samuel Berlinski（2009）等学者基于阿根廷学前教育案例研究发现，为期一年的学前教育，能够使三年级学生的平均成绩提高8%，不仅如此，参加学前教育的经历，对这部分学生的行为能力产生积极影响，包括注意力、努力程度、参与班级活动等方面。具体表现为，教师评价中半数及以上比例学生：专注上课的可能性提高12%，努力听讲的可能性提升21%，积极参与班级活动的可能性提升17%。Xin Gong等（2016）使用具有代表性的来自中国家庭的面板数据，以11～15岁的儿童为样本，严格评估了学前教育对中国农村儿童发展的多个领域的长期影响，基于普通最小二乘分析、县固定效应和倾向得分匹配点的分析，学龄前出勤率与个体社会技能之间存在一致的正相关关系，即提高学前教育的出勤率可以增加个体的社会技能。

表2-1　　**儿童与青少年替代投资的收益成本比**

项目	收益成本比
佩里学前教育项目（Banett，1996）	8.74
亲子中心学前教育项目（Reynolds 等，2002）	7.14
亲子中心扩展项目（PK-3）（Reynolds 等，2002）	6.11
初学者项目（Masse &Barnett，2002）	3.78
妇女、婴儿和儿童项目（WIC，Avruch & Cackley，1995）	3.07
田纳西之星K-3缩小班级规模项目（Krueger，2003）	2.83
亲子中心学龄项目（Reynolds 等，2002）	1.66
留级项目（Temple 等，2003）	-3.32

资料来源：Reynolds 等（2006）.

2.学前教育具有公共外部性

与学前教育带来学业成就、就业率和经济收入水平都较高提升的私人外部性相对应，学前教育具有公共外部性。这就意味着，受优质学前教育外部性影响的人群，不仅仅局限于接受学前教育的幼儿本人，还包括幼儿家庭以及通常难以明确数量的公众。在此维度上，学前教育公共外部性机制可以基于新经济增长理论从人力资本投资对于经济增长的重要推动作用得到解释。具体而言，基于学前教育构建的良好学习习惯和智力潜力开发基础，人力资本投资效应被放大，进而，通过人力资本投资提供的复杂劳动所带来的价值倍增，形成对社会经济增长和社会财富的巨大贡献。Bruno Ricardo Delalibera 等（2019）关于学前教育和经济增长之间关系的研究证实，虽然学前教育在人力资本函数中所占比重仅有1.3%，但通过两种途径增加人力资本：一是通过认知能力和行为能力的提升（Eric I. Knudsen 等，2006），与后期教育形成互补关系，增加后期教育的收益，从而放大人力资本投资效应；二是延长受教育年限，具体而言，1960—2008年，美国受教育年限的延长约60%归功于学前教育的扩张。实证结果表明，因学前教育扩张带来的受教育年限延长，进而引起的人力资本提升较好地解释了劳动生产率和人均GDP的增长。

3.学前教育具有社会外部性

与学前教育的经济外部性相对应，学前教育还具有社会外部性。基于弗里德曼所论证的教育的社会外部性的“临近影响”刻画，可以为学前教育具有社会外部性奠定坚实基础。具体而言，弗里德曼将“临近影响”描述为“儿童受到的教育不仅有利于儿童自己或者家长，而且社会上其他成员也会从中得到好处。我的孩子受到的教育由于能促进一个稳定和民主的社会而有助于你的福利”①。进一步而言，接受教育的人通过建立共识性的价值准则，促进社会稳定与民主，从而提高自身和其他社会成员的福利水平。

就学前教育的社会外部性实现而言，通过接受学前教育，幼儿学习阶段奠定的良好心理和行为基础，对降低犯罪率、提高社会文明程度、缩小收入差距发挥着重要作用。据 Arthur J. Rolnick（2003）的估算，美国佩里学前教育项目的收益80%由社会公众获得。另外，针对美国佩里学前教育项目的社会外部性有诸多研究。Edward M. Gramlich（1986）研究发现，良好的学前教育与政府转移支付支出和怀孕率下降紧密关联，因而，学前教育不仅产生在个体层面上的努力工作生活的积极态度和行为，而且降低政府失业保障的财政压力，以及怀孕率居高不下带来的社会压力。从学前教育收益配置看，高达80%的学前教育收益被配

① 弗里德曼. 资本主义与自由［M］. 张瑞玉，译. 北京：商务印书馆，2004：95.

置给税收负担较高而政府转移支付较低的人群，以及更低犯罪率水平的人群。Lawrence J. Schweinhart等（1993，1997）对比参与和未参与美国佩里学前教育项目幼儿在23岁（27岁）的差异，参与项目的幼儿犯罪率是未参与的三分之一（五分之一），犯罪率下降，且表现为随年龄增长而降低的长期影响。青少年犯罪与成人犯罪高度相关，且犯罪记录会给劳动力市场传递强烈的负面信号，进而阻碍未来经济改善的机会（Belfield C. R. 等，2006）。

但是由于学前教育的收益发生影响的时间跨度比较长，即具有代际外部性的特点，学前教育收益的衡量存在一些争论。代际外部性是指学前教育的外部性通过下一代可以进一步表现出来，正是“功在当代、利在千秋”。这其实也是学前教育所具有的间接性和迟效性。间接性是指相较于衣服、食物等产品的消费过程，其购买收益可以通过衣服、食物的多寡和质量来直接衡量，而学前教育的收益不易被人所直接感知。迟效性是指教育投资本身具有长期性，“十年树木，百年树人”，优质的学前教育对于受教育者能力和素质的提高，对未来教育成本、社会服务成本的减少，一方面较难衡量，另一方面，这部分效益是在几年甚至几十年之后才显现出来。而这种特性会使得短视的家庭降低对学前教育的投资需求。

2.2.2 学前教育准公共产品属性分析

1.学前教育准公共产品理论核心要件

公共产品理论最早因讨论公共性问题而开始。休谟（1739）在《人性论》中使用“草地排水”的例子对公共性问题进行分析说明，相较于多人，两人容易达成互利协议，而多人则因想坐享其成而难以达成共识。这其实就是“搭便车”问题。虽然在其论述中，并未涉及公共产品的概念，但是公共产品的核心问题，即消费者在自利动机的驱使下，对于公共需求的供给都不愿意付费，而希望他人支付成本。斯密（1776）在《国富论》中从政府职能的角度分析公共产品。[①]随着市场机制弊端

① 斯密认为，国家执行三个不言而喻的职责和职能，即“保护本国的安全”、“保护本国人民不使社会中任何人受其他人的欺侮或压迫”和“建立并维持某些公共机关和公共工程”，原因在于，若这些事业由个人或少数人办理，“所得利润不能偿其所费”。

的逐步暴露以及边际价值论的有限资源合理配置思想在财政学上的应用，奥意财政学派在19世纪80年代最终建立了系统公共产品理论。萨缪尔森（1954，1955）对公共产品现代理论的发展是公共财政理论的主要突破之一（Sandmo，1987），从而奠定了公共产品理论研究的基础。在两篇著名的论文中[①]，萨缪尔森提出并部分地解决了公共支出规范理论的一些核心问题：①定义公共产品；②描述生产公共产品所需资源的最优配置；③评价为公共部门支出提供财源的既有效率又公平的税收体系设计。此后，公共产品理论分析框架在公共产品界定和规范理论（Samuelson，1954，1955）、公共产品供应范围、公共产品供给层次、公共产品价格的确定、公共产品供给主体（政府和/或私人）（Coase，1974；Demsetz，1970；黄有光，1991；Bergstrom，Blume和H.Varian，1986）、政治程序、公共选择和伦理标准对公共产品供给的影响（威克塞尔，1896；Buchanan，1965；Musgrave，1938；Samuelson，1954，1955）等方面得到丰富和发展。

（1）公共产品特征

根据公共产品定义，相对于私人产品来说，公共产品具有效用的不可分割性、消费的非竞争性和受益的非排他性三个基本特征。就效用的不可分割性而言，公共产品是向整个社会共同提供的，具有共同受益或联合消费的特点。其效用为整个社会的成员所共享，而不能将其分割为若干部分，分别归属于某些个人或厂商享用，也就是说不能按照谁付款谁受益的原则，限定为之付款的个人或厂商享用。比如，国防提供的国家安全保障是对一国国内的所有人提供的。实际上，只要生活在该国境内，任何人都无法拒绝这种服务，也不可能创造一种市场将为之付款的人同拒绝为之付款的人区别开来，所以国防是一种典型的公共产品。正如哈维·罗森指出的那样："如果有什么用品一定要由公家提供的话，那就是国防……人们几乎无法想象国防如何能由私人市场提供。"而私人产品则相反，它可以被分割为许多能够买卖的单位，谁付款谁就可以受益，不付款就无法受益。比如面包，它可以被出售，购买者可以享用

① SAMUELSON .The pure theory of public expenditure [J]. Review of Economics and Statistics, 1954, 36 (4): 387-389. SAMUELSON . Diagrammatic exposition of a public expendituire [J]. Review of Economics and Statistics, 1954, 37 (4): 350-356.

而受益，不付款显然无法从出售的面包中受益。

就消费的非竞争性而言，其是指一个人或厂商对公共产品的享用，不排斥、妨碍其他人或厂商同时享用，也不会因此而减少其他人或厂商享用该种公共产品的数量和质量。这就是说，增加一个消费者不会减少任何一个人对公共产品的消费量，或者说增加一个消费者的边际成本等于零。比如国防，尽管一国人口往往处于与年俱增状态，但没有任何人会因此而减少其所享受的国防所提供的国家安全保障。私人产品在消费上具有竞争性，即某一个人或厂商对某种一定数量的私人产品的享用，实际上就排除了其他人或厂商同时享用。其他人或厂商要享用这种私人产品就只能另行购入。显然，其私人边际成本一定大于零。

就公共产品受益的非排他性而言，其是指在技术上没有办法或很难将拒绝为之付款的个人或厂商排除在公共产品的受益范围之外。或者说，公共产品的受益不能由拒绝付款的个人或厂商加以阻止。任何人都不能用拒绝付款的办法，将其所不喜欢的公共物品和服务排除在其享用品的范围之外。再以国防为例，如果在一国的范围内提供了国防服务，则要排除任何一个人在该国享受该种国防保护，是非常困难的，对那些拒绝缴纳税款，反对发展国防的人也无可奈何。而在私人产品上，这种情况就不会发生。私人产品在受益上是必须具有排他性的。因为只有在受益上具有排他性的产品，人们才愿意为之付款，生产者也才会通过市场来提供。

（2）公共产品分类

根据非排他性和非竞争性，公共产品分为纯粹公共产品和准公共产品。纯粹公共产品具有完全的非竞争性和非排他性，公民个人不能也无从选择消费其他质量的同类产品。纯粹公共产品可细分为政策性公共产品和一般性公共产品，前者包括福利政策、就业政策、分配政策、社会保障政策以及各种调控经济的政策等，而国防、有效的政府制度和政府能力（稳定而廉洁的政府及其工作人员、高效的办事效率等）、财产的法律保护、独立公正的司法、良好的市场秩序、环境保护、基础科学等构成一般性纯公共产品。

现实生活中，市场经济的特点并不体现在绝大多数的纯私人产品上，当然更不是纯公共产品上，而是体现在准公共产品上。准公共产品是不能同时满足非排他性和非竞争性的公共产品，其可进一步细分为自然垄断性产品和价值性产品。前者如交通、电力、通信、水电油气的供应、高速公路、公共剧场、公园、公共桥梁、公共文体设施、公共牧场、公共渔场等，一般都具有可排他性和一定程度的竞争性。可排他性意味着，可以通过恰当的措施，如设卡收费或计量收费等，把不付费的消费者排除在外；一定程度的竞争性意味着，存在一个饱和点，未达到饱和点之前是非竞争性的，一个人对该产品的消费不影响其他消费者对该产品的消费质量，但达到饱和点后存在竞争性。随着消费者人数的增加而产生拥挤，从而会减少每个消费者可以从中获得的效益。这种产品的效用虽然为整个社会成员所共享，但在消费上具有一定程度的竞争性。价值性产品就是那些对所有人都有价值，所有人对其都有消费需求的产品，如基础教育、医疗保健、社会保障等。此类公共产品通常具有一定程度的外部性，或称利益外溢的准公共产品。这类产品所提供的利益一部分由其所有者享用，或者说，其效益可以定价，从而实现价格排他；同时，这类产品的另一部分利益可由所有者之外的人享用，利益又不可分，具有公共产品的特征。之所以出现这种情况，主要原因在于该产品具有外部性。

（3）公共产品的政府供给理由及方式

公共产品的非排他性、非竞争性和正外部性的本质特征给出了政府提供公共产品的理由。

第一，单个企业无力承担的社会工程，单个经济部门无利可图而不愿涉及的领域，投资风险过大的产品，短期内得不到回报的投资，关系到社会整体利益和长远利益的建设项目，由私人部门通过市场供给公共产品不可避免地出现“免费搭车者”问题，因为无法收回成本，从而导致休谟所指出的“公共地悲剧”。

第二，公共产品是集团消费的产物，所有消费者一般都可以均等地得到公共产品的潜在利益，从而公共产品的个人消费“量”一般无法清楚确定，因此不能对公共产品进行分割和进行私人定价。而且，公共产品的地域性特征，使不同地域的公共产品供给存在较大差异，这不但打破公共产品的个人供需均衡，而且使公共产品在区域间的供给结构也出现不平衡。

第三，按照衡量效率实现的“帕累托”准则——配置在每一种物品或劳务上的资源的社会边际效益均等于其社会边际成本（MSB=MSC），公共产品的非竞争性，使得增加单位消费引起的边际成本为零，但新增加消费者的边际成本为零并不说明提供公共产品不需要成本，若通过收费来弥补成本就会阻止人们消费这种产品，由此，市场提供公共产品时就会导致公共产品闲置。

第四，公共产品的非排他性，使得人们完全有可能在不付任何代价的情况下享受他人提供的公共产品或劳务的效益，即免费搭车。免费搭车使得公共产品需求大大增加，从而导致公共产品供给量不足。

此外，公共产品提供差异必然影响到公共产品消费者的生产成本和市场价格，从而影响生产效率和收入水平。由于外部效应的存在，私人不能有效提供公共产品，造成其供给不足，价格调节作用难以发挥作用，导致市场失灵，公共产品领域资源配置缺乏效率，难以实现全体社会成员的公共利益最大化，这是市场机制本身难以解决的难题，这时就需要政府出面弥补“市场缺陷”，使用税收手段来集资，提供相关的公共产品或劳务，即通过财政投资来解决社会公共产品的供给问题。值得注意的是，“公共产品的分类并非绝对”，技术进步和制度安排都会影响公共产品属性界定（布坎南，1968）。一个很重要的事例是关于灯塔的有效供给问题。相当长一段时间内，港口灯塔被认为是纯公共物品，因此由政府垄断生产或供给灯塔是曾经的海上强国英国的重要制度安排。然而，对于政府供给公共产品的有效性，越来越多的人开始质疑，并将目光重新聚焦于“公共物品”的有效供给问题。1974年科斯在其《经济学中的灯塔》一文中，介绍了灯塔在英国的供给制度，即灯塔服务由私人提供，具体包括筹资、建造、经营和受益，灯塔的产权归政府所有。这一思路彻底打破了原有的公共产品理论，引发了新一轮的公共产品供给模式的讨论。对应地，现代技术进步完全可以通过安装特殊接收器，实现对灯塔信号的排他性使用。

随着技术进步和制度安排变化，产品属性发生变更，进而引发公共产品有效供给模式的实践探索愈发丰富。进而，强调政府与第三部门的二元供给模式，强调政府、市场和志愿部门的合作模式，以及强调政府、公民、社会和市场的多元供给模式逐步诞生。

2.学前教育消费具有一定程度的非竞争性和非排他性

一定规模范围内学前教育消费具有非竞争性和非排他性。在学前教育机构可以容纳受教育人员总数限度内，学前教育消费具有共同受益、联合消费的特点。就任何既定已然存在的学前教育机构而言，在受教育儿童的适度规模范围内，比如，以每个班的班额以及整个幼儿园生额度量，学前教育消费不必限制或排斥边际增加学前教育受教育人数。这是因为，在受教育儿童的适度规模范围内边际增加受教育人数，不仅不会显著降低已入园儿童享受学前教育服务的数量和质量，相反，会在受教育儿童的适度规模范围内，在学前教育机构提供的规范系统学前教育活动中，基于集体生活和教育过程与载体，产生“化学反应”，提高受教育质量，使适龄学前教育儿童在集体生活的互动中，接受新鲜事物、掌握新技能、学会与人相处，培养集体主义情操和信念，奠定九年义务教育、高等教育、终身教育乃至职场生涯的基础。这一点可以由发展心理学家让·皮亚杰所提出的认知发展理论加以说明，该理论主张心理、智力、思维并非源自先天成熟或后天经验，而是源自主体对客体的适应，即通过同化、顺应应对外部环境的刺激，新图式在平衡—不平衡—平衡的过程中形成，并在相同或类似的环境中得到迁移，进而实现认知发展。儿童认知发展重在幼儿对外部刺激的整合与适应，而学前教育机构正为集体生活互动的丰富外部刺激提供了场域。秦金亮等（2017）也通过总结英国学前与初级教育有效性研究项目（the Effective Pre-school and Primary Education Project，EPPE）的经验得出结论，幼儿在团体活动中能获得最大的进步。

从学前教育成本角度衡量，在学前教育机构可以接收受教育儿童的适度规模范围内，边际增加适龄学前教育儿童接受学前教育，只增加餐饮以及玩具、教具等可变成本。相对于学前教育机构硬件设施等以兼具固定成本和沉没成本形式存在的成本而言，餐饮以及玩具、教具等可变成本相对较低，甚至可以忽略。由此，受教育儿童的一定规模范围内，边际成本几近为零。这也成为学前教育消费接近准公共产品的一个重要原因。

正是考虑到一定规模范围内学前教育消费不仅增加幼儿与幼儿、幼儿与教师之间的社会性互动，存在同侪压力，促进幼儿成长，而且，能够分担学前教育固定投资成本，因此，一定规模范围内学前教育消费没有充分理由排他。

3.超出特定规模范围后学前教育消费具有一定程度的竞争性和排他性

这一点在我国公办学前教育机构表现得尤为明显。马建芳等（2018）指出公立幼儿园凭借其财政补贴与师资优势，开展前沿教育教学研究，进而提供高质量的教育服务，而这种服务是稀缺的，进而带来社会各阶层的竞相争夺，使得社会普通大众以及弱势群体家庭的幼儿丧失进入高质量幼儿园的资格。

超出特定规模范围后，学前教育消费具有一定程度的竞争性，可以使用学前教育资源约束理论予以解释。教学资源约束理论指出，在实施或者说接受教育的每个基本单元内，比如每个教室内，桌椅、器具等教学设施以及教职员工等教学资源是固定的。随着每个基本教育单元内接受教育人数的增多，每位学员所分享到的教学资源以及教师的学习指导都会减少，进而导致基本教育单元规模与学习成绩负相关（方征，2015）。进一步而言，伴随基本教育单元规模扩大，师生互动模式中任务型提问减少，而常规事务与班级管理增多，进而影响幼儿学习绩效的提高。早在1985年，美国田纳西州利用控制实验法，针对幼儿从幼儿园至小学三年级四年的跟踪调查证实，班级规模也即班额较小有助于学生提高成绩（Jeremy D. Finn，1990）。综上，有限的学前教育资源约束下，达到学前教育班额限制后，通过突破班额限制继续增加学前教育人数，不仅存在空间和资源限制，而且会影响已入园接受学前教育幼儿的学前教育数量和质量。由此，学前教育消费具有竞争性。

超出特定规模范围后，学前教育消费的竞争性，自然引发学前教育消费的一定程度的排他性。尤其是高质量学前教育供给难以满足旺盛的学前教育需求的情况下，学前教育机构则顺势采取排他性措施予以应对。因此，高质、低价、数量有限的公办学前教育机构，通过明确限定为特定体制身份群体提供学前教育服务以及预约或排队方式，配置有限的学前教育资源。此外，市场化的学前教育机构，则主要采取收费方式，基于学前教育市场供求关系，设定学前教育价格进而选择与本教育机构相适应的学前教育规模。

虽然近些年义务教育阶段都在提倡小班教学，但是针对我国的实证研究中出现的班额效应异常的问题也值得被关注。方征（2015）认为这一方面可能源于配套基础设施不健全（包括教育经费、师资力量和教学设施等），还有一点值得关注，即不同国家文化不同，而东亚国家的教育方式对班额依赖比较小。也即，在班级规模不超过一定范围内，在中国文化背景下，集体性的班级活动，对幼儿的社会化以及学业进步更具有正向影响。

2.3 学前教育满意度理论

2.3.1 满意度内涵

1.满意度内涵与研究方法

满意是指“一个人通过对一种产品的可感知的效果（或结果）与其期望值相比较后，所形成的愉悦或失望的感觉状态”①。满意度是对这种心理状态的数值表达，被广泛用于衡量宏观经济运行质量和微观企业的产品与服务质量的评价。但需要格外注意的是，满意度是用以评价产品或者服务质量的一类指标，但是满意度不等价于服务质量，这源自满意度是对客观产品与服务质量的主观评价，即满意度既受到客观的产品与服务本身质量的影响，也受到消费者本身属性的影响。

满意度的衡量是建立在微观经济行为分析，即顾客消费行为认知过程分析基础上的，这源于满意的概念属于主观心理范畴。这一点决定了满意度评价方法有两类，包含定性分析与定量分析，两类方法各有优缺点，而定量分析应用更为普遍。两种研究方法的不足之处表现在：定性

① 李怀斌. 市场营销学［M］. 北京：清华大学出版社，2007：34-35.

研究由于数据来自研究者的观察，结论往往难以推广，其客观性受到质疑，因而定性的观察与访谈往往作为定量研究的补充；定量研究往往将满意这一整体划分成若干组成部分，使得主观感受被碎片化。定量研究中发展比较成熟且具有代表性的是全国性满意评测模型，包括最早的瑞典顾客满意度模型（Sweden Customer Satisfaction Barometer，SCSB），在此基础上发展而来的有美国顾客满意度指数（American Customer Satisfaction Index，ACSI）模型和欧洲顾客满意度指数（European Customer Satisfaction Index，ECSI）模型等，其中ACSI模型应用最为广泛。

2.满意度模型构建机制

简明扼要说明满意度模型构建的理论框架，对分析与利用学前教育满意度的信息有指导作用。前述三类全国性评测模型的基本思想是一致的，这里将以ACSI模型为代表加以阐述。

ACSI模型构建的基本思路是：依据顾客的消费行为认知过程，顾客购买产品或者服务获得感知质量和感知价值，与顾客期望相比较形成顾客满意，顾客满意的结果表现为抱怨或忠诚。在该模型中共有6个结构变量，以顾客满意度为目标变量，原因变量包括顾客预期、感知质量和感知价值，结果变量是抱怨或忠诚，为使理论模型应用于实践，将每个结构变量拓展为一个或多个观察指标。具体来说：

第一，顾客满意度，分解为实际感受与理想产品的差距、实际感受与预期质量的差距以及总体满意程度3个观察指标，其中，顾客满意度主要取决于顾客实际感受与预期质量的差距，同时，顾客的实际感受与理想产品的差距越小，顾客满意度越高。

第二，顾客预期是指顾客在购买和使用某种产品或服务之前对其质量的心理预判，包含3个观察指标：产品顾客化预期、产品可靠性预期和对产品质量的总体预期，其中产品顾客化是指产品符合个人的特定需要。

第三，感知质量是指顾客在使用产品或服务后对其质量的实际感受，包括对产品顾客化的感受、对产品可靠性的感受以及对产品质量的总体感受。

第四，感知价值与感知质量的区别在于，感知价值是综合价格和感知质量的主观感受，它包括2个观察变量：给定价格条件下对质量的感受和给定质量条件下对价格的感受。

第五，顾客抱怨只有1个观察指标，顾客的正式抱怨或非正式抱怨。

第六，顾客忠诚包含2个观察指标：顾客重复购买的可能性和顾客对价格变化的承受力，顾客满意和顾客忠诚的关系是当顾客满意自己消费的某种产品或服务时，会产生不同程度的忠诚，在行为上表现为重复购买和向他人推荐。

2.3.2 学前教育满意度构成要素及特征

1.满意度评价主体

学前教育满意度评价主体特殊，且具有多元性。具体如下所述：

第一，学前教育满意度的评价主体的特殊性体现在给予满意度评价并非接受学前教育服务的幼儿，这是出于对学前教育阶段的幼儿年龄介于3岁和6岁之间，年龄过小的考虑。进而需要注意，学前教育满意度可能在不同程度上受到幼儿家长的属性特征影响。

第二，评价主体的多元性表现在：对于普通产品或者服务，研究满意度集中于最终顾客，但是学前教育满意度评价主体包括两类：学前教育幼儿家长和学前教育教师。突出强调学前教育教师作为评价主体这一点，一方面可以结合教育三要素理论加以理解，“构成教育活动的基本要素包括教育者、受教育者和教育中介系统”[①]，教育过程中教育者是重要环节之一；另一方面也反映了现实中学前教育师资队伍建设存在较大的问题，需格外予以关注。

但是，需要格外注意的是，学前教育产品的最终消费者是幼儿，而教师作为满意度测评的主体，其实是将影响学前教育质量的重要因素单独列出，目的是分析师资建设的问题，以达到通过提高教师满意度来提升学前教育质量的目的。因而，不管从研究的丰富程度，还是从满意度

① 王道俊，郭文安．教育学［M］．北京：人民教育出版社，2009.

的理论机制出发，以幼儿家长为主体评价学前教育满意度都是必要的。

2.注重公平的评价

教育领域注重公平在满意度测量中也得以凸显。例如，由21世纪教育研究院和社会科学文献出版社共同发布的教育蓝皮书《中国教育发展报告》连续多年开展的教育满意度调查，重点与亮点内容为教育公平内容。李硕豪等（2016）以入学机会、择校问题和资源配置作为起点公平的观察指标，以教师平等对待学生作为过程公平的观察指标构建了基础教育的满意度指标体系。张墨涵等（2019）研究发现教育公平感知比教育质量感知对满意度的影响更大，因而首先需注重公平享有教育服务。

3.考量价格因素

与义务教育阶段满意度研究相比，学前教育的满意度研究需要考量价格因素。在基础教育满意度研究中，因为义务教育阶段的成本由政府承担，价格因素对义务教育满意度的影响被忽略。与此不同的是，学前教育作为准公共产品，其成本由政府与市场共同负担，但是政府与市场分担比重不同，将带来幼儿家庭接受的学杂费价格不同，结合其他因素，或将影响到学前教育满意度。因此，学前教育满意度需考量价格因素。

2.4 学前教育成本分担理论

2.4.1 成本分担理论的核心要件

成本分担理论最初应用于高等教育领域，后被引入学前教育领域分析成本分担问题。成本分担理论是1986年由美国教育经济学家约翰斯通针对高等教育需求扩张和多元化发展与政府公共资金和政府干预方式有限的矛盾而提出的理论。高等教育需求增多，源自1960年经济学家西奥多·威廉·舒尔茨（Theodore W. Schultz）在美国经济学会年会上发表的关于《人力资本投资》的演讲，激起政府投资和民众参与的热情，但是20世纪70年代的石油危机带来经济停滞、通货膨胀，政府财政收入锐减，公共财政教育支出受到掣肘，加之政府单一的干预方式与高等教育多元价值发展的需求相抵触，强调多主体共担的成本分担理论为作为准公共产品的高等教育提供了成本分担的路径。

1.成本构成要素

约翰斯通认为高等教育的成本包括四类：教学成本、学生生活成本、作为学生失去的盈利以及联合研究成本。剖析高等教育成本的构成要素，为政府必要成本的分担限定了合理范围。

这体现在：第一，学生生活成本中的饮食与住宿费用是与教育成本无关的成本，因为无论是否接受教育，都会发生该项支出，故不计入必要分担成本；第二，作为学生失去的盈利，是指学生因接受高等教育而放弃从事其他工作所带来的最大收益，为经济学中机会成本中所强调的隐成本概念，隐成本是作为理性人做决策必须权衡的成本，但是因为实际未发生资金支出，因此不计入必要分担成本；第三，联合研究成本归属于科研开支而不计入教育成本；第四，必要分担成本应限于学生生活成本中的书籍文具等教育支出和教学成本。这成为教育成本分担实施的第一步。

2.成本分担的主体

依据“谁受益谁分担”的原则，约翰斯通将高等教育成本的分担主体分为学生本人、学生家长、政府和社会捐赠的个人或团体。

具体而言，第一，个人和家长都是高等教育的受益主体，而将学生本人与家长区分，强调作为高等教育阶段的独立个体，在作出受教育的机会成本权衡后，可以通过勤工俭学等方式提高私人收益。第二，政府作为分担主体源自教育的外部收益，政府通过税收、价格或使用费以及公债从公民手中筹集资金，借以偿付所有公民共同享有的外部收益。更进一步，政府承担成本实质为全体公民共同承担成本，这与个人单独承担成本的差别在于，在财政资金有效利用的前提下，政府起到了收入再分配的公平作用。这一点可以结合税收的无偿性特征加以说明，无偿性强调的单个纳税人所缴纳的税费与其从政府所得到的产品和服务没有直接关联，多纳税者并不能多享受公共产品和服务，反之，低收入人群在少纳税时享有同样的产品与服务，体现出政府通过提供教育产品影响个人之间收入分配格局的作用。第三，企业或社会团体因为使用更高质量的人力资本，提高劳动生产率而受益，通过捐赠方式分担成本。

3.成本分担的原则

成本分担理论的原则与西方税收原则密切相关。西方税收原则由最初亚当·斯密《国富论》中提出的注重效率的“平等”、“确实”、“便利”和“最小征收费”四大原则，逐渐增加公平目标，提出了注重效率与公平相结合的“受益原则”和注重结果公平的“能力原则”。成本分担原则正可以此总结。

受益原则是指成本分担比例以社会和个人收益的相对大小来确定，理论基础扎实但实际应用困难。受益原则是建立在准公共产品理论之上，为政府与市场的成本分担提供了理论依据。具体而言，教育作为准公共产品，存在个人收益与社会收益，依据收益的大小来划分受教育者和政府分担教育成本，既体现效率原则，又体现过程公平原则，因而得到受益原则具有扎实的理论基础的结论。但是，囿于教育的社会受益和个人收益难以准确衡量，受益原则在划定成本分担比例时难以真正发挥作用，具体表现在：教育的社会收益既包含经济收益也包含非经济收益，个人收益则更反映在长期收益的累积上，提纯教育而非其他因素对个人和社会的非经济收益和长期收益，历来是研究热点与难点，但这并不妨碍受益原则在成本分担效果的效率评价中发挥作用。

能力原则是指成本分担比例以分担能力的大小来确定，为学生资助政策提供理论依据。分担能力主要包含两方面：一是指社会财富在政府和个人之间的分配格局；二是社会财富在个人之间的分配格局。第一方面决定了政府可用于收入再分配的资源总量，具体而言，假使社会财富更多聚集于政府，政府则需提供相应更多的公共产品与公共服务，假设社会资源更多保留于个人手中，政府也应当适当提供教育产品，这与亚当·斯密（1776）提出的政府三项职能之一的“建立并维持某些公共机关和公共工程”，以及卡尔·马克思在《哥达纲领批判》中主张政府应当承担“满足共同需要的部分，如学校、保健设施等”的责任相一致。第二方面则特别强调，当社会财富在私人之间分布不均衡时，政府分担教育成本，增加低收入家庭子女的入学机会，实质是发挥将社会财富从高收入人群向低收入人群转移的收入再分配作用，起到促进社会公平的作用。延伸而来的正是依据不同家庭的经济负担能力，对低收入家庭等给予的学生资助政策。

2.4.2 学前教育成本分担要素

与约翰斯通提出的高等教育成本分担理论相比，学前教育成本分担在成本构成要素和成本分担主体方面存在差异，以下将予以具体分析：

1.学前教育成本构成要素

依据约翰斯通高等教育成本分析的思路，首先明确开展学前教育的活动中实际发生的成本，然后在学前教育实际发生的成本中辨析应当由政府与市场共同分担的成本部分。

第一，开展学前教育活动实际发生的成本，与高等教育成本相比，可忽略两类成本，包括作为学生失去的盈利和联合研究成本。原因在于，年龄介于3至6岁接受学前教育的幼儿暂无能力从事营利性工作，即作为幼儿园学生失去的盈利为零，因此可以忽略；与高等学校师生参与社会资助或政府资助的联合研究花费成本相比，学前教育教师参与联合研究的机会较少且该部分成本属于科研成本，根据受益范围应当由资助方承担，所以可以忽略。

第二，开展学前教育活动实际发生的成本，应当包含学生生活成本和教学成本，但并非所有实际发生的成本都应当由政府和市场共同分担。具体而言，学生生活成本中既包含用于伙食和住宿的费用，也包括用于学习的玩具和图书费用，其中伙食费与住宿费属于即使不参与学前教育活动也存在的支出，故应当由适龄幼儿家庭承担，而学习所用的玩具费与图书费严格与学前教育活动相联系，这部分成本应由政府与市场共同分担。特别需要注意，学前教育活动中实际发生的学习用玩具、图书费和教学成本，并不是由政府与市场共同分担的必要成本，这一问题需要从理论层面重新探讨学前教育政府事权的基础上予以回答，因此将在第5章中着重分析与核算。

2.学前教育成本分担的主体

与约翰斯通定义的高等教育的成本分担主体相比，学前教育成本分担的主体应当包含适龄幼儿家长、政府与社会捐赠的个人或团体。

首先，与接受高等教育的学生可以通过勤工俭学方式获得收入相比，接受学前教育的适龄幼儿暂时缺乏获取收入的能力，因此适龄幼儿本身不列入学前教育成本分担主体。其次，在当前的学前教育成本分担中，社会捐赠占据的比例极低，原因在于，虽然理论上已经证实学前教育具有社会外部性与经济外部性，但由于学前教育处于教育的初始阶段，其社会经济收益容易被忽视，加之我国社会慈善捐助体系尚不完善，因此学前教育成本中社会捐赠的比例很低。概括而言，学前教育成本分担的主体为政府与市场，当前市场主体主要为适龄幼儿家长。需注意的一点是，随学前教育社会认知的提升以及我国社会慈善捐赠体系的完善，个人或团体社会捐赠占据的份额或将提高。

3.学前教育成本分担的原则

与约翰斯通所主张的高等教育成本分担应当遵循注重效率与公平相结合的“受益原则”和注重结果公平的“能力原则”相比，我国学前教育成本分担的原则，既包含效率原则，更格外重视公平原则。原因在于：

首先，教育公平是社会公平的重要基础（王善迈，2008）。正如家长们常说的“不让孩子输在起跑线上”，其中最重要的途径就是接受优质的教育。学前教育是学校教育的开端，与各阶段教育具有互补性。幼儿享有平等的入学机会以及同等质量的学前教育，对幼儿个人未来收益的影响是相当大的，相关结论已经在学前教育准公共产品属性中阐释，这里不再赘述。进一步，教育公平与收入公平息息相关（王鹏程等，2018）。国内外众多实证研究已证实，教育不平等与收入不平等呈现显著正相关关系，教育不平等不利于收入分配的改善，这一点虽然在我国目前经济现状下没有得到实证的有力支撑（杨俊等，2008），但是西部地区的数据仍能支持该结论。

更进一步，给予所有适龄幼儿家庭以平等的入学机会，是遏制马太效应的一环。具体来说，马太效应反映在教育领域，是指高收入阶层凭借其优势接受更高质量的教育，低收入阶层接受低质量的教育甚至无学可上，进而带来未来工作工资的差异，导致进一步拉大收入差距，如果没有外部干预，将导致社会财富与权力的两极分化，从而加剧社会矛盾。马太效应的机制得到了相关研究证实，近年来，由于优质教育资源的稀缺性，受教育者的家庭乐于聚居在好学校附近，导致附近房价上涨，即教育投入与教育质量被房地产行业“资本化”，但受到我国按居住区入学政策的限制，不住在该区域的家庭通过缴纳额外的择校费可以接受优质教育，结果是收入更高或者社会资源更丰富的阶层拥有更大的可能性获取优质教育资源（丁维莉等，2005）。通过这种方式，社会阶层得以代际传递（张明等，2016）。

最后，需要特别注意的是，公平并非简单的平均化或无差异，它承认地区、城乡和人群之间存在差距（倪红日，张亮，2012），但是发展到引起收入差距扩大、社会阶层代际传递，是公众所不能接受的。公平之定义，中国之于其他国家有所不同，其他国家的所谓公平，仅是对弱势群体的关照，而中国对于学前教育，我们称之为“社会公益事业”“关系亿万儿童”，建设的是“普惠性”幼儿园。

2.5 学前教育的政府和市场供给：部分典型国家历史演进

学前教育收益的正外部性以及学前教育消费具有一定程度的非竞争性和非排他性，意味着学前教育具有准公共产品属性，而学前教育满意度以及学前教育成本分担所强调的来自学前教育需求方面的评价、政府与市场以及政府间学前教育成本分担，为理解学前教育的政府和市场供给机制提供了坚实理论基础。经由考察部分典型国家的学前教育供给历史，可以就学前教育供给过程中的政府和市场机制的分工与合作、学前教育供给中的政府职能、政府的财政支持方式以及中央和地方政府间学前教育事权和支出责任划分等方面，总结出学前教育供给的某些一般规律性。

2.5.1 学前教育供给中政府和市场机制的分工与合作

1.美国学前教育提供的生产方式

根据学前教育受益群体范围的大小，可将美国学前教育分为两个阶段：学前一年教育阶段和5岁以下学前教育阶段。学前一年教育（kindergarten，入学年龄一般为5岁）于1990年被纳入K-12基础教育体制，由公立学前班、私立学前班、儿童照料中心等提供，其中公立学前班是学前教育供给主体，2003年84.5%的学位由公立学前班供给。5岁以下学前教育阶段政府供给的对象是处境不利的儿童及其家庭，处境不利包括低收入、残疾或者面临学业风险，并以联邦政府和州政府的各类项目，包括开端计划、州Pre-K项目等给予资金支持，运用购买学位、教育券等方式，以便消费者依据自身需求灵活选择有资质的公办或民办幼儿园，促进学前教育质量提升。

2.英国学前教育公共提供的生产方式

英国政府免费提供学前教育，但并不统一指定具体的免费学前教育机构，相反，所有能够满足教育部制定的基本标准的学前教育机构均能承担。英国国家许可的提供免费学前教育的机构主要包括日托中心、私立托儿所、小学附属幼儿学校及幼儿班、幼儿园和游戏小组、确保开端儿童中心，以及获得授权的保姆中心等。因此，在统一各类不同学前教育机构标准保证学前教育质量的基础上，充分发挥私人生产灵活性，满足幼儿及家长的差异化学前教育需求。

3.加拿大学前教育政府和市场供给模式变迁

加拿大最早的托儿所出现于19世纪上半叶的几个中心城市，主要针对以家庭佣人为业的贫困妇女的幼儿，而资金主要源自上层妇女和私人捐助。加拿大主要面向中产及以上阶级的第一所私立幼儿园建立于1870年。在此基础上，1887年加拿大安大略省首先正式承认学前教育是公立教育的一部分，为3～7岁幼儿建立幼儿园，并为学前教育机构提供资助。联邦政府层面正式涉足学前教育领域发生在第二次世界大战期间。其时，加拿大承担英联邦“军火库”职能。为满足军备物资生产的劳动力的旺盛需求，加拿大联邦政府出台日托法案鼓励妇女投入生产，为投入军备生产无暇照顾幼儿的妇女提供保育服务，资金来源为联邦政府与部分省/特区政府双方各出资50%。

第二次世界大战结束之后，政府激励妇女参与军工生产动机消失，因此政府为妇女提供保育服务协议中止，大量政府举办的保育机构关停。但在女性就业率不断攀升不可逆转的趋势下，幼儿保育服务需求不断扩大，就此，私立幼儿园迎来发展良机。截至1968年，加拿大75%的学前教育供给由私人提供。在公办幼儿园数量无法满足市场需求的情况下，加拿大联邦政府曾在1987年出台《加拿大儿童保育法》，允许民办幼儿园获得政府财政支持，支持扩大学前教育供给，但因各类组织反对而中止。因此，将各项福利措施整合到"加拿大健康转移支付和社会转移支付"（Canada Health and Social Transfer），联邦政府通过各种社会福利项目和向省、地方政府进行转移支付支持学前教育。进而，可以根据当地实际需求相对灵活使用，省、地方政府事实上在学前教育发展中担负重要职责。截至2006年，加拿大公办幼儿园供给比重提高至79%。

联邦、省、市（县）三级分税制财政管理体制下，由于各省、市（县）之间存在明显的横向区域异质性，进而各省、市（县）学前教育供给方式存在巨大差异。

其一，政府供给与市场供给相结合。在诸如魁北克省等部分省份，政府鼓励民办学前教育机构提供优质学前教育产品，不仅为民办学前教育机构提供运营性拨款，实施保教服务最高限价，给予在民办幼儿园学习的幼儿家长以保教补贴，而且对学前教育质量严格监督。截至2014年，魁北克省公办幼儿园供给占据81%的比重。在诸如阿尔伯塔省等部分省份，省政府为民办学前教育机构提供资本性拨款和运营性拨款，亦给予民办学前教育机构就读幼儿家长以保教补贴，但在盲目扩大民办学前教育供给的同时忽视了学前教育质量。2014年阿尔伯塔省成为加拿大幼儿园生师比最高的省份，达到32：1，2~4岁幼儿入园率仅为37%，公办幼儿园供给占比47%。

其二，政府供给。诸如萨斯喀彻温省等部分省份，主张将0~5岁幼儿学前教育纳入公立学校系统，不仅不为民办学前教育机构提供财政支持，甚至在一段时期内采取抑制民办学前教育机构发展的不颁发许可证措施。2014年萨斯喀彻温省公办幼儿园供给占比99.4%，但2~4岁幼儿入园率仅为37%。这意味着现有公办幼儿园并不能满足幼儿学前教育服务需求。

4.新西兰学前教育供给方式

在新西兰，政府负担80%的学前教育经费，20%由幼儿家长负担。从学前教育机构产权性质看，并非所有的学前教育机构都是公立的。只要符合标准，民办学前教育机构同样能够获得政府资助。因此，新西兰学前教育供给是公共生产和私人生产的混合供给方式。

2.5.2 学前教育供给中政府发挥重要作用

1.支持学前教育发展的战略规划

（1）美国

美国独立战争后，特别是工业革命阶段，看管和教育幼儿的需求顺应经济发展和学前教育理论的传播而产生。因经济发展的重心从传统农业转向工业，劳动力缺口巨大，导致传统的男主外女主内角色分工转变，贫困家庭女性投入工业化生产，故女性抚育幼儿的时间缩短，学前教育需求增长。加之在此阶段，学前教育理论，包括夸美纽斯、洛克、卢梭、裴斯泰洛齐等教育学家的思想在美国广泛传播，私立幼儿班由葛瑞斯克姆最早开设。

20世纪30年代至第二次世界大战期间，美国政府为应对经济危机以及制造武器装备，开始财政支持学前教育。富兰克林·罗斯福新政期间通过的《社会保障法》五项法案中的一项是“无独立生活能力的儿童援助计划”，1933年，联邦紧急救助署宣布在全国范围内开设保育学校，以促进就业刺激经济恢复。第二次世界大战期间，联邦政府建立了“战时紧急保育学校”，促进妇女投入到社会化工作中，从而增加制造业的劳动供给。

20世纪60年代，美国政府对学前教育的关注从经济动因转化为社会动因，包括促进教育机会公平，缩小贫富差距，防止贫困的代际转移。1965年，美国联邦政府开展学前教育开端计划（Head Start），为迄今为止规模最大的早期儿童发展项目。此项目最初为低收入家庭3~5

岁的幼儿和残疾幼儿提供免费的学前教育、营养与健康保健以及社会服务，后将服务对象延伸至3岁以下的婴儿、学步儿童以及怀孕妇女。

（2）英国

18世纪60年代英国开始第一次工业革命之后，家庭角色改变引起学前教育需求增加。英国最初引进的福禄贝尔幼儿园，只满足高收入家庭需求，政府对于贫困家庭学前教育的关注程度，直到20世纪末都比较低。继1987年英国颁布《初等教育法》将5~7岁幼儿学校纳入义务教育体系后，2006年《儿童保育法》将免费学前教育纳入该法，针对英国所有3岁和4岁幼儿，政府提供的免费学前教育为每周15个小时、全年38周共570个小时的学习时间。为满足幼儿和家长需求，时间安排是灵活的，只要满足幼儿每次接受教育2.5小时至10小时以及上午7点至晚上7点之间时间段的基本要求即可。

英国政府连续推出“确保开端”项目（Sure Start，1998）、“每个孩子都重要”（Every Child Matters，2003）规划、“儿童保育十年战略”（A Ten-year Strategy for Childcare，2004）和“早期奠基阶段”（Early Years Foundation Stage，2005）规划，对学前教育进行规划和支持。

1998年英国财政部出资建立服务于儿童早期阶段的“确保开端”（Sure Start）项目，服务对象是处境最不利地区的儿童及其家长，服务项目包括儿童保育、学前教育、医疗卫生、家庭支持四项。1999—2002年，英格兰地区建立了250个“确保开端”地方项目，总共投入4.52亿英镑，帮助15万名贫困地区儿童。此外，教育部出资培训2 000名专业人员和800位儿童中心领导者。

“确保开端”项目原归属于中央政府，是针对处境不利地区的儿童和家长的一项10年期项目，实施过程中逐渐转变为针对每一个家庭的长期儿童中心，管理权限被下放给地方政府。2003年出台的“每个孩子都重要”（Every Child Matters，2003）规划，促成“确保开端”项目目标群体改变，确保儿童达到“健康、安全、快乐与成就、有积极贡献及为获得经济保障做准备”五大目标。

2004年“儿童保育十年战略”（A Ten-year Strategy for Childcare）将学前教育发展目标确定为三方面：每个儿童生活发展都有好的开端；家

长就业和职业生涯不受影响；个人有平衡工作与家庭生活的自由选择。为此，政府出台带薪产假延长政策，儿童保育费用可在个人所得税中税前扣除。此外，增设“确保开端”儿童中心，并延长3~4岁儿童免费学前教育时长。

作为一个系统的学前教育改革蓝图，2005年“早期奠基阶段”（Early Years Foundation Stage）规划将整个儿童早期发展过程整合成一个连续体，不仅包含0~3岁保教，而且包括3~5岁奠基阶段和0~8岁儿童保育。此外，学前教育质量监督也是重点内容之一。

2.提高学前教育质量的制度安排

（1）英国制定学前教育质量标准

2000年英国出台《基础阶段教育（3~5岁）课程指南》，在身体发展，个性、社会性和情感发展，创造性发展，解决问题、理解和算数，交流、语言和读写，认识和了解周围世界六方面统一制定学前教育质量标准。2005年英国发布“早期奠基阶段”规划，整合0~3岁以及8岁以下幼儿学习发展目标，为0~5岁幼儿学习发展以及教师保教做出全面和科学规定。2008年英国儿童工作发展委员会颁布《早期专业教师认证标准指南》，针对0~5岁幼儿园教师，从专业知识和理解、教育活动实践、与儿童关系、与儿童家长和照顾者的交流与合作、团队精神和协作、专业发展六方面制定标准与要求。2008年《早期基础阶段法定框架》在2005年规划基础上详细制定了教育目标和子目标（共69项），成为学前教育质量统一督导标准。2012版《早期基础阶段法定框架》进一步拓展六大领域目标为“3个主要领域”——个人、社会和情感的发展，身体发展，交流与语言，以及“4个特定领域”——数学、识字、表达艺术和设计以及对世界的理解，共计7大领域17个子目标。2012年英国政府针对学前教育教师颁布《早期教育专业教师身份标准》，开展早期教育专业教师培训，规定完成培训，并达到相应标准，才能成为一名早期教育专业教师。

（2）新西兰学前教育课程标准建设

针对幼儿园生师比太高、班级规模太大等问题，为规范和保障学前教育质量，新西兰于2017年修订学前教育课程标准《编席子：早期教育课程》（Te Whariki：Early Childhood Curriculum），从授权原则、全面发展原则、家庭和社区原则以及联系原则这四大原则，以及健康（well being）、交流（communication）、归属（belonging）、贡献（contribution）和探索（exploration）五大领域，强调培养幼儿学习倾向和提升工作能力。五大领域对应幼儿的信任与活泼、自信、勇气和好奇心、责任、坚持的学习倾向。而工作能力，可以以好奇心为例，幼儿的好奇心是指对某个事物或者现象感兴趣，从而产生探究的想法，继而展开探究的实践，在这一过程中，幼儿根据以往的知识与经验，萌生新的想法与见解。也就是说，工作能力的培养其实是指幼儿在已有知识与经验基础上发展新的知识与技能，形成自己的态度和期望的过程。四大原则、五大领域、五大学习倾向和两大目标紧密衔接，构成完整的课程标准。在这样的课程安排下，学前教育不仅仅是入小学的准备，或者仅仅是游戏，而是促进幼儿全面平衡发展的学习过程。

3.加强学前教育质量监督和评价要求

（1）英国

遵循管办评分离原则，英国设立独立于教育主管部门的非内阁政府督导机构——教育标准局（thc Office for Standards in Education，Children's Services and Skills），在经费管控、管理模式方面独立而权威地负责英格兰地区教育机构教学质量督导。按照《学校督导大纲》《督导手册》要求，教育标准局主要通过公开招标方式购买第三方服务，即专业督导小组完成督导方案设计与实施督导，并将督导评价结果在官方网站上公布。由此，政府依据督导结果和奖惩规则实施奖惩，学校根据反馈结果进行针对性改进，社会公众亦可依据督导结果进行学校选择决策，这共同促进学前教育供给优化。

（2）新西兰

21世纪新西兰出台《学前教育评估框架和资源》和《学前教育评估指南》，由评估目的、机构、内容、指标、方式和程序等六方面构成评估体系。为实现"问责"和"提高"目的，独立的外部教育评估办公室（Education Review Office，ERO）作为评估机构，就教育质量、遵守规章情况、政府关注的具体领域和其他评估重点四方面内容进行评估；

具体指标参考2017年修订的课程标准《编席子：早期教育课程》要求，由ERO提供从儿童可观察的行为和学前教育机构的实践与理念出发的具体衡量指标；评估小组以证据为基础，通过与教师、家长、幼儿和管理者的讨论、观察和查阅资料的方式收集证据，按照三阶段评估程序进行评估。

4.新西兰学前教育教师队伍建设的完整保障体系

学前教育教师队伍专业标准体系包括职前的“师范类毕业生标准”、入职时的“幼儿园新教师专业标准”以及在职时的“注册教师专业标准”。1996年，新西兰针对公立幼儿园教师强制执行学前教育教师资格认证。2001年颁布的《教育标准法》(Education Standards Acts 2001)，授权教师委员会全权负责学前教育教师资格认证。2005年，学前教育强制教师资格认证推广到所有幼儿教育机构实施。此外，为培养教师自身能力，新西兰学前教育教师在入职前会有专门的培养和指导。

(1) 新西兰职前教师教育计划 (Initial Teacher Education Programme, ITE)。ITE计划包括入职选拔标准和各院校的学前教育教师培养计划。入职选拔的标准有信仰与态度、学术入学准则、算数与读写能力、个人和专业素质以及其他特殊要求。而各培养学前教育专业教师的院校加入到ITE项目中，这样就可以将学前教育的需求在人才的培养计划中体现。新西兰幼儿园教师专业设置也反映出其多文化兼容的特点，而且幼儿园教师课程的设计需要接受教师委员会的评审和监督，这样毕业之后才能获得临时注册教师资格，进而找到工作。

(2) 教师入职指导计划 (Induction and Mentoring Programme, IMP)。IMP计划始于2002年，规定“初任教师取得临时注册教师资格之后，只有完成两年由用人单位提供的入职指导才有资格成为完全注册教师，即国家承认的正式教师”。到2011年颁布《新教师入职指导计划指南》，新教师入职指导逐步趋于完善。

(3) 在职幼儿园教师权益保障。在新西兰，保障在职幼儿园教师权益主要通过“幼儿园教师集体协议”实现。从学前教育教师资金保障方面看，在培养阶段，针对本专业全日制学生提供学前教育奖学金，在工作阶段的各种福利津贴，最主要的是“幼儿园教师教育津贴”和“临时注册教师津贴”。

2.5.3 学前教育供给中政府采取多样化财政支持方式

1. 美国学前教育财政投入方式

美国政府通过现金、服务、教育券和税收抵免的形式，对学前教育给予财政支持。其中，教育券和现金的形式分别弥补了低收入家庭幼儿学前教育成本的80%和10%，极大地减轻了家庭负担。

现金形式是指联邦政府通过其职能部门以现金形式支付学前幼儿的学习和生活成本。这里主要包括发放儿童津贴、减免或返还相关费用，比如《工作机会与基本技能》这项计划中就规定政府应当向接受收入补贴的家庭提供儿童进入学前教育机构的费用。

服务形式是指政府通过学位购买方式，为低收入家庭的3~4岁幼儿提供优质的学前教育，但是公办幼儿园数量有限，政府也会通过招投标的方式购买符合标准的私立幼儿园提供的服务。

教育券是开端计划主要运用的方式，具体形式诸如城镇券、通用券、弱校券、有限券、私立券等。教育券可以弥补低收入家庭幼儿学前教育成本的80%左右，可以有效地减轻家庭的负担。另外，教育券最大的优势是，在限制了这笔资金的使用用途的同时，低收入家庭可以根据自己的需要，补贴剩余部分成本，为幼儿选择合适的学校，也就是在确定扶助低收入家庭满足其学前教育需求的前提下，利用市场机制作用，达到供求均衡，而消费者的选择权也可以进一步促进学前教育质量的提升。

税收抵免，美国有三种形式针对儿童的退税：一是孩子退税政策，也就是说只要有一个17岁以下的孩子，每年最多可以申请2 000美元的退税。二是孩子的照料退税政策，即父母可以用孩子的照料花费来申请退税。如果夫妻双方有13岁以下的儿童且因工作原因无暇照顾而交给托儿所或者雇人照料，费用可以申请抵免。三是EITC退税。该政策主要针对低收入者，基本上保障了中低收入家庭的孩子抚养问题，即使家庭收入不高，多生育几个孩子，生活质量也不会有很大影响。2017年，美国有2 700万家庭享受了650亿美元的孩子税收减免。

2.英国学前教育财政投入方式

英国政府学前教育财政投入方式有财政拨款和税收抵免。

在英国，中央财政除直接拨款到幼儿园外，还对地方财政进行拨款，但总体上，地方政府主要承担学前教育机构经费支持。2014年，地方政府学前教育支出占总支出比例超过94%，而中央政府不足6%。学前教育财政拨款实施办法由《实施学前教育单一经费方案的实施指南》具体规定，确保学前教育经费单支单列。

为应对日趋严重的债务压力和赤字等财政问题，2010年之后，英国政府决定削减财政支出。考虑到政府每年的儿童中心投入巨大，且短期内又无法展现经济价值，虽然政府作出“不损害公共服务领域并增加就业机会”的承诺，但2011年之后政府学前教育财政支持力度开始下降。2014—2015年度比2011—2012年度减少9亿英镑，但减少的拨款部分仅是之前没有被充分利用的部分，确保开端计划的重点领域拨款有增无减。

税收抵免包括两类：其一是从工作税中减免孩子照护税。纳税人直接申报为孩子支出的费用，包括钱、衣物、生日和圣诞节礼物、食物和零花钱。总体上，为孩子花费的70%可以申请减免。其二是以家庭为单位申报的与孩子有关的税收减免。此类税收减免不需要以工作为前提条件，只要16岁以下儿童或20岁但依然在基本教育和培训阶段，均可申请税收减免。

3.加拿大学前教育供给中政府财政投入方式

加拿大学前教育供给中政府财政投入方式包括财政拨款、税收抵免和学费减免。联邦政府对省、地方政府的学前教育财政拨款，在加拿大救援计划停止之后，并入健康转移支付和社会转移支付两种有条件的专项转移支付。一方面，各省、地区政府根据人口数量而非财政状况基于现金和税收转移支付两种形式获得资金；另一方面，资金使用被限制于学前领域，如儿童早期保育和发展专项基金，否则联邦政府有权拒绝支付或收回，保障联邦政府财政拨款专款专用。学费减免政策在不同省份存在差异。

税收抵免，家庭托儿费在父母缴纳个人所得税时得以抵扣。1972年加拿大联邦政府出台《儿童保育费用减免政策》（Child Care Expenses Deduction）规定，父母参加工作的幼儿家庭所得税应纳税所得额可以扣除儿童保育费用。因此，政府补贴家庭儿童保育费用普及到所有父母参加工作的幼儿家庭。伴随政府补贴力度增强，1973—1980年，公办幼儿园供给占比从53%提高到60%。2016年7月，加拿大联邦政府实施新的“加拿大儿童福利”（Canada Child Benefit，CCB）计划，规定有孩子的家庭平均每年可以从联邦政府儿童福利金项目CCB中多领到2 300加元。此外，提高牛奶金福利，若一个家庭有两个6岁以下孩童且年收入低于3万加元，则每月可领到1 067加元。总体上，政策倾向于低收入家庭，收入越高的家庭获得政府补贴力度越小。

4.新西兰学前教育财政投入方式

因为曾是英国殖民地的原因，新西兰的教育体系与英国极为相似。虽1877年颁布实施《教育法案》（Education Act），将5岁及以上幼儿学习划归为义务教育，但学前教育在新西兰并未引起足够重视。第二次世界大战以后，新西兰政府承诺承担幼儿保育费用，推进提高3～4岁幼儿入园率，但直到1944年，政府补贴仍然很少，仅有不到4%的3～4岁幼儿接受了半日免费学前教育。1947年，新西兰政府发表《贝利报告》（Bailey Report，又称《学前教育产品咨询委员会的报告》（Report of the Consultative Committee on Preschool Education Services））提出，政府提供学前教育经费，支持筹建优秀的学前教育教师团队。

以1988年发布“五岁之前报告”（Before Five Report）以及《1989教育法案》（Education Act 1989）为标志，为增进新西兰学前教育经费分配的公平性，新西兰政府改革学前教育经费划拨和使用。其一，学前教育经费以贷款（loans）、自由津贴（discretionary grants）、主体补助金（bulk grants）和社会福利部门费用补贴（department of social welfare fees subsidy）形式出现，由教育部决定如何分配，优先用于非营利学前教育机构；其二，学前教育经费主要用于支持低收入或者处境不利的幼儿家庭，政府特许建立的学前教育机构将获得更多经费支持；其三，为提高财政资金使用公平和效率，新西兰政府专门收集增加等量财政经费对不同收入家庭影响程度数据，并基于此构建经费分配模式。

1990年新西兰国家党大选获胜后，学前教育财政支出发生结构性调整，降低对幼儿的补贴，且不再对幼儿园教师发放工资，缩减的部分用于增加贫困家庭补贴。此外，降低学前教育机构幼儿园生师比要求，允许学前教育机构收费等。2002年新西兰出台的10年学前教育战略规划《未来之路》(Pathways to the Future) 规定所有3~4岁幼儿都可以接受每天最多6小时，每周最多20小时的免费学前教育产品，该项规定自2007年开始实施。

严格的学前教育经费管理体制下，新西兰学前教育财政投入体现为完善的津贴制度和经费管理体制。这些教育津贴有针对所有适龄儿童的普适性津贴，有针对不同类型学前教育机构的津贴；有专门为促进公平的公平基金和偏远地区续签教育服务年度补贴；也有为提高学前教育质量，专门为学前教育教师提供的津贴。

(1) 20小时免费学前教育津贴。面向每一位3~5岁幼儿，提供每天最多6小时，一周最多20个小时的免费学前教育产品。此外，还有10小时的免费教育津贴。

(2) 学前教育经费补助金，是向学前教育机构发放的最主要的经费类型。

(3) 公平基金。主要针对：招收有特殊需要的儿童和非英语背景地区的儿童；地处偏远地区的儿童；社会经济发展水平比较低的社区和使用非英语语种的学前教育机构。

(4) 偏远地区学前教育产品年度补贴。针对偏远地区小规模的学前教育机构，给予经费的补助方式。

(5) 学前教育教师津贴。为吸引更多学生投入学前教育领域，帮助教师参与各种培训。

(6) 临时注册教师津贴。针对临时注册教师，为其完成临时教师注册给予资助。

新西兰学前教育政府财政经费分配方式完整而科学。从《1989教育法案》，到《未来之路》之后2005年新的学前教育经费体系，再到2008年出台《教育（学前教育）规例》，2010年出台《学前教育经费使用指南》，新西兰政府关于学前教育经费的规则日渐科学和规范。2008年的《教育（学前教育）规例》详细规定了各类学前教育获得相应政府补贴应该达到的标准，各类学校包括：以教师为主导的学前教育机构（包含幼儿园等）、以父母为主导的学前教育机构（包含游戏中心、毛利语言所等）。2010年的《学前教育经费使用指南》对不同经费类型、操作过程以及经费的使用和监督做了详细规定。

2.5.4 中央和地方政府间学前教育供给事权和支出责任划分规范

1.美国支持学前教育发展的政府间分权

美国是成熟的联邦制国家，有联邦政府、州政府和地方政府三级划分，各级政府拥有各自的财政收入和支出范围。5岁儿童的学前教育已纳入义务教育体系，即K-12教育体制，因而联邦政府和州政府学前教育供给的对象是5岁以下处境不利的儿童及家庭，包括贫困和残疾的儿童。美国宪法规定，学前教育是地方以及个人的事务。联邦政府职责包含部分财政支持、立法保障、购买学前教育服务、资格审查、教学质量监测以及保证优质的学前教育资源容易被家庭获取等。州政府和地方政府是学前教育投入的主体，各州根据当地经济状况为学前教育以Pre-K为主的项目筹集资金和实施质量监管。

2.英国支持学前教育发展的政府间分权

作为地方分权型的单一制国家，英国中央政府集中国家最高权力。地方政府权力来源于中央政府授权，实行地方自治，保证地方政府相对独立性。在学前教育领域，英国学前教育实施中央、地方共同管理的模式。0~3岁幼儿“保育”以及3~5岁幼儿“教育”，分别由社会福利部和教育就业部管理。地方政府教育自决权较大，中央负责制定学前教育的方针政策和基本标准，地方负责结合各地实际情况实施中央政策法规，可在免费学前教育时间、免费学前教育机构准入和经费投入等方面适时调整。

3.加拿大支持学前教育发展的政府间分权

作为社会福利领域联邦政府对省政府提供资助的一种形式，1966

年加拿大联邦政府推出加拿大援助计划（Canada Assistance Plan，CAP）明确，儿童保育被纳入福利保障体系，联邦政府与省政府共同为低收入或处境不利的幼儿及家庭提供保育补贴。从不同层级事权和支出责任划分来看，联邦政府负责特殊群体学前教育，如低收入或者残疾等处境不利幼儿，以及不同省、地区的学前教育政策协调与财政拨款。地方政府负责制定学前教育政策、实施项目以及监管与评估。

2.5.5 典型国家的学前教育供给经验借鉴

1.政府和市场机制在学前教育供给中发挥分工与合作作用

各国学前教育供给中政府与市场机制的分工在不同历史时期呈现极大差异，鉴于此，历史分析我国学前教育供给方式的历史变迁，有助于剖析我国学前教育供给分工问题的由来。以加拿大为例，政府在第二次世界大战期间出于鼓励妇女参与军备物资生产的目的为其提供保育服务，形成以政府供给学前教育为主的供给模式；第二次世界大战结束后，政府供给学前教育动机消失，但是女性就业率提升带动市场需求扩大，故形成以市场供给学前教育为主的供给模式；之后，政府供给学前教育的动机随学前教育外部性认知提升而增强，遂形成分税制财政体制下各省迥异的政府与市场合作供给的模式。

各国学前教育供给中，强调以学前教育基本质量为基础的政府与市场机制的合作关系，这为我国学前教育供给中政府与市场分工与合作关系的建立提供了经验借鉴。举例而言，美国政府利用购买服务和教育券等方式鼓励公办幼儿园与民办幼儿园为提升学前教育质量而竞争，英国鼓励市场发挥满足差异化学前教育需求的功能，新西兰通过为符合质量标准的民办幼儿园提供政府资助来满足公众对学前教育的需求。

2.政府在学前教育供给中履行重要职能

各国政府支持学前教育发展的战略规划促进学前教育供给方式的加速变迁，以实现经济与社会目标，鉴于此，结合我国学前教育的战略规划可以进一步剖析学前教育政策定位与理论属性以及现实供给的差距。举例而言，美国的无独立生活能力的儿童援助计划和学前教育开端计划以及英国的确保开端项目、儿童保育十年战略等，均赋予学前教育以不同的政策功能，且反映了特定历史时期，两国政府对学前教育的认知。

各国政府在学前教育供给中发挥的重要作用集中体现在学前教育质量制度的供给，这为构建我国学前教育供给政府与市场的分工合作机制提供了以质量为核心的思路。具体而言，学前教育质量的制度安排，是以学前教育课程质量标准为基础，如英国的《早期基础阶段法定框架》、新西兰的《编席子：早期教育课程》，以学前教育质量监控与评价为保证的质量保障体系，如英国设置独立机构教育标准局，购买第三方机构的专业服务，以《学校督导大纲》和《督导手册》为要求对经费管控、管理模式方面予以监督与评价，新西兰设置独立评估机构，按照课程标准要求，对围绕教师、家长、幼儿及管理者等多方收集的调查证据予以评估。应特别注意的是，各国将学前教育质量评估有效传递给政府部门、学前教育机构以及适龄幼儿家长，促进了学前教育质量的提升。

学前教育教师队伍建设作为影响学前教育质量的重要因素，政府可以在多阶段提供政策支持，新西兰完善的教师队伍建设保障体系为我国完善学前教育供给提供了宝贵经验。具体而言，新西兰的学前教育教师队伍建设保障，包含职前教师教育计划、教师入职指导计划以及在职幼儿园教师权益保障，这一系列政府项目囊括了学前教育教师从专业培养开始，至入职选拔与指导，直至在职教师的福利待遇，从而保障了学前教育教师队伍的专业与稳定。

3.政府采取多样化财政支持方式支持学前教育供给

学前教育供给中，政府财政支持方式多样，为丰富我国学前教育政府财政支持方式提供了经验借鉴。具体来说，政府财政补贴对象既可以是学前教育机构，也可以是适龄幼儿家庭。如美国通过给予公办幼儿园补贴、购买民办幼儿园服务的方式，降低保教费来间接减轻适龄幼儿家庭负担，通过发放儿童津贴、教育券以及实施税收抵免的方式直接增加适龄幼儿家庭收入，另外，英国、加拿大和新西兰的财政投入方式类似。

以完善的教育经费管理体制保障学前教育财政投入的公平与效率。例如，英国学前教育财政拨款按照《实施学前教育单一经费方案的实施指南》的具体规定，确保学前教育经费单支单列，新西兰学前教育政府财政经费分配规则历经《1989教育法案》等6次演变，逐步形成针对各类学前教育、各类受益群体的不同类型经费的操作、使用与监督的管理体系，从而促进学前教育财政投入的效率与公平。

4.学前教育供给中中央和地方政府间事权和支出责任划分规范

分税制财政体制下，各国均支持学前教育发展的政府间分权。美国与加拿大以处境不利的儿童及家庭为服务对象，英国以全体适龄幼儿为服务对象，学前教育发展的政府间分权体现在：联邦政府（或中央政府）负责制定学前教育的方针政策和基本标准，联邦政府（或中央政府）以下负责结合各地实际情况实施中央政策法规以及经费投入。应特别注意的是，我国与西方国家在政治体制以及分税制财政体制方面都存在差异，因此在划分中央和地方政府间学前教育供给事权和支出责任时应立足于我国学前教育供给现实。

3 我国学前教育供给突出问题的定性分析

准确认识我国学前教育供给中的突出问题，是改革并完善我国学前教育制度设计的首要基础条件。因此，基于学前教育供给中政府和市场机制的分工与合作、学前教育供给中政府职能定位和制度规定、中央和地方政府间学前教育供给事权和支出责任划分以及学前教育供给中政府的财政支持方式及绩效等逻辑框架，本章试图分析我国学前教育供给中的突出问题。

3.1 我国学前教育供给中政府和市场机制的分工与合作演进

我国学前教育供给政府与市场机制的分工关系，是从计划经济时期以政府供给为主的模式逐步演变而来的。鉴于此，以下将探寻在经济体制改革背景下，以办学主体变迁为表征的学前教育供给模式的转变，蕴含何种因素促进当前学前教育供给政府与市场分工模式的形成，并进一步对比当前以政府供给为表征的公办幼儿园和以市场供给为表征的民办幼儿园以探究我国学前教育供给的问题。

3.1.1 我国学前教育供给的历史变迁

1.计划经济时期嵌套在社会福利体系内以政府供给为主

依据1952年3月中国教育部颁发的《幼儿园暂行规程（草案）》，幼儿园承担的任务是，"根据新民主主义教育方针教育幼儿，使他们的身心在入小学前获得健全的发育；同时减轻母亲照顾幼儿的负担，以便母亲有时间参加政治活动、生产活动、文化教育活动等"。因此，就办学主旨而言，学前教育的主要任务是方便妇女就业以及促进儿童早期发展，其中学前教育承担便利妇女就业的任务，这源于新中国成立后我国重点发展重工业引致的巨大劳动力需求以及劳动妇女就业需求。

依据《幼儿园暂行规程（草案）》第三章，从办学主体看，幼儿园设置与领导主体，不仅包括市县级人民政府，也可以是机关、团体、学校、公营企业乃至私人和私人团体。与不同的办学主体对应，《幼儿园暂行规程（草案）》第七章"经费、设备"规定，市县办幼儿园经费由市县人民政府所在地方教育事业费内统筹统支，其他公办和私立幼儿园经费由设立者或董事会供给。概括而言，这一时期，我国学前教育机构具有"单位福利"属性，事实上是嵌套在企业为职工提供的劳动保险待遇系统内。这可以通过我国政务院1953修正发布的《中华人民共和国劳动保险条例》得到佐证。《中华人民共和国劳动保险条例》第三章各项劳动保险待遇之第十七条规定："各企业工会基层委员会得根据各该企业的经济情况及工人与职员的需要，与企业行政方面或资方共同办理疗养所、业余疗养所、托儿所等集体劳动保险事业。"因此，虽然是以政府供给学前教育为主，但政府主要通过鼓励企业单位办幼儿园形式实现，政府直接开办幼儿园数量并不多。值得关注的是，1960年前后，全国妇联在农村地区大力发展托儿组织，普及幼儿园设立，幼儿园作为农村"集体福利"得到短暂发展。全国妇联1960年统计表明，全国农村入托儿童约占需要入托儿童总数的70%[①]。"大跃进"运动结束后，全

① 蔡畅. 高举毛泽东思想的旗帜，进一步发动妇女为实现1960年继续跃进而奋斗——蔡畅主席在全国妇联第三届第二次执行委员会上的报告［J］. 妇女工作，1960（5）.

国大部分地区农村幼儿园停办[①]。

计划经济时期，我国学前教育投入机制在某种意义上存在“多轨制”特征[②]。学前教育机构的办学主体大体分为市县教育部门、机关企业单位、私人和私人团体和农村社队。市县办幼儿园的经费由市县人民政府所在地方教育事业费内统筹统支，其他公办和私立幼儿园的经费由设立者或董事会供给。机关事业单位所办幼儿园经费虽然未列入地方预算内教育经费，但是通过机关预算、税前预留以及教师纳入编制等途径在成本中列支，实质上相当于间接地获得了公共资金的支持。农村的学前教育经费在“大跃进”期间，主要列支在社队运行成本，然而中华人民共和国成立初期优先发展重工业，对城乡二元财政形成有重要影响[③]，加之没有持续性的政策支持，导致农村集体经济成为农村学前教育的主要投入主体，财政直接提供的资金十分有限。计划经济体制下制度的不统一，为之后学前教育的发展埋下了隐患。

改革开放初期政府加强对幼儿教育管理和指导的两项重要的部门规章于1989年颁布，即教育委员会令第2号《幼儿园工作规程（试行）》（以下简称《规程》）、第4号《幼儿园管理条例》（以下简称《条例》）。从办学主体来看，仍然是机关、团体、学校、公营企业、私人和私人团体等。从经费投入来源来看，首先，政府、部队和事业单位，按照中央规定的人员编制和供给标准，将学前教育支出列支在政府和事业单位的经费中，这一点与中华人民共和国成立初期一致。其次，企业用“合理留利”的方式留下等于某一社会平均利润率的计划利润，企业的“留利”过程从两个方面反映了当时的计划经济色彩：留利多少取决于中央政府的产业发展规划，没有税赋公平的考虑；成本核算无法反映真实的生产过程，往往是留利多少就意味着职工福利的多少，由于没有成本收益核算，这为之后改革中大量集体办幼儿园倒闭埋下了伏笔。最后，城镇街道和农村大队采取集体兴办的方式[④]。

---

① 翟菁. 集体化下的童年：“大跃进”时期农村幼儿园研究［J］. 妇女研究论丛，2017（2）：36-49.

② 李祥云，徐晓. 中国学前教育财政制度重构——从社会福利转向公共服务［J］. 中南财经政法大学学报，2015（4）：75-79，87，159.

③ 陈颂东. 我国城乡二元财政的形成与一元化演变［J］. 西部论坛，2014，24（1）：9-18.

④ 曾晓东，范昕. 建国60年来我国学前教育财政制度改革研究［J］. 幼儿教育（教育科学），2009（10）：1-5.

在这一阶段，公共资金以不同形式沿各自的渠道支持学前教育供给体系中的不同部分，看似比较公平，但是，各种公共资金来源稳定性不同，资金水平也存在明显的差异，突出的表现就是政府机关办幼儿园因其资金稳定且充足，其教学质量好、教师素质高的优势日益凸显。由此可见，原有的财政制度使学前教育的不同供给主体差异越发明显。

2.社会主义市场经济时期探索学前教育政府与市场供给相结合

1993年11月14日，党的十四届三中全会通过《中共中央关于建立社会主义市场经济体制若干问题的决定》，基本确立我国社会主义市场经济体制的基本框架。为使市场在国家宏观调控下对资源配置起基础性作用，我国确定坚持以公有制为主体、多种经济成分共同发展方针。在转换国有企业经营机制以及企事业单位改革浪潮中，大量国有企业和事业单位开办的公办学前教育机构被撤销或改制，市场化取向的民办学前教育机构不断发展，引致我国学前教育办学主体发生重大改变。如图3-1所示，与“社会力量办学”学前教育办学方式相对，尤其是在2001年，公办学前教育机构数量出现断崖式减少，由2000年的131 519所减少至67 180所。这种下降趋势一直持续到2010年，公办学前教育机构所占比重从1997年的86.5%跌至2011年的30.8%。

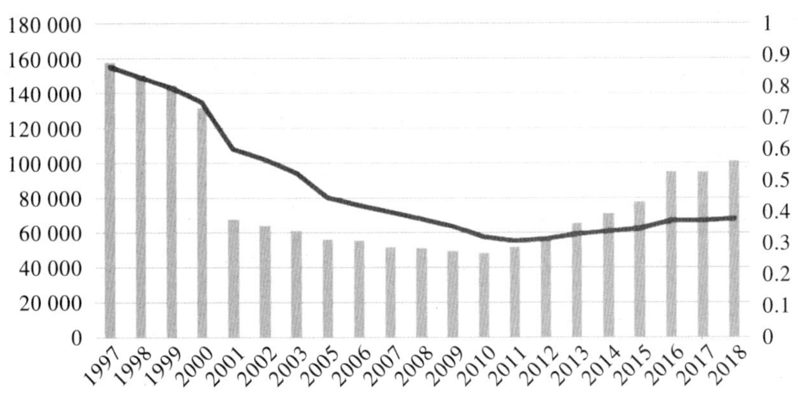

图3-1 1997—2018年中国公办幼儿园数量及比重变化①

资料来源：根据1997—2018年教育部“教育统计数据”整理得到。

① 2004年资料缺失。

2010年7月我国颁布《国家中长期教育改革和发展规划纲要（2010—2020年）》（以下简称《纲要》），将政府职责明确为，“把发展学前教育纳入城镇、社会主义新农村建设规划。建立政府主导、社会参与、公办民办并举的办园体制。大力发展公办幼儿园，积极扶持民办幼儿园”。此后，2010年11月，国务院发布《关于当前发展学前教育的若干意见》（国发〔2010〕41号），意见强调“把发展学前教育摆在更加重要的位置”，鼓励社会力量办学中第一次提出“普惠性民办幼儿园”这一形式，重点强调“积极扶持民办幼儿园特别是面向大众、收费较低的普惠性民办幼儿园发展”。2015年教育部办公厅进一步下发《教育部办公厅关于申报国家学前教育改革发展实验区的通知》（教基二厅函〔2015〕16号），通知明确提出“扩大普惠性资源。大力发展公办园，结合本地公办资源现状，采取积极有效的措施，新建、改扩建教育部门办园，管理好城镇小区配套幼儿园，支持企事业单位、集体办园，探索公办园领办分园等多种方式，不断扩大公办资源，努力扭转公办资源短缺、布局不合理等问题”。故而从2011年至今，我国公办学前教育机构开始呈现缓慢增长趋势，由2011年的51 346所增长至2018年的100 898所，所占比重在2018年恢复至37.8%。2017年教育部等四部门下发《教育部等四部门关于实施第三期学前教育行动计划的意见》（教基〔2017〕3号），明确到2020年的主要目标是“普惠性幼儿园覆盖率（公办幼儿园和普惠性民办幼儿园在园幼儿数占在园幼儿总数的比例）达到80%左右”。

3.1.2 我国学前教育供给现状的多维度分析

1.幼儿园数量

教育部“教育统计数据”资料显示，截至2018年，我国共有幼儿园266 677所，由教育部门、地方企业、事业单位、部队、集体和其他部门举办，具有福利性质的幼儿园占据37.8%的份额。相对应地，由市场主导的民办幼儿园以62.2%的份额占得绝对优势地位，如图3-2所示。

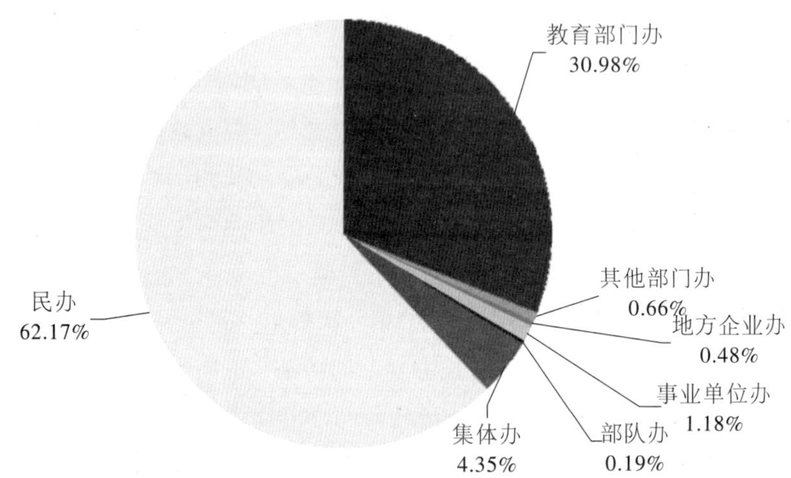

图3-2 2018年中国按性质分幼儿园园数比重

资料来源：根据2018年教育部“教育统计数据”整理得到。

从纵向来看，结合1997—2018年21年数据可知，公办幼儿园与民办幼儿园在绝对数量和相对比重方面呈现此消彼长的趋势。公办幼儿园的绝对数量与相对比重都经历先减后增的变化过程，相对比重由1997年最高值86.5%跌至2011年最低值30.8%，再逐步回升至2018年的37.8%。与此相反，民办幼儿园的绝对数量在持续增长，21年来年均增长率达到9.8%；民办幼儿园的相对份额从2007年开始一直维持在60%以上。

除此之外，民办幼儿园于2010年进一步细分为与公办幼儿园相似具有福利性质的普惠性民办幼儿园和非普惠性民办幼儿园。据教育部发展规划司2018年全国教育事业发展基本情况年度发布数据可知，截至2018年，普惠性幼儿园（包括公办幼儿园和普惠性民办幼儿园）有18.29万所，占全国幼儿园的比重为68.6%，其中普惠性民办幼儿园仅有约8.2万所，约占民办幼儿园园数总额的五成。

2.幼儿数量

教育部“教育统计数据”资料显示，截至2018年，全国幼儿在园人数为4 656.4万，其中公办幼儿园覆盖率（公办幼儿园在园幼儿数占在园幼儿总数的比例）达43.3%，结合教育部发展规划司2018年全国教育事业发展基本情况年度发布数据可知，截至2018年，普惠性幼儿园（包括公办幼儿园和普惠性民办幼儿园）共提供3 402.2万个学位，覆盖率为73.1%，其中普惠性民办幼儿园提供1 386万个学位，占民办幼儿园供给学位总量五成多。总体而言，普惠性资源不足，表现为43.3%的公办幼儿园覆盖率与50%的目标、73.1%的普惠性幼儿园覆盖率与80%的目标仍存在较大差距，该目标于2018年《中共中央国务院关于学前教育深化改革规范发展的若干意见》中提及。

结合幼儿园数量与幼儿数量两部分数据分析园所规模可得两点数据现实：公办幼儿园相较于民办幼儿园园所规模更大，普惠性民办幼儿园相较于非普惠性民办幼儿园园所规模更大。具体表现为：第一，公办幼儿园以37.8%的园所数量为学前教育供给43.3%的学位，表明公办幼儿园相较于民办幼儿园园所规模更大。但公办幼儿园园所规模在相对缩小，具体可参照图3-3，自2010年《纲要》颁布以来，公办幼儿园园所比重在稳步上升的同时，其覆盖率却以更大比重下降。第二，普惠性民办幼儿园在民办幼儿园中，以四成园所数量为学前教育领域供给五成学位，可推断普惠性民办幼儿园相较于非普惠性民办幼儿园园所规模更大。

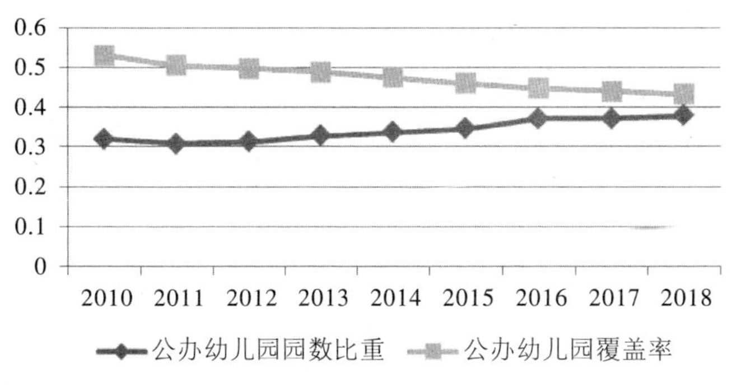

图3-3　公办幼儿园园所比重及覆盖率

资料来源：根据2010—2018年教育部“教育统计数据”整理得到。

由上可知，公办幼儿园对民办幼儿园、普惠性民办幼儿园对非普惠性民办幼儿园存在规模挤压。在公办幼儿园无法满足现有学前教育需求的前提下，规模挤压与社会资本的逐利性交织，增加了小规模非普惠性民办幼儿园无证办园的风险，与此同时，取缔无证办园存在现实困境。北京市教委公布的2017年度绩效管理工作自查报告数据显示，北京各区按照未经注册幼儿园“规范一批、取缔一批”要求治理无证幼儿园。截至2017年12月，北京市共审批59所无证幼儿园，取缔893所无证幼儿园，在园幼儿数减少26 700多个。正在进行前期协调工作的新建、改扩建幼儿园共计22所，可提供12 000多个学位；正在施工或装修的幼儿园共计41所，可提供11 000多个学位；已经投入使用的新建、改扩建幼儿园共计6所，可提供2 700多个学位。对比发现，北京增加的学前教育供给远不能满足失学幼儿的需求，取缔无证办园仍存在现实困境。

3.班级规模

教育部“教育统计数据”资料显示，2008—2018年，我国公办幼儿园与民办幼儿园班级规模变化都不大，公办幼儿园从每班32人降到28.7人，民办幼儿园从每班28.2人波动至27.1人，如图3-4所示。2016年教育部颁布的《幼儿园工作规程》（教育部令第39号）规定：“幼儿园规模应当有利于幼儿身心健康，便于管理，一般不超过360人。幼儿园每班幼儿人数一般为：小班（3周岁至4周岁）25人，中班（4周岁至5周岁）30人，大班（5周岁至6周岁）35人，混合班30人。寄宿制幼儿园每班幼儿人数酌减。”但统计数据中未能区分不同年龄阶段的班级数量，所以不能统计得到小班、中班和大班各自的班级规模，从总体来看，公办幼儿园与民办幼儿园班级规模趋于平均数值，可以算作合理。与公办幼儿园相比，民办幼儿园班级规模小一些，这在一定程度上反映出公办幼儿园供求关系更为紧张。

4.毛入园率

毛入园率是衡量学前教育普及程度和教育机会公平的重要指标，具体定义如下：毛入园率（gross enrollment ratio，preprimary）指学前教育的在园人数与符合官方为该级教育所规定之年龄的总人口之比，因统计学前教育在园人数时不考虑学生的年龄大小，结果可能出现超过100%的情况。

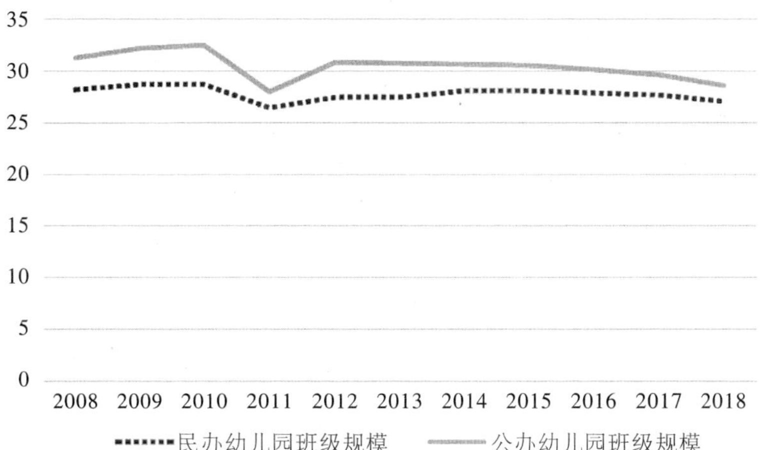

图 3-4 2008—2018 年中国公办和民办幼儿园班级规模变化

资料来源：根据2008—2018年教育部“教育统计数据”整理得到。

世界银行数据显示，2007年中国毛入园率仅为52.08%，2017年提高至86.0%，提高了近34个百分点。世界银行数据与我国教育事业发展统计公报数据略有出入，选取世界银行数据原因在于保证与其他国家毛入园率统计口径一致。与英国相比，共同点在于10年间保持快速提升趋势，差异之处在于英国毛入园率远高于中国，具体如图3-5所示，2007年英国的毛入园率为73.20%，至2017年提升为106.4%，提高了33个百分点。截至2017年，英国毛入园率仍比我国高20.4%。

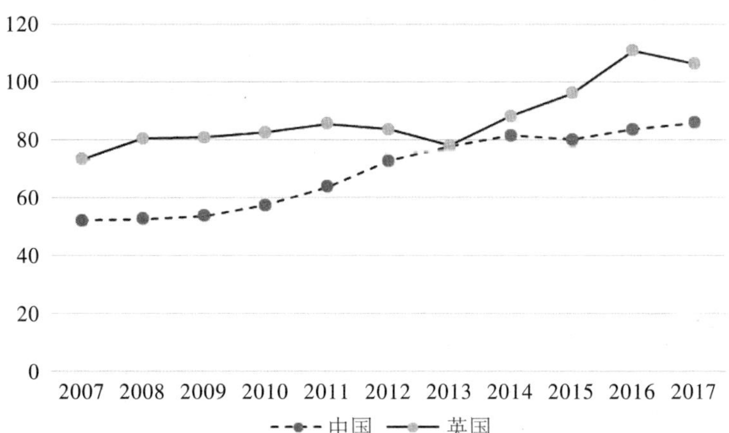

图 3-5 2007—2017 年中国与英国毛入园率对比图

资料来源：根据2007—2017年世界银行数据整理得到。

据世界银行不完全数据资料，对比中国、美国和新西兰2014—2016年的毛入园率（见表3-1），三国的毛入园率基本维持稳定，中国保持在80%以上，美国保持在72%左右，新西兰维持在91%以上。

表3-1 2014—2016年中国、美国和新西兰三国毛入园率（%）

国家	2014	2015	2016
中国	81.6109	80.1539	83.6953
美国	71.49	72.0274	71.9374
新西兰	91.8198	91.9357	91.5008

资料来源：根据2014—2016年世界银行数据整理得到。

综上可以得到，中国的毛入园率近年来增长迅速，从低水平的52%增长到2017年的86%，增长势头强劲。英国和新西兰的毛入园率很高，截至2016年，两国都已超过90%，且新西兰的毛入园率比较稳定。美国的毛入园率维持在70%以上，并不十分理想。

之所以会出现这样的差距，其中最为重要的因素是学前教育供给中政府和市场机制的分工不同。具体而言，首先，英国和新西兰的毛入园率特别高，至关重要的因素是两国实施免费学前教育。英国分别在1987年的《初等教育法》和2006年的《初等教育法》中，将5～7岁幼儿教育纳入义务教育，将3～4岁幼儿教育规定为免费学前教育，政府提供的免费学前教育每周15个小时，全年38周，共570个小时的学习时间。新西兰在2002年十年学前教育战略规划中规定从2004年开始，所有3～4岁幼儿都可以接受每天最多6小时，每周最多20小时的免费学前教育服务，该项政策从2007年开始实施。其次，美国的毛入园率在70%左右，相较而言较低，原因在于美国除将学前一年教育纳入义务教育体系外，政府只针对处境不利的儿童及家庭给予帮助，包括低收入家庭的儿童、残疾儿童以及面临学业风险的儿童，而非如英国和新西兰一般针对所有幼儿实施免费学前教育。

总而言之，学前教育政府供给的方式在一定程度上与毛入园率，或者说与适龄幼儿的教育机会公平产生关联，但需要格外注意的是，以上结论并不代表为保障适龄幼儿教育公平应由公办幼儿园供给学前教育全部学位。原因在于，首先，学前教育政府供给的形式多样，既包含政府提供财政资金补贴公办幼儿园学位以及政府购买民办幼儿园学位等，也包含政府供给学前教育相关制度促进学前教育的稳定发展，所以说分析学前教育供给中政府与市场机制的分工仍是必要的。其次，学前教育供给的目标多元，强调公平这一重要原则外还应注重效率原则，这体现政府与市场在学前教育多元化需求满足的有效性层面，以及政府资金投入的效率要求层面。鉴于此，以下将进一步从政府职能与制度规定、中央和地方政府间学前教育供给事权和支出责任划分以及学前教育供给中政府的财政支持方式与绩效等维度，分析学前教育供给中的突出问题。

3.2 我国学前教育供给中政府职能变迁及制度建设进程

明确我国学前教育供给中政府职能变迁与制度建设的现状，是完善学前教育政府制度供给的前提，也为剖析学前教育供给现实问题的由来提供制度供给的视角。鉴于此，在阐释我国学前教育战略规划、职能部门学前教育分工协作、学前教育质量标准和师资队伍体系建设的制度安排等的基础上，试图进一步分析学前教育供给中的突出问题。

3.2.1 学前教育供给中政府职能定位

1. 学前教育战略规划

社会主义市场经济初期，作为重点普及九年义务教育的附属，学前教育的属性定位并不清晰。具体而言，依据1993年中共中央、国务院印发的《中国教育改革和发展纲要》（中发〔1993〕3号），规定学前教育的发展目标是“大中城市基本满足幼儿接受教育的要求，广大农村积极发展学前一年教育”，这是在重点普及九年义务教育的时期，对学前教育的初步规划；依据1997年中华人民共和国国家教育委员会印发的《全国幼儿教育事业“九五”发展目标实施意见》（教基〔1997〕12号），对学前教育提出了“九五”时期的总目标，即“到2000年，全国学前三年幼儿毛入园（包括学前班）率达到45%以上，大中城市基本解决适龄幼儿入园问题，农村学前一年幼儿入园（班）率达到60%以上”，这是幼儿教育事业逐步适应社会主义市场经济体制的第一个具体规划；在九年义务教育逐步普及与完善的基础上，学前教育改革被逐步提上日程。

学前教育三年行动计划时期，学前教育的战略规划逐步发展为以公益性和普惠性为原则，注重公平与质量的发展。具体而言，依据2010年国务院印发的《关于当前发展学前教育的若干意见》（国发〔2010〕41号），首先确定学前教育的定位是终身学习的开端，是国民教育体系的重要组成部分，是重要的社会公益事业，同时确定学前教育发展的原则是“公益性和普惠性”。以此为开端，学前教育从2011年开启了三期三年行动计划，学前教育的战略规划逐步清晰。依据2014年教育部、国家发展改革委、财政部印发的《关于实施第二期学前教育三年行动计划的意见》（教基二〔2014〕9号），已将学前教育视为“办好人民满意教育，推进教育公平，保障和改善民生的重大举措”，从民生角度强调了学前教育对教育满意和教育公平的意义；依据2017年教育部等四部门印发的《关于实施第三期学前教育行动计划的意见》（教基〔2017〕3号），进一步提出学前教育发展的主要目标是“广覆盖、保基本、有质量”，即在公平享有的基础上，保障学前教育发展质量。

2.职能部门学前教育分工协作

（1）改革开放初期，托幼工作小组统一领导下的分工合作

依据中共中央、国务院转发《全国托幼工作会议纪要》（中发〔1979〕73号）（以下简称《会议纪要》），明确托幼工作的统一领导和分工合作关系。统一领导权由国务院下设托幼工作小组掌控，托幼工作小组由教育部、卫生部、计委、建委、农委、财政部、商业部、民政部、劳动总局、城建总局、全国总工会、全国妇联、中国人民保卫儿童全国委员会等单位的负责司组成。各部门分工合作，具体分工如下：计划部负责“托幼事业所需人力、物力、财力列入各项计划”，财政部负责“有关托幼事业的经费开支等问题”，教育部负责“幼儿教育的业务领导、包括对托儿所内3岁以上幼儿班进行业务指导，培训幼儿园的园长和保教人员，办好示范性幼儿园，加强幼教科研工作的领导”，卫生

部负责“托儿所业务领导及幼儿园卫生保健业务指导，培训托儿所的园长和保育、医务、炊事等人员，学习掌握卫生保健、营养等知识，办好示范性托儿所，加强对儿童保健科研工作的领导”，商业部负责“儿童用品、服装、用具和玩教具的供应”，劳动部会同有关部解决“托儿所、幼儿园工作人员的工资、劳动保险、福利待遇等问题”，建委、城建总局和房管部“统筹规划与居民人口相适应的托儿所、幼儿园的建筑，负责调剂解决并修缮园所用房”，全国妇联和全国总工会负责“发动群众和组织社会力量，推动托幼事业的发展，协助主管部门加强对托幼工作人员的政治思想教育”，全国总工会着重“协助工交、财贸、文教等企事业单位办好托幼事业”。这是首次提出教育部、卫生部与城建总局、房管部一起，统筹规划与居民人口相适应的托幼机构，并开始要求企业办托幼机构向社会开放。

在《会议纪要》的基础上，各部门分别印发文件对托幼工作加以具体规范。教育部1979年印发的《城市幼儿园工作条例》（试行草案）、1983年印发的《关于发展农村学前教育的几点意见》（教初字011号），对办学行为加以规范。卫生部1985年下发的《托儿所、幼儿园卫生保健制度》（卫妇字第10号），城乡建设环境保护部、国家教育委员会1987年印发的《托儿所、幼儿园建筑设计规范》（城设字第466号），为满足安全、卫生和使用功能，就幼儿园的建筑设计做了规范，具体包括：第一，基地的选择需保证安全，远离污染物，保证家长便利，以及利于幼儿成长的日照充足（冬至日底层满窗日照不少于3小时）、环境优美的地带；第二，建筑物、室外游戏场地、绿化用地及杂物院的功能分区规定，“室外游戏场地每班不应小于60平方米”，共用游戏场地另有具体公式计算，杂物院需单独设置对外出入口。另外，对生活用房、服务用房、供应用房、防火与疏散、建筑构造、建筑设备作出了适宜幼儿的详尽规定，如“盥洗池高度为0.5米到0.55米”等。

（2）1982年机构改革后，在国务院统一部署下以教育部（原国家教育委员会）为核心的职责分工：

依据国务院办公厅转发国家教委等部门《关于明确幼儿教育事业领导管理职责分工请示的通知》（国办发〔1987〕69号），全国托幼工作小组1982年撤销后，各部门的职责分工给予重新确定。相较于《会议纪要》，其他部门职责基本不变，教育部职责增加，具体包括增加拟定行政法规和重要的规章制度；研究拟定幼儿教育事业发展方针，综合编制事业发展规划；建立幼儿园和教师资格审定制度。分工协作反映出政府对学前教育领域的重视，但这也为政出多门、政策之间相互矛盾埋下伏笔。

教育部在分工中的核心地位具体表现为以下两点：

第一，拟定行政法规和重要的规章制度。1989年颁布两项学前教育领域重要的部门规章，即国家教育委员会令第2号《幼儿园工作规程（试行）》（以下简称《规程》），第4号《幼儿园管理条例》（以下简称《条例》）。这两项规章的重要性体现在：首先，《规程》从幼儿园招生、卫生保健、教育、园舍设备、工作人员、经费、幼儿园与幼儿家庭、幼儿园管理工作八个方面，不仅详细阐释了幼儿园科学管理的要素，还起到统筹与其他部门关系的作用。其次，《条例》从学前教育事业内部发展的角度具体阐述了幼儿园审批、保教工作、行政事务与奖惩。《规程》经历两次修订得以进一步完善，包括1996年国家教委令第25号和2016年教育部令第39号。以此为基础，其他部门配合发布相关办法：2006年，教育部、公安部、司法部等部门联合发布教育部令第23号《中小学幼儿园安全管理办法》；2010年，卫生部、教育部令第76号《托儿所幼儿园卫生保健管理办法》；2016年，食品药品监管总局和教育部下发《关于进一步加强中小学校和幼儿园食品安全监督管理工作的通知》（食药监食监二〔2016〕158号）。这些文件分别对学前教育机构人员的人身安全、卫生保健、食品安全问题作出了职责划分。

第二，研究拟定幼儿教育事业发展方针，综合编制事业发展规划。1997年，国家教育委员会印发的《全国幼儿教育事业“九五”发展目标实施意见》，就“九五”期间幼儿教育事业发展的指导思想、具体目标、措施保障等提出了基本要求。2010年，在国务院统一部署下，依据《国务院关于当前发展学前教育的若干意见》（国发〔2010〕41号），教育部等部门就实施的《关于实施第二期学前教育三年行动计划的意见》（教基〔2014〕9号）、《关于实施第三期学前教育三年行动计划的意见》(教基〔2017〕3号)为学前教育三年行动计划提出规划，也为近十年学前教育的公益普惠发展指引方向。

教育部、财政部、人力资源和社会保障部等部门分工合作，既有强大的协同作用，又因不同政策落脚点差异而产生拮抗作用。例如，出于扩大学前教育公办资源的目的，2017年教育部等四部门印发《关于实施第三期学前教育行动计划的意见》，提出“支持企事业单位和集体办园”，而这与2015年中共中央、国务院在《关于深化国有企业改革的指导意见》中提出的“要加快剥离企业办社会职能和解决历史遗留问题”的政策相悖。这一政策将国有企业办幼儿园置于悬而未决的境地，影响公办资源扩充。而类似的政策间的不协调，将严重制约学前教育的发展。

3.2.2 学前教育供给中制度规定

1.学前教育质量标准的制度安排

学前教育质量作为学前教育发展的核心，在标准制定方面尚未形成完整体系，对学前教育质量的监督和评估造成极大影响。依据教育部印发的《幼儿园教育指导纲要（试行）》(教基〔2001〕20号)，幼儿园教育划分为教育内容与要求、组织与实施以及教育评价。其中，将幼儿园的教育内容划分为健康、语言、社会、科学、艺术五个领域，为幼儿教师和家长提供幼儿发展的目标内容与指导建议，并概括了以幼儿教师自评为主的教育评价。在此基础上，2012年教育部印发的《3~6岁儿童学习与发展指南》(以下简称《发展指南》)，将前述教育内容进一步拓展，即将健康、语言、社会、科学、艺术五个领域具体化为2至3个维度，并分别说明3~4岁、4~5岁、5~6岁的教育目标与建议。

《发展指南》是目前最新的有关学前教育内容的政策文件，可以从以下三个方面予以精进：第一，《发展指南》是以教师和家长的教育方式为核心设置的幼儿发展目标，健康、语言、社会、科学、艺术陈述了幼儿教育的部分内容，尚可增强各项教育内容之间的关联；第二，《发展指南》传递的教育观念重在从教师到学生这一维度来教授知识，尚可改进为教师与学生双向互动的以幼儿为中心的共建知识；第三，为构建学前教育监督和评估机制，《发展指南》的操作性还可进一步增进。

2.学前教育师资队伍体系建设

（1）教职工数量与结构现状

从教职工数量来说，我国幼儿园教职工总量虽有增长但仍有缺口，且公办幼儿园问题更为突出。第一，由教育部的教育统计数据资料可知，我国幼儿园教职工数量从2008年的143.42万人，增长到2018年的453.1万人，同时结合在园幼儿的数据，得到在园幼儿与教职工人数的比值从17.3%降至10.3%，如图3-6所示。近十年来，虽然从事学前教育的教职工数量已有大幅度的提升，且在园幼儿与教职工人数的比值逐步降低，但是依据教育部印发的《幼儿园教职工配备标准（暂行）》（教师〔2013〕1号）（以下简称《配备标准》），合理的全日制幼儿园全园幼儿与教职工人数的比值应该维持在5~7倍，半日制幼儿园全园幼儿与教职工人数的比值应该维持在8~10倍，见表3-2。与之相比，教职工数量还有较大缺口，以8倍为例来估算，学前教育教职工人数至少还有128.9万人的缺口，该数字足以引起重视。第二，截至2018年，任教于公办幼儿园的教职工人数有153.1万人，占比33.8%。其中，公办幼儿园在园幼儿与教职工人数的比值约为13.2%，民办幼儿园约为8.8%。由于所获得的数据未区分全日制和半日制，因此粗略估计民办幼儿园这一比值相对合理。

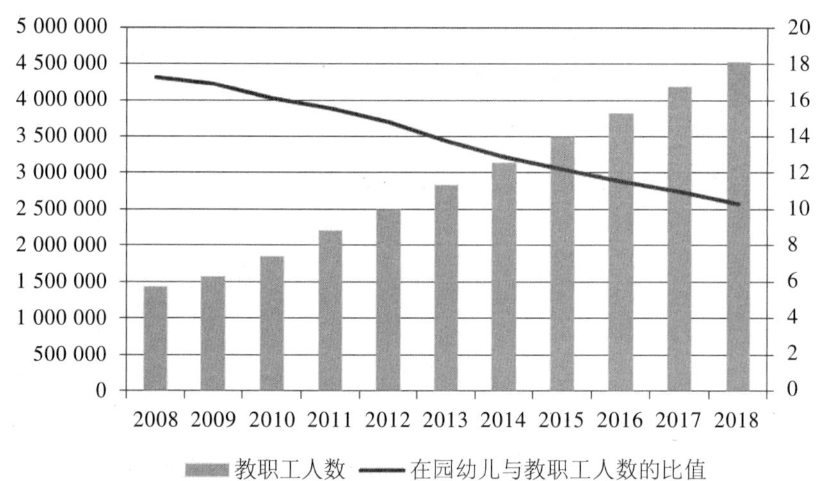

图3-6 2008—2018年我国幼儿园教职工人数和在园幼儿与教职工人数的比值

资料来源：根据2008—2018年教育部的教育统计数据整理得到。

表3-2　　不同服务类型下在园幼儿与教职工人数的配备比例

服务类型	全园教职工与幼儿的比例	全园保教人员与幼儿的比例
全日制	1∶5～1∶7	1∶7～1∶9
半日制	1∶8～1∶10	1∶11～1∶13

资料来源：2013年教育部印发的《幼儿园教职工配备标准（暂行）》（教师〔2013〕1号）。

从教职工工种配比结构来看，我国幼儿园教职工的不同工种配比不合理，即相较于幼儿园专任教师，保育员更为短缺，且公办幼儿园问题更为突出。依据《配备标准》，幼儿园教职工包括园长、专任教师、保育员、卫生保健人员、行政人员、教辅人员、工勤人员。合理的专任教师与保育员比例为2∶1，见表3-3。教职工的比例不合理体现在：第一，以2018年为例，全国专任教师数量为258.1万人，保育员数量为91.0万人，两者的比例为2.84∶1。以此推断，保育员人数严重不足。也就是说，假设全国专任教师数量充足，则保育员有38万人的缺口。第二，2018年公办幼儿园专任教师为97.2万人，保育员为25.6万人，专任教师和保育员的比例为3.80∶1，这与合理的2∶1配比相比，仍有巨大的提升空间，假设专任教师充足，保育员则需23万人，才能符合基本要求。相对地，民办幼儿园的专任教师和保育员的比例为2.46∶1，与公办幼儿园相比稍显合理，但这一比例与规定的2∶1配比仍有差距。

表3-3　　幼儿园班级规模及专任教师和保育员配备标准

年龄班	班级规模（人）	全日制		半日制	
		专任教师	保育员	专任教师	保育员
小班（3～4岁）	20～25	2	1	2	有条件的应配备1名保育员
中班（4～5岁）	25～30	2	1	2	
大班（5～6岁）	30～35	2	1	2	
混龄班	<30	2	1	2～3	

资料来源：2013年教育部印发的《幼儿园教职工配备标准（暂行）》（教师〔2013〕1号）。

(2) 教职工数量匮乏与结构不合理的现实根源

我国幼儿园教职工数量匮乏和结构不合理的数据现实，呼应幼儿园教师的“教师”身份属性渐衰的社会现实，两者互为因果。逻辑推演过程如下：第一，我国幼儿园教职工数量匮乏和结构不合理将导致幼儿园教师的专业属性渐衰。首先，幼儿园教职工结构不合理，保育员短缺，将迫使专任教师身兼多职，兼顾保育和教育两项工作；其次，我国幼儿园教职工数量不足，将进一步增加幼儿园专任教师的工作负荷；最后，保育工作挤占教育工作，将弱化幼儿园专任教师的专业属性，强化对保育工作的社会期待。第二，幼儿园教师的专业属性渐衰将导致教职工供给不足。幼儿园教师专业属性的丧失，将直接降低幼儿家庭对该职业的社会期待，进而影响幼儿园教师自我认知，特别是自我评价会偏向负面，加之幼儿园教师薪酬待遇低、同工不同酬、职业发展受限等外部因素的作用，最终将表现为学前教育领域幼儿园教师较高的离职率。

正如上述逻辑推演所述，我国学前教育领域存在幼儿园教师的职业发展受限、薪酬待遇低、“教师”身份属性渐衰的问题。

幼儿园教师职业发展受限，体现为幼儿园教师职称评定处于劣势地位，且缺乏对幼儿园教师的培训。第一，幼儿园教师职称评定的不利地位主要源于现行职称评定系统尚缺乏专门针对幼儿园教师的类目，而是参考小学教师职称评定标准；幼儿园教师与小学教师不同的教育方式，受限于相同的评价标准，增加了幼儿园教师职称评定的难度。这一点通过幼儿园园长、教师专业技术职务情况予以反映，如图3-7所示，2018年幼儿园园长、教师中74.6%未定职称。值得注意的是，职称与工资待遇直接挂钩。第二，幼儿园教师培训的缺乏体现为培训机会少、培训内容不佳、培训保障不足。赵慧君等（2018）对民办幼儿园的调查显示，65%的受访教师认为培训机会过少或一般，培训层次低；绝大多数限于园所自行组织，且因培训挤占教师的私人时间和自有资金，导致教师对培训的满意度较低。总而言之，目前幼儿园教师职称评定难度大，缺乏优质的培训机会与培训保障。

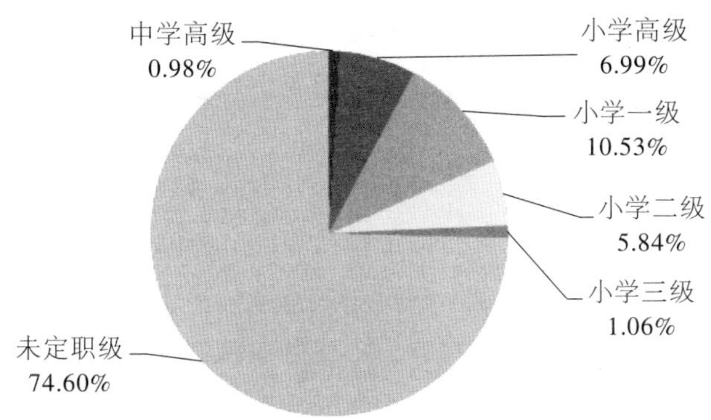

图 3-7　2018年中国幼儿园园长、教师专业技术职务情况

资料来源：根据2018年教育部的教育统计数据整理得到。

幼儿园教师面临工资与福利待遇双低、同工不同酬的问题，这将对幼儿学业成绩产生负面影响。第一，幼儿园教师工资偏低。以吉林省长春地区的民办幼儿园的调研（赵慧君、胡文雅，2018）为例，2017年，只有4%的教师工资为3 000元以上，而76%的教师工资在2 000元以下，相比于当年吉林省全省城镇私营单位就业人员2 767元的月均工资，民办幼儿园教师工资明显偏低。第二，幼儿园教师福利待遇低，“五险一金”得不到充分保障。洪秀敏等（2020）的调查数据显示，在养老保险、医疗保险、工伤险、失业险方面分别有24%、21%、26%、30%的教师未得到保障，甚至有近四成的教师未享有住房公积金。第三，编制内教师薪酬待遇高于编制外教师，公办幼儿园教师的薪酬待遇高于民办幼儿园教师。第四，Bi等（2017）的研究表明，投资教师培训对幼儿词汇发展具有积极影响，而且通过提高教师薪酬，可以间接地提高师生互动，进而对幼儿学业成绩产生促进作用。

幼儿园教师的“教师”身份属性渐衰，体现在幼儿家庭、幼儿园管理者不合理的角色期待方面。

第一，幼儿家庭对幼儿园教师的角色期待，忽视幼儿园教师的专业资格水平。陈欢等（2019）的半结构访谈资料显示，我国家长侧重幼儿园教师的性格与工作态度，忽视专业资格水平，具体体现为其对幼儿园教师的要求比较低，大多数家长要求照顾好孩子即可。

第二，幼儿园管理者对幼儿园教师的角色期待，仍存在情感特质高于专业素养、“弹、跳、唱、画”的基本功重于专业技能水平、不重视科研能力的问题。从范昕、李敏谊（2018）对24位幼儿园园长做了半结构访谈的结论可知：首先，绝大多数园长强调幼儿园教师必须具备爱孩子、有责任心以及活泼外向的情感特质，特别是农村地区的部分园长视这些情感特质高于专业素质与能力，加之片面地视情感特质为先天特质而忽视后天培养的重要性，将负向刺激园所对幼儿园教师的培养方向；其次，片面强调幼儿园教师“弹、跳、唱、画”的基本功，忽视课堂管理、游戏设计和组织、环境创设等一整套可操作的教学规范，折射出幼儿园教师的低技能工作取向；最后，除个别省级示范园，几近所有幼儿园园长忽视幼儿园教师需要有广博的知识结构，以及不断从实践出发研究问题的能力，此种能力正是幼儿园教师更好地完成保教工作、提升自身专业发展的关键所在。

第三，幼儿家庭、幼儿园管理者对幼儿园教师角色期待的不合理之处。发挥学前教育的重要作用以高质量学前教育为前提，高质量学前教育以高素质教师队伍为依托，而高素质幼儿园教师队伍并非如现今大多数家长和幼儿园管理者所期待。高素质幼儿园教师不仅需要培养自己的上述情感特质，还需要丰富理论知识，这源于现代心理学和教育学丰富的理论对幼儿园教师提出更高的要求。具体来说，发展心理学家让·皮亚杰将儿童认知发展分为四个阶段：感知运动阶段、前运算阶段、具体运算阶段和形式运算阶段。在不同的认知阶段，儿童的思维特点有显著差异，而作为影响儿童心理发展的因素——社会环境，即社会互动和社会传递，要求幼儿园教师根据幼儿的思维特点引导其有效的社会交往，促进儿童认知发展。蒙台梭利在研究儿童心理发展的基础上，形成儿童中心教育观，并提出从日常生活训练入手，配合良好的学习环境和丰富的教具，让儿童自发地主动学习与成长的教育方法，并配以操作性手册为家长和教师提供指导，完善的早期教育方法既为学前教育工作提供技术指导，也为高质量学前教育增加新的标准。简而言之，心理学与教育学理论的发展，要求幼儿园教师不仅需要基本技能，还需完善理论并付诸教育实践。

有关学前教育教师队伍的现状纷繁复杂，但各因素之间存在互为因果的关系，既可以起到正向增强、加剧学前教育矛盾的作用，也可以发挥负向削弱彼此影响、促进学前教育发展的作用。市场机制在此失灵，表现为：第一，幼儿园教职工的供给减少，依照完全竞争市场中供给和需求决定价格的规律，工资应该提高，以达到吸引人才流入学前教育领域，然而现实并未如此；第二，作为需求方的幼儿家长对幼儿园教师抱有较低的角色期待，作为供给方的幼儿园管理者出于经济利益或者考核压力迎合此种不合理偏好，使得幼儿园教师的专业属性难以提升。

（3）师资队伍体系建设制度不健全

市场机制并未促进学前教育教师队伍体系建设问题的解决，反而有加剧矛盾的趋势。同时，政府机制未能有效改善现状，这体现为引领性文件切中要害，但配套政策缺乏且受益对象有限。

自《国家中长期教育改革与发展规划纲要（2010—2020年）》（以下简称《纲要》）颁布以来，幼儿园教师队伍建设的政策文件主要包括引领性文件和配套性文件，见表3-4。引领性文件包括《国务院关于加强教师队伍建设的意见》和《关于加强幼儿园教师队伍建设的意见》，文件切中现实矛盾要害，表现为高屋建瓴地设定幼儿园教师队伍建设的目标，并从师德建设、专业化水平、教师管理制度、教师权益保障和待遇以及部门分工合作五个方面提出建议，这五个方面正是与当前学前教育教师面临的问题相对应。其中，配套文件存在政策不足，如受益对象有限等问题。其具体表现为：第一，配套性文件所覆盖的引领性文件的建议有限，幼儿园教师权益保障和待遇并未涉及。配套性文件主要涉及培训、标准建设和教师编制三个方面，培训和标准建设属于提高幼儿园教师专业化水平的两种措施，第三种措施即教师培养制度并未涉及；教师编制属于教师管理的一种措施，而教师管理中的职称评定、考核等并未引起重视。第二，配套性文件所覆盖的幼儿园教师受益群体有限。例如，幼儿园国家级培训作为历时十年的培训计划，示范性集中培训项目在2011年最初实施时只针对具备高级职务的教师，截至2020年，幼师国培项目已经大为拓展，包括“幼儿园教师职业行为准则培训、幼儿园新入职教师规范化培训、非学前教育专业教师专业补偿培训、乡村幼儿园教师保教能力提升培训、幼儿园园长法治与安全教育培训、乡村幼儿园园长办园能力提升培训、民办幼儿园园长规范办园培训”等项目，但仍缺乏对民办幼儿园普通教师的培训。

表3-4 《纲要》颁布以来出台的幼儿园教师队伍建设的政策文件

序号	文件名称	发文机构	发文时间
1	《关于实施幼儿园教师国家级培训计划的通知》	教育部 财政部	2011—2020年
2	《关于印发〈“国培计划”示范性集中培训项目管理办法〉等三个文件的通知》	教育部办公厅 财政部办公厅	2013年
3	《国务院关于加强教师队伍建设的意见》	国务院	2012年
4	《关于加强幼儿园教师队伍建设的意见》	教育部中央编办 财政部 人力资源和社会保障部	2012年
5	各地积极出台幼儿园编制管理规定，加强幼儿园教师队伍建设	教育部办公厅	2012年
6	《幼儿园教师专业标准（试行）》	教育部	2012年
7	《幼儿园园长专业标准》	教育部	2015年
8	多地出台公办幼儿园教职工编制标准，加强幼儿园教师队伍建设	教育部	2017年
9	《乡村校园长“三段式”培训指南》《乡村校园长“送培进校”诊断式培训指南》《乡村校园长工作坊研修指南》《乡村校园长培训团队研修指南》	教育部办公厅	2017年
10	《幼儿园教师违反职业道德行为处理办法》	教育部	2018年

资料来源：中华人民共和国教育部网站。

3.3 我国中央和地方政府学前教育事权和支出责任划分有待规范

完善的学前教育供给机制，首先需要明确学前教育供给中政府与市场机制的分工，并以制度形式加以明晰。为保障政府与市场机制的有效运行，仍需划归明确的中央与地方政府学前教育事权与支出责任，处理好“由谁办事”“由谁花钱”的问题。因此，以下将具体阐述中央与地方政府学前教育事权与支出责任的现状。

3.3.1 中央和地方政府间学前教育事权划分不清晰

1. 中央与地方政府学前教育事权的政策规定

中央与地方政府学前教育事权划分以2010年国务院发布的《关于当前发展学前教育的若干意见》(国发〔2010〕41号)(以下简称《若干意见》)为分界点，在此之前初步厘定学前教育地方负责的管理体制，在此之后学前教育管理体制逐步细化，强调中央的统筹职责以及各级政府职责划分，具体如下所述：

首先，《若干意见》之前，以1989年国家教育委员会令第4号发布的《幼儿园管理条例》(以下简称《条例》)为核心，学前教育地方负责的管理体制初步厘定。该文件规定幼儿园管理实行“地方负责、分级管理和各有关部门分工负责”。其中，国家教育委员会主管全国幼儿园管理工作，地方各级教育行政部门主管本行政辖区内的幼儿园管理工作。但是，文件对于地方政府的具体责任并未明确划分。

其次，在《若干意见》之后，以三期学前教育三年计划为背景，中央与地方政府学前教育事权得以进一步细化，并在以下两份政策文件中体现：2014年教育部、国家发展改革委、财政部共同印发的《关于实施第二期学前教育三年行动计划的意见》(教基二〔2014〕9号)(以下简称《二期意见》)和2018年国务院发布的《关于学前教育深化改革规范发展的若干意见》(以下简称《深化改革意见》)。具体而言，《二期意见》强调地方不同层级政府的事权划分，“省级和地市级政府加强统筹，县级政府落实主体责任”；在此基础上，《深化改革意见》强调中央政府的统筹责任，且地方政府作为责任主体不变，并进一步阐明各级政府的职责，中央政府负责完善法规制度、制定发展规划、推进普及学前教育；省级和市级政府负责统筹加强学前教育工作、推动出台地方性法规、制订相关规章和本地发展规划、健全投入机制、明确分担责任、完善相关政策措施并组织实施；县级政府负责制订学前教育发展规划和幼儿园布局、公办园的建设、教师配备补充、工资待遇及幼儿园运转，监督管理和指导幼儿园做好保教工作，在土地划拨等方面对幼儿园予以优惠和支持；城市街道办事处、乡（镇）政府支持办好本行政区域内各类幼儿园。

需要注意的是，对比中央与地方政府义务教育事权，中央与地方政府学前教育事权界定不清晰且缺乏强制性的法律约束。选择义务教育作为参照的原因在于：义务教育与学前教育教学紧邻，且已有国家将学前一年教育纳入义务教育（如美国），从而广泛地被研究者作为学前教育比较的对象。具体而言，义务教育以法律的形式（如《义务教育法》），对义务教育供给中“国务院领导、省级政府统筹规划实施、县级政府为主”的管理体制做了详细规定，如各类标准的制定者等。对比而言，学前教育的中央与地方政府供给的事权与支出责任，目前最高层级的政策文件是《条例》，该条例为1989年制定，且相关内容较为简略。从制度约束力角度来看，《义务教育法》以国家强制力保证实施，而学前教育领域则缺乏规范和强制性的法律约束。

2.地方政府学前教育事权划分现状

目前，地方政府学前教育事权划分尚不清晰，且存在学前教育事权下移的趋势。此论述源自于以下分析：

依据30个省份第三期学前教育三年行动计划的规定，来分析地方政府学前教育事权划分的现状。对有关资料的获取需做两点说明：第一，选择30个省份的原因在于，在2010年国务院发布《关于当前发展学前教育的若干意见》之后，各省分别连续实施了三期学前教育三年行动计划，其中较为特殊的西藏自治区开展的“学前双语教育行动计划”（“学前双语教育行动计划”是与学前教育三年行动计划同期展开的，主要针对偏远少数民族地区，如新疆部分偏远少数民族聚集区的“学前双语教育行动计划”被归入“学前教育行动计划”），但因公开资料缺失而未被列入分析；第二，因部分省级层次的第三期学前教育三年行动计划的数据未能获得，以其他数据替代，具体如下：山东省以第二期学前教育三年行动计划作为替代，云南省以第一期学前教育三年行动计划作为替代。

根据以上文件的归档，可以将各省、自治区、直辖市的学前教育管理体制分为三类：第一，符合国务院《深化改革意见》所提倡的“国务院领导，省市统筹，以县为主”的管理体制，共有23个省份；第二，将学前教育事权下移的管理体制，表现为在管理体制中强调“乡镇参与”，共有6个省份，分别是北京、辽宁、安徽、重庆、贵州、陕西；第三，将学前教育事权上移的管理体制，表现为在管理体制中强调“市县为主”，只有海南，见表3-5。

表3-5　**30个省份学前教育管理体制**

学前教育管理体制	省份
省市统筹，以县为主	天津、河北、山西、内蒙古、吉林、黑龙江、上海、江苏、浙江、福建、江西、山东、河南、湖北、湖南、广东、广西、四川、云南、甘肃、青海、宁夏、新疆
省市统筹，以县为主，乡镇参与	北京、辽宁、安徽、重庆、贵州、陕西
省级统筹，市县为主	海南

数据来源：整理自各省份第三期学前教育三年行动计划得到。

与黄洪等（2014）所整理归纳的第一期学前教育三年计划时期的管理体制相比，即与6年前相比，部分省份明确学前教育管理体制，且整体呈现学前教育事权与支出责任下移的趋势。第一，共有4个省份初步明确了学前教育管理体制，对地方政府间的事权与支出责任做了基础划分，分别是海南、吉林、江西、宁夏。第二，学前教育事权与支出责任下移具体表现为两种形式：由市县为主转变为以县为主，共有5个省份，分别是甘肃、河南、内蒙古、青海和浙江；由以县为主转变为以县为主、强调乡镇参与，共有6个省份。仅有江苏的学前教育事权与支出责任上移，从以县乡为主变为以县为主。

概括而言，地方政府间学前教育供给事权与支出责任目前仅做了粗略介绍，有待进一步明晰。就全国而言，各省政府有将学前教育事权下放的趋势，在未能将学前教育责任主体的事权与财力相匹配的前提下，将影响学前教育的长期发展。

3. 中央与地方政府学前教育事权划分的问题与原因

在分类论述中央与地方政府学前教育事权以及地方政府学前教育事权的划分现状的基础上，结合学前教育供给政府与市场机制分工现状与学前教育政府制度供给现状，以下将探究学前教育事权划分不清可能带来政府职能的越位、缺位、错位问题及其产生的根源。

首先，学前教育政府事权界定不清，使得政府职能的越位与缺位问题同时存在。学前教育政府事权在某些领域范围过大，政府承担了本该由市场机制发挥作用的事情，即政府职能越位，这表现在：政府提供高端低价的公办幼儿园，如机关直属园、示范园等，高端低价的公办幼儿园接受政府大量财政补贴，以低于市场均衡水平的价格提供有限学位，进而抢占高端需求市场，压缩民办幼儿园定价空间，挤占了民办幼儿园的生存空间。另外，学前教育政府事权在某些领域范围过小，本应由政府承担的职责却没有履行，即政府职能缺位。例如，学前教育领域的相关制度规范缺失，区别于小学教育阶段的学前教育教师职称评定标准仍未独立成文，学前教育质量评定标准与评估制度未能有效衔接等。

其次，学前教育政府事权划分不清，增加了学前教育事权层层下移的风险，进而造成中央政府与地方政府事权错位、地方各级政府间事权错位。这表现在归纳与对比第一期与第三期学前教育三年行动计划30个省份管理体制后，所得到的地方政府学前教育事权确实存在下放的趋势。

因此，探究学前教育政府事权划分问题的根源，对政府在合理范围内履职，防止学前教育政府事权不合理下移的问题大有裨益。

虽然目前学前教育事权被归类为中央与地方共同财政事权，但是同为“共同财政事权”，与义务教育、高中教育、高等教育的政府事权划分却截然不同，含糊不清的学前教育政府事权极易被分配给下级政府；即使各级政府的事权在法律条文中得以简单规范，但垂直管理体制往往导致上级政府的法律事权通过上级政府的考核等政治程序分解给下级政府，从而成为下级政府的当然事权。具体来说，从现有政策来看，虽然2017年《关于实施第三期学前教育行动计划的意见》已经将学前教育发展的主要目标定位为“广覆盖、保基本、有质量”，但是学前教育基本质量的标准并未明确。也就是说，学前教育质量标准制定与评估的责任主体等未如义务教育以法律形式规定，学前教育政府职能的越位、缺位和错位存在的政策提升空间。

就理论而言，层层下移的学前教育政府事权将给地方政府带来沉重的财政支出压力，因此进一步探究中央与地方政府学前教育支出责任划分的现状具有必要性。

3.3.2 中央和地方政府间学前教育支出责任以地方政府为主

1.中央与地方政府学前教育支出责任划分的基本结构

从总体来看，在当前中央与地方政府学前教育支出责任划分的政策文件中，虽然中央政府学前教育支出责任得以规范，但是各级地方政府学前教育支出责任尚未明确划归。

第一，中央与地方政府学前教育支出责任划分的总体原则为“地方为主，中央奖补”。2011年，财政部与教育部共同印发的《关于加大财政投入支持学前教育发展的通知》（财教〔2011〕405号）（以下简称《加大财政投入通知》）中第一次规定，中央政府的支出责任集中于四大类项目：支持中西部农村扩大学前教育资源，鼓励社会参与、多渠道多形式举办幼儿园，实施幼儿教师国家级培训计划和建立学前教育资助制度。

第二，中央政府的学前教育支出责任具体体现为两类专项转移支付，即“支持学前教育发展资金”（以下简称“发展资金”）和“中小学及幼儿园教师国家级培训计划资金”（以下简称“国培资金”），并以对应的管理办法加以规范。与《加大财政投入通知》中所述中央政府资金重点支持的四类项目相对应，前两类被合并归为“扩大资源”类项目，第四类则称为“幼儿资助”类项目，原三类项目合并为两类项目由“发展资金”予以支持，第三类由“国培资金”予以支持。同时，两类专项转移支付通过管理办法的形式予以规范，即财政部和教育部分别于2015年和2016年共同印发了《中小学幼儿园教师国家级培训计划专项资金管理办法》（财教〔2015〕524号）、《支持学前教育发展资金管理办法》（财科教〔2016〕33号），对两类专项转移支付的使用范围、分配与拨付、监督与问责等具体操作加以说明。

第三，以文件形式正式将中央与地方政府学前教育支出责任予以划分，即2019年国务院办公厅印发的《教育领域中央与地方财政事权和支出责任划分改革方案》（国办发〔2019〕27号）（以下简称《方案》）。《方案》以财政事权的名义强调学前教育的支出责任，该文件规定学前教育总体为中央与地方共同财政事权，所需财政补助经费主要按照隶属关系等由中央与地方财政分别承担。其中，中央财政以转移支付的方式统筹地方学前教育发展。另外，对于学前教育的幼儿资助，现阶段由地方负责落实政策并承担支出责任，为接受普惠性学前教育的家庭经济困难儿童、孤儿和残疾儿童提供支持，中央财政给予奖补。

2. 中央与地方政府间学前教育支出责任划分

分析中央与地方政府学前教育支出责任现状，数据主要来自财政部官方网站的全国财政决算报告，包括全国一般公共预算教育支出、中央本级教育支出以及地方一般公共预算教育支出三类。

需要注意的是，中央政府对学前教育的财政支出，不仅包括中央本级支出，还包括前文所述的“发展资金”和部分“国培资金”。由于“国培资金”包含对义务教育的支出，暂无有效方法加以剔除，因此将以两种方式呈现中央与地方学前教育支出责任现状：第一种以中央本级和地方政府学前教育支出形式，即专项转移支付被计入地方政府学前教育支出；第二种以中央和地方政府学前教育支出形式，即将“发展资金”归入中央支出、“国培资金”仍保留在地方支出中。以两种方式加以分析的原因在于：第一种方式是意图以数据原值反映中央与地方学前教育财政支出责任的现状；第二种方式的合理性在于因“国培资金”相较于“发展资金”和地方学前教育支出数额较小，将“国培资金”保留在地方支出中对研究该问题的影响不大。例如，在2018年包含义务教育支出的“国培资金”为19.85亿元，“发展资金”为119.2亿元，地方学前教育支出为1 311.46亿元，因而在无法有效剔除“国培资金”中的义务教育支出时，做如此取舍是可接受的。

（1）中央本级和地方政府学前教育支出责任现状

明确中央本级和地方政府学前教育支出责任现状，需要掌握各级政府学前教育支出与比例信息。在地方政府财政收入有限且对学前教育支出责任不明确的背景下，学前教育与其他教育阶段在财政资金的使用上处于竞争关系，因此有必要探究地方政府对普通教育中学前教育的相对财政投入力度与偏好程度。鉴于此，以下将从两个方面对中央本级和地方政府学前教育支出责任现状予以分析：一是各级政府学前教育支出与比例；二是对比各阶段教育的各级政府财政支出。

首先，依据各级政府学前教育支出与比例，可知地方政府学前教育支出占据绝对责任主体地位，且近年来学前教育财政支出的增长主要来自地方政府投入。2014—2018年，地方政府学前教育支出比重维持在99.5%以上，见表3-6。2014—2018年，全国学前教育财政支出增长九成，这主要源自于地方政府学前教育支出的增加。

表3-6　**中央本级和地方政府学前教育财政支出**　金额单位：亿元

年份	2014	2015	2016	2017	2018
全国	691.29	930.02	1 011.12	1 182.35	1 319.89
中央本级	1.26	1.22	2.52	1.9	8.43
地方	690.03	929.3	1 008.6	1 180.45	1 311.46
地方占比	0.9982	0.9992	0.9975	0.9984	0.9984

数据来源：根据2014—2018年财政部全国财政决算报告整理得出。

其次，与其他各阶段教育相比，中央本级和地方政府对学前教育的财政支持力度都非常有限，地方政府对普通教育中学前教育的偏好程度虽然显著提高但仍杯水车薪。

中央本级和地方政府对学前教育的财政支持力度很低，表现为：以2018年为例，从中央本级来看，高等教育为中央政府财政支持的重点领域，占据教育支出82.28%的比重，而学前教育支出仅占0.49%；从地方支出来看，义务教育为地方支出的重点领域，占据教育支出的46.03%，而学前教育支出仅占4.31%，见表3-7。

表3-7 **中央和地方普通教育财政支出占教育财政支出的比重** 单位：%

层级	中央本级					地方					全国				
年份	2014	2015	2016	2017	2018	2014	2015	2016	2017	2018	2014	2015	2016	2017	2018
普通教育	89.34	89.59	88.57	87.90	87.04	76.56	77.03	77.85	74.18	78.02	77.26	77.68	78.40	78.90	78.50
学前教育	0.10	0.09	0.17	0.12	0.49	3.17	3.73	3.79	4.13	4.31	3.00	3.54	3.60	3.92	4.10
小学教育	0.48	0.49	0.51	0.50	1.00	27.85	28.16	28.46	28.66	28.08	26.37	26.73	27.02	27.21	26.62
初中教育	0.41	0.33	0.35	0.27	1.89	18.12	18.03	18.11	18.11	17.95	17.16	17.12	17.19	17.19	17.09
高中教育	0.96	0.96	0.90	0.77	1.12	8.88	9.27	9.59	9.89	9.90	8.45	8.84	9.14	9.42	9.43
高等教育	87.39	87.68	86.49	86.22	82.28	11.27	10.94	10.76	10.49	10.60	15.41	14.90	14.67	14.38	14.45

数据来源：根据2014—2018年财政部全国财政决算报告整理得出。

地方政府对普通教育中学前教育的偏好程度显著提高但仍显不足，表现为：一是全国对普通教育支出增多（教育支出包括普通教育支出，以及职业、成人、广播电视、留学和特殊教育等支出），主要源自于地方普通教育支出比例的增长。此判断源于：普通教育支出占教育支出的比重在2014—2018年持续增长，从77.26%增至78.5%。与此同时，近五年中央本级普通教育财政支出所占比重稳步下降。由此可以推断全国普通教育支出比重的增长主要源自于地方普通教育支出比例的增长。二是地方普通教育中学前教育占比增长最多，从3.17%增至4.31%，与义务教育相比，义务教育占比从45.97%增至46.03%，虽增长不多但基数庞大。因此，学前教育仍是各类教育中政府财政支持最为薄弱的环节。

（2）中央和地方政府学前教育支出责任现状

中央和地方政府学前教育支出责任，即将“发展资金”归入中央支出，近年来呈现出地方政府学前教育财政投入大幅增加，中央政府学前教育财政投入稳中有降，同时地方财政负担比重有大幅增加的趋势，见表3-8。

表3-8　　中央和地方政府学前教育财政支出　　金额单位：亿元

年份	2014	2015	2016	2017	2018
全国	691.29	930.02	1 011.12	1 182.35	1 319.89
中央	150.26	150.22	151.52	150.90	127.63
地方	541.03	780.30	859.60	1 031.45	1 192.26
地方占比	0.7826	0.8390	0.8501	0.8724	0.9033

数据来源：根据2014—2018年财政部全国财政决算报告整理得出。

第一，2014—2018年，中央政府对学前教育的支出总额变化不大，略有减少，从150.26亿元降至127.63亿元，地方政府对学前教育的支出总额翻一番，从541.03亿元增至1 192.26亿元，总体上全国学前教育财政支出增多。

第二，从中央财政与地方财政的成本分担来看，地方财政占比大幅度增加，从78.26%增至90.33%。需要注意的是，“国培资金”中学前教育支出部分本应该计入中央财政支出，该调整方式将其纳入到地方政府学前教育支出，使得地方政府学前教育支出占比被放大，考虑到这一点，可将包含义务教育支出部分的全部“国培资金”从地方政府学前教育支出中剔除，计入中央政府学前教育支出。以2018年为例，中央学前教育支出为147.48亿元，地方学前教育支出为1 172.41亿元，地方财政占比达88.82%，地方财政学前教育支出仍然占绝对主体地位，达到近九成。需要说明的是，这种调整方式仅为逼近地方财政负担比例真实值，因其扩大了中央政府学前教育支出，缩小了地方政府学前教育支出及其占比，所以学前教育支出中地方财政占比应介于88.82%和90.33%之间。

3.中央与地方政府学前教育支出责任划分的问题与原因

中央与地方政府学前教育支出责任划分的问题突出体现在，层层下移的事权与地方政府有限的财力不匹配以及学前教育政府事权与支出责任划分与新型城镇化建设不匹配。

首先，层层下移的事权与地方政府有限的财力不匹配。“国务院领导、省市统筹、以县为主”的学前教育管理体制规定了县级政府是学前教育的责任主体。虽然现有政策文件并没有规定县级政府是学前教育的支出责任主体，但现实确实如此，中央政府只承担不到一成的学前教育支出责任，层层下移的事权与地方政府有限的财力无法匹配。地方政府的财力可分为：地方政府依据财权依法获得的自有财力和中央政府的转移支付。

从地方政府的自有财力来具体分析。事权与自有财力不匹配根植于财政分权制度和中国经济增长模式。具体而言，1994年我国的分税制改革形成了“财权上移、事权和支出责任下放”的收支格局，在事权责任没有随收入权限相应调整的情况下，地方政府承担了过高且无法维持的支出任务。加之，中国经济高速增长被解释为地区竞争与政绩锦标赛的加成作用。在宏观经济层面上，张五常的“县域竞争论”明确了地区竞争促进经济增长；在微观层面上，通过以国内生产总值为核心的政绩考核来激励官员发展地区经济，即通过以国内生产总值为核心的政绩考核机制来促进官员发展地区经济，地区经济竞争又促进了中国经济的高速发展。而以国内生产总值为核心的政绩考核机制，导致地方政府的财政支出偏好于短期内取得经济增长收益的基础设施建设等“资源密集型”工程，忽视了具有长期收益的民生类项目。特别是学前教育作为教育的初始阶段与短期获得经济收益的目标相抵触，地方政府财政资金有限且被刚性义务教育支出所限制，学前教育成为教育发展链条中最为薄弱的一环。加之，“营改增”实施后，原属于地方税的营业税，改为了中央与地方共享税，中央与地方各享50%，地方自有财力进一步缩减，进而带来地方政府事权与财力的不匹配。

从转移支付来分析，目前学前教育政府转移支付还存在规模与结构不合理的问题。从转移支付的规模来分析学前教育领域的专项转移支付“发展资金”。从绝对量来看，“发展资金”自2014年设立，连续四年拨款149亿元，之后几年略有浮动，变化不大；从相对量来看，“发展资金”占全国学前教育财政支出的比例从22%降到10%，这说明随着经济增长以及地方政府对学前教育财政投入的增加，“发展资金”协调地区间学前教育资源配置均衡的作用在降低。从转移支付的结构（包括一般性转移支付和专项转移支付）来看，转移支付对学前教育发展支持力度有限。其中，一般性转移支付主要用于平衡地区间财力不平衡问题，对使用用途设限较少，但是现实中受基层政府财力限制，学前教育财政支出让步于义务教育刚性支出。与此同时，支持学前教育发展的中央对地方的专项转移支付包括“发展资金”和部分“国培资金”，两项转移支付规定了具体的使用用途，“发展资金”仅限用于“扩大资源类”项目和“幼儿资助类”项目，“国培资金”仅限用于部分幼儿教师的培训，转移支付被主要用于支持校舍改扩建、增加教学仪器设备等硬件设施，而较少用于提高软件水平，如增加师资待遇等，进而在信息不对称的情况下限制了资金的使用效率。

其次，学前教育政府事权与支出责任划分与新型城镇化建设不匹配。具体来说，学前教育的支出责任主要由县级政府承担，学前教育经费主要与户籍制度挂钩，如公办幼儿园只接收拥有当地户籍的幼儿（董青，2017）。但是，在新型城镇化建设背景下，农村大量剩余劳动力流入城市，进城务工人员的随迁子女教育的提供成为跨区域公共产品供给问题。跨区域公共产品供给的成本成为人口流入地的事权得到理论支持，这是因为人口流入地得到外来劳动力补给促进本地经济发展、地方财政收入得以增加，但是现实约束是人口流入地财力与事权不相匹配。流入地财力不足将导致出于财政收支平衡的取舍。例如，现实中对流动人口享受民办普惠性幼儿园的“优惠价”有诸多条件限制，如厦门规定非本市户籍人员需持有四证，包括幼儿父（母）一年以上的在厦居住证、劳动合同、社保缴费证明以及计划生育状况证明。

学前教育政府事权与支出责任划分与新型城镇化建设不匹配问题仍需制度建设。相比之下，义务教育阶段，为适应新型城镇化建设和户籍制度改革背景下的学生流动性提高的形势要求，改善人口流入地财力与义务教育事权不匹配问题，从2016年开始实施教育资金可携带，教育资金包括城乡学生的“两免一补”（免除学杂费、免费提供教科书和对家庭经济困难寄宿生补助生活费）经费和生均公用经费基准定额资金。

因此，在当前学前教育政府事权不清晰，存在层层下移的事权与地方政府有限的财力不匹配以及学前教育政府事权和支出责任划分与新型城镇化建设不匹配等问题的背景下，进一步研究学前教育供给中政府的财政支持方式与绩效是必要的。

3.4 我国学前教育供给中财政支持方式与绩效有待优化

改革并完善我国学前教育供给机制，在学前教育供给中政府与市场机制的分工明确、政府制度供给完备、清晰划分中央与地方政府学前教育事权与支出责任的基础上，政府的财政支持方式与绩效水平，最终决定了学前教育供给政府与市场机制的有效运转。所以，本章将探究学前教育供给中政府现有的财政支持方式以及绩效水平。

3.4.1 学前教育供给中政府财政支持方式的政策规定

依据各国的经验并结合我国现实，学前教育供给中政府的财政支持方式，按照补贴对象可以区分为针对学前教育机构和适龄幼儿家庭的补贴，虽然补贴对象不同，但是根本目的在于减轻适龄幼儿家庭的负担。

首先，针对学前教育机构的财政补贴方式，与幼儿园办园体制挂钩，即公办幼儿园、民办普惠性幼儿园以及民办非普惠性幼儿园接受不同的财政支持。

有关公办幼儿园，政府的财政支持方式有公办园生均财政拨款标准或生均公用经费标准，有待发展的是乡村公办园教师生活补助政策，以及将公办幼儿园中保育员、安保、厨师等服务纳入政府购买服务范围。具体来说，所有省份都已出台公办幼儿园生均财政拨款标准或生均公用经费标准，但各省标准差异很大，如江苏省2018年《关于提高公办幼儿园生均公用经费拨款标准的通知》（苏财教〔2017〕255号）中规定，从2018年春季学期起，省定公办幼儿园（包括教育部门和其他行政事业单位、企业、乡镇、街道等举办的幼儿园）年生均公用经费财政拨款标准从2013年的200元提高到300元；内蒙古2018年《关于建立公办幼儿园生均公用经费基准定额和普惠性民办幼儿园补助标准的通知》（内财教〔2018〕1412号）中规定，公办幼儿园年生均公用经费基准定额为600元，其中特殊教育幼儿园和随班就读残疾幼儿的公用经费基准定额为6 000元。

有关普惠性民办幼儿园政府的财政支持方式，目前仅有部分省份在制定公办幼儿园生均财政拨款标准或生均公用经费标准时，对普惠性民办园补贴标准给予规定，如内蒙古规定普惠性民办幼儿园补助标准为年生均120元。另外，依据《中共中央 国务院关于学前教育深化改革规范发展的若干意见》（2018年），为引导社会力量举办普惠性幼儿园，将通过购买服务、综合奖补、减免租金、派驻公办教师、培训教师、教研指导等方式给予支持，并将提供普惠性学位数量和办园质量作为奖补和支持的依据。

其次，针对所有适龄幼儿家庭的财政补贴有税收抵免，以及针对家庭经济困难儿童、孤儿和残疾儿童的幼儿资助。具体来说，从2019年1月1日开始实施的《个人所得税专项附加扣除暂行办法》第二章第五条规定，“年满3岁至小学入学前处于学前教育阶段的子女”，“按照每个子女每月1 000元的标准定额扣除”，以此减轻适龄幼儿家庭的经济负担。

总体而言，学前教育的相关政策文件中所涉及的政府财政支持方式多样，但大多数政策还需要一定时间予以细化和实施。

3.4.2 学前教育供给中财政经费投入增加但仍显不足

1.学前教育生均财政经费与生均学杂费加速增加

从教育部《中国教育统计年鉴》《中国教育经费统计年鉴》与国家统计局《中国统计年鉴》中得到幼儿在园人数、学前教育国家政策性教育经费、学杂费、幼儿园经费总支出、人均可支配收入和人均GDP相关数据。

以分析学前教育财政经费投入变化趋势为目的，获取绝对量指标——学前教育生均财政经费与生均学杂费，分析两者历年变化可以得到学前教育财政经费投入加速增加的结论。具体分析如下：从2010年到2018年，学前教育生均财政经费从820.9元增长到3 809.7元，增长了接近四倍。相比而言，2010年生均学杂费为1 290.7元，学前教育生均财政经费投入仅占三分之二；2018年生均学杂费增长到3 716.1元，而生均政府投入增长更快，超过了生均学杂费，见表3-9。这说明学前教育财政经费投入从总量上来讲在增长，与家庭承担的学杂费相比，学前教育财政经费投入增长速度更快。

表3-9 全国学前教育生均财政经费和生均学杂费的时序变化

年份	2010	2011	2012	2013	2014	2015	2016	2017	2018
生均财政经费	820.9	1 213.9	2 028.5	2 214.2	2 305.9	2 656.3	3 004.3	3 398.7	3 809.7
生均学杂费	1 290.7	1 438.9	1 704.3	1 940.2	2 424.5	2 711.7	3 036.4	3 342.9	3 716.1

数据来源：根据教育部《中国教育统计年鉴》《中国教育经费统计年鉴》与国家统计局《中国统计年鉴》相关数据整理得到。

2.学前教育供给中财政经费投入不足

以分析学前教育财政经费投入充足与否为目的，获取相对量指标——学前教育成本政府分担比、家庭分担比、生均财政经费与人均GDP比值、生均学杂费与人均可支配收入比值，四个相对量指标分别反映学前教育成本在政府与家庭之间的分担状况、排除经济增长和物价上涨因素、政府对学前教育的努力程度以及学前教育家庭承担成本的经济压力。相关指标需要做三点说明：第一，“学前教育成本政府分担比”指标用学前教育国家政策性教育经费与幼儿园经费总支出之比来衡量。由于国家政策性教育经费属于幼儿园经费总收入，且幼儿园经费总收入可能大于幼儿园经费总支出，因此在特殊省份该比值可能出现大于1的情况。第二，“学前教育成本家庭分担比”指标用学杂费与幼儿园经费总支出之比来衡量。第三，“生均学杂费与人均可支配收入比值”指标取2013年及之后的数据。这是因为2013年及以后“居民人均可支配收入”指标的数据来源于国家统计局开展的城乡一体化住户收支与生活状况调查，与2013年前的分城镇和农村住户调查的范围、方法、指标口径有所不同，为保证不同年份的可比性，做此取舍。

在学前教育改革初期，学前教育财政经费投入规模大且作用明显，有效降低了家庭负担，但改革开始之后的五年中，投入经费明显力度不足，家庭负担比重变化不大，但家庭承受的经济压力提升，这可能源自于学前教育学费的快速增长，见表3-10。具体分析如下：第一，从学前教育成本政府分担比来看，从2010年至2018年，政府分担比例从33.99%提升到48.56%，政府分担比例有了较大幅度的提升，主要发生在2010年至2012年，而这正是国务院颁布《关于当前发展学前教育的若干意见》，学前教育开始改革的起始年份，之后五年中，政府分担比例变化不大，稍有波动。而家庭分担比例，从2010年的53.45%降至2018年的47.37%，家庭成本分担降幅不大，在2013年之后，家庭成本分担反而有反弹的趋势。第二，从生均财政经费占人均GDP比重来看，政府对学前教育的财政努力在改革的前三年集中发力，比值从2.66%增至5.07%，之后处于波动中缓慢增长。第三，从生均学杂费与人均可支配收入的比值来看，从2013年的10.6%提升到2018年的13.16%，学前教育家庭承担成本的经济压力逐渐增加。

表3-10　**学前教育财政经费投入充足性的四项指标的时序变化**　单位：%

年份	2010	2011	2012	2013	2014	2015	2016	2017	2018
政府分担比	33.99	41.78	51.07	50.10	46.53	47.48	47.57	48.34	48.56
家庭分担比	53.45	49.52	42.91	43.90	48.92	48.47	48.08	47.54	47.37
生均财政经费与人均GDP比值	2.66	3.33	5.07	5.05	4.89	5.29	5.57	5.74	5.77
生均学杂费与人均可支配收入比值	—	—	—	10.60	12.02	12.34	12.75	12.87	13.16

数据来源：根据教育部《中国教育统计年鉴》《中国教育经费统计年鉴》与国家统计局《中国统计年鉴》相关数据整理得到。

3.4.3　学前教育财政经费投入在省际存在差异

学前教育财政经费投入公平性不足突出表现在省际差异。以下将依据2017年的相关数据，从三组关系中进行分析：第一，各省份的学前教育成本分担比；第二，学前教育生均政策性教育经费和生均政策性教育经费与人均GDP的比值；第三，学前教育生均学杂费和生均学杂费与人均可支配收入的比值。

1.学前教育成本政府分担比省际差距显著

各省份学前教育成本政府分担比差距非常大，如图3-8所示。其中，政府分担比例最高的省份是西藏，达到103%。另外，新疆、甘肃、上海、北京、天津、贵州、陕西、青海和内蒙古9个省份的政府分担比例都达到了60%以上，即达到了徐晓（2018）所提出的学前教育政府分担比例的低层次目标60%。政府分担比例最低的省份是湖南，仅占23.25%，而政府分担比例低于30%的省份还有河南、广东。但即使不同省份具有相同的政府分担比例，也不代表各地方政府对学前教育的努力程度相同，不代表幼儿家庭负担学前教育成本所承受的经济压力相同。因此，以下将继续分析学前教育生均政策性教育经费和生均政策性教育经费与人均GDP的比值，学前教育生均学杂费和生均学杂费与人均可支配收入的比值。

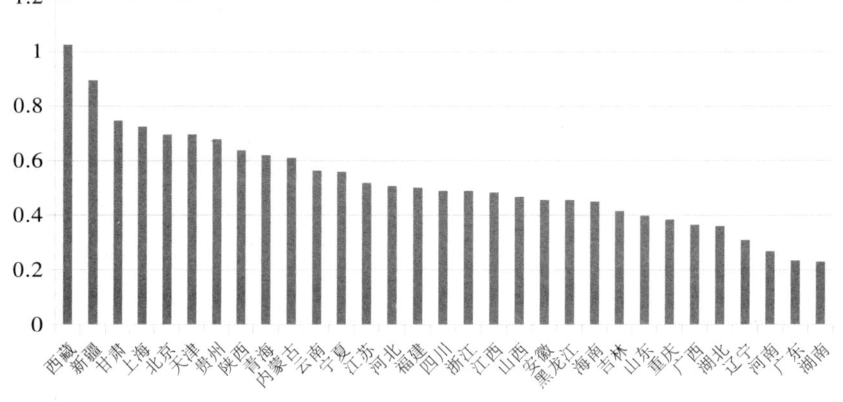

图3-8 2018年31个省份学前教育成本政府分担比

数据来源：根据教育部《中国教育统计年鉴》《中国教育经费统计年鉴》相关数据整理得到。

2.学前教育财政支持的努力程度省际差异悬殊

学前教育生均政策性教育经费和生均政策性教育经费与人均GDP的比值各省份间差异较大，说明各地方政府对学前教育财政支持的努力程度差异悬殊。具体如下：生均政策性教育经费最高的省份北京达到24 832.51元。另外，上海、西藏、天津、新疆都达到8 000元以上，其他省份则都低于7 000元，最低的省份是河南，仅有1 198.39元。生均政策性教育经费与人均GDP的比值各省份间差距也非常大，西藏最为特殊，占比高达49.49%，其他省份均在20%以下，最低的省份是河南，仅有2.39%，如图3–9所示。

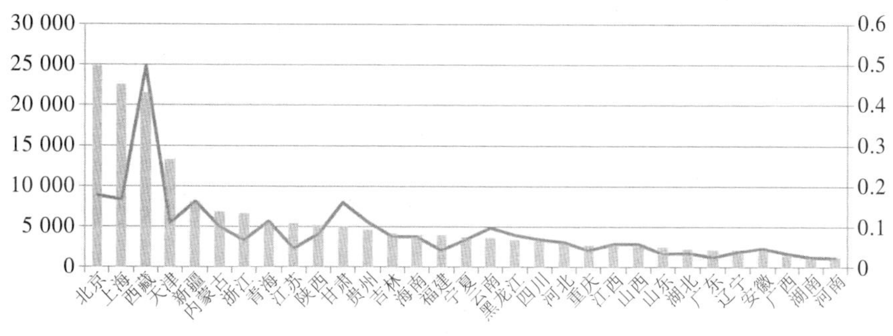

生均政策性教育经费　——生均政策性教育经费与人均GDP的比值

图3–9　2018年31个省份生均政策性教育经费和生均政策性教育经费与人均GDP的比值

数据来源：根据教育部《中国教育统计年鉴》《中国教育经费统计年鉴》相关数据整理得到。

为进一步分析各地方政府对学前教育财政支持的努力程度，将31个省份按学前教育生均政策件教育经费从高到低，以8 000元和2 500元为分界值分为三个梯队。同理，按生均政策性教育经费与人均GDP的比值从高到低，以10%和4%为分界值分为三个梯队，比较第一梯队和第三梯队，见表3–11。居于第一梯队，即学前教育领域政府财政支持力度比较大的省份，有两种类型：一是中央转移支付较多的西部省份，有西藏和新疆，二是经济比较发达的直辖市，有北京、上海、天津。居于第三梯队，即学前教自领域政府财政支持力度比较小的省份，有人均国内生产总值排在前十名的广东和辽宁，也有人均国内生产总值排在后十名的广西和河南，可以推断学前教育政府财政支持的力度与人均GDP并非是正相关关系。换言之，地方政府自有财力的增多不会必然提高学前教育的支持力度，这可能源于地区经济发展水平较高，市场机制相对活跃且完善，家庭的购买力也较强，促进了民办幼儿园的发展。在这种情况下，地方政府更偏好培育学前教育市场机制，这一点与张雪（2016）所做的影响地方政府学前教育成本分担因素的实证结果相契合。

表3-11　　生均政策性教育经费和生均政策性教育经费与人均GDP的比值分层比较

指标	生均政策性教育经费	生均财政性经费与人均GDP的比值
第一梯队	北京、上海、西藏、天津、新疆	西藏、北京、上海、新疆、甘肃、青海、贵州、天津、内蒙古
第二梯队	内蒙古、浙江、青海、江苏、陕西、甘肃、贵州、吉林、海南、福建、宁夏、云南、黑龙江、四川、河北、重庆、江西、山西、山东	云南、陕西、黑龙江、海南、吉林、宁夏、四川、浙江、河北、山西、江西、江苏、安徽、福建、重庆
第三梯队	湖北、广东、辽宁、安徽、广西、湖南、河南	辽宁、湖北、广西、山东、广东、湖南、河南

资料来源：根据生均政策性教育经费和生均政策性教育经费与人均GDP的比值分类整理得到。

3. 幼儿家庭负担学前教育成本承受的经济压力省际之间差异大

学前教育生均学杂费和生均学杂费与人均可支配收入比值各省份间的差异非常大，说明各省份幼儿家庭因负担学前教育成本所承受的经济压力差异很大，如图3-10所示。生均学杂费最高的省份是北京，高达11 689.51元。另外，上海、天津、广东、浙江、吉林、辽宁的生均学杂费都很高，介于5 000元到8 000元之间，其他省份都低于5 000元，最低的省份是西藏，仅有349.64元。生均学杂费与人均可支配收入的比值在各省份间差距也非常大，吉林与北京的占比高达18%以上，最低的省份是西藏，仅有2%。

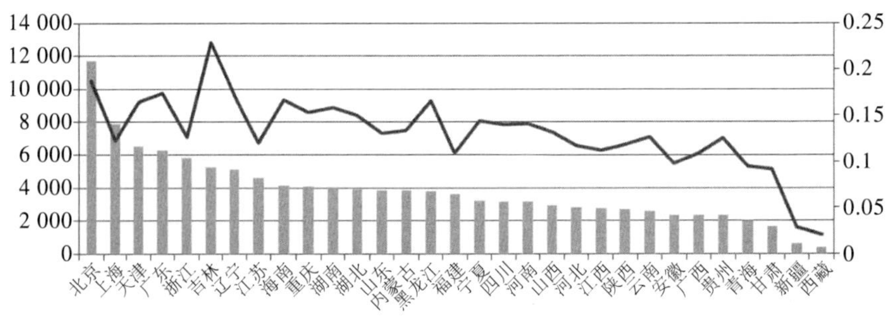

图3-10　2018年生均学杂费和生均学杂费与人均可支配收入的比值

数据来源：根据《中国教育统计年鉴》《中国教育经费统计年鉴》《中国统计年鉴》的相关数据整理得到。

为进一步分析各省份幼儿家庭因负担学前教育成本所承受的经济压力，将31个省份按学前教育生均学杂费从高到低，以5 000元和2 000元为界分为三个梯队。同理，按生均学杂费与人均可支配收入的比值从高到低，以16%和10%为界分为三个梯队，比较第一梯队和第三梯队，见表3-12。居于第一梯队，即学前教育成本家庭负担经济压力比较重的省份，两项指标都居于第一梯队的有北京、天津、广东、吉林和辽宁，上海与浙江因人均可支配收入较高，抵消了生均学杂费较高带来的负面影响，使家庭负担经济压力降至31个省份的后半段。居于第三梯队，即学前教育成本家庭负担经济压力比较轻的省份，主要为西部省份，包括青海、甘肃、新疆、西藏（两项指标都居于第三梯队）。

表3-12　**生均学杂费和生均学杂费与人均可支配收入的比值分层比较**

指标	生均学杂费	生均学杂费与人均可支配收入比值
第一梯队	北京、上海、天津、广东、浙江、吉林、辽宁	吉林、北京、广东、辽宁、海南、黑龙江、天津
第二梯队	江苏、海南、重庆、湖南、湖北、山东、内蒙古、黑龙江、福建、宁夏、四川、河南、山西、河北、江西、陕西、云南、安徽、广西、贵州	湖南、重庆、湖北、宁夏、河南、四川、内蒙古、山西、山东、浙江、云南、贵州、上海、江苏、陕西、河北、江西、福建、广西
第三梯队	青海、甘肃、新疆、西藏	安徽、青海、甘肃、新疆、西藏

资料来源：由生均学杂费和生均学杂费与人均可支配收入的比值分类整理得到。

总而言之，各省份的地方政府对学前教育的努力程度、幼儿家庭因负担学前教育成本所承受的经济压力的差异都非常大，因此学前教育财政经费投入的公平性不足。

3.4.4　学前教育财政经费投入存在城乡差异

1.农村学前教育成本政府分担高于城市

农村与城市学前教育经费数据的获取经由相关数据处理得到。其中，“农村幼儿园”和“幼儿园”教育经费的统计数据来自《中国教育统计年鉴》，城市教育经费的相关数据则根据全国总量数据与农村总量数据的差额得到。

农村学前教育成本政府分担比高于城市。具体分析如下：第一，从时序数据来看，2011年至2018年，农村学前教育成本政府分担比高于城市政府分担比，从相差不到1%，逐渐提高到12%以上，且有逐年扩大的趋势，见表3-13。第二，从截面数据来看，2018年剔除了广东和河南，其他省份农村学前教育成本政府分担比要高于平均水平，相差最大的是北京，达到了21.6%，有5个省份的差值超过12%，16个省份的差值超过5%，如图3-11所示。这说明2011—2018年政府财政资金对农村学前教育的倾斜投入。但是，农村学前教育成本政府分担比高于城市，不代表农村学前教育的发展水平优于城市，应当从幼儿受教育机会和教育质量的相关指标加以分析。

表3-13　**我国农村与城市学前教育政府分担比的时序变化**　单位：%

年份	2011	2012	2013	2014	2015	2016	2017	2018
农村政府分担比	42.13	56.41	54.24	51.88	53.88	53.53	55.06	56.09
城市政府分担比	41.61	47.79	47.56	42.27	41.97	42.58	42.85	43.91

资料来源：根据教育部《中国教育统计年鉴》《中国教育经费统计年鉴》整理得到。

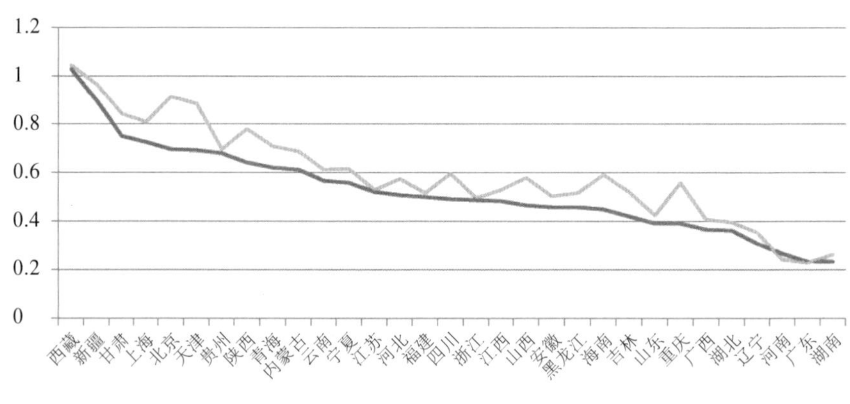

图3-11　2018年学前教育成本31个省份政府分担比与农村政府分担比的对比

资料来源：根据教育部《中国教育统计年鉴》《中国教育经费统计年鉴》整理所得。

2.乡村与城镇幼儿受教育机会差距缩小，但乡村略低于城镇

学前三年毛入园率是分析学前教育的受教育机会最常用指标，但囿于学前教育毛入园率并无城乡的单独统计，所以采用城乡小学招生数中受过学前教育的比例这一指标来分析幼儿受教育机会。需要注意的是，城镇与乡村的划分，依据教育部《教育统计年鉴》中对幼儿在园人数和专任教师的统计，提取“乡村幼儿在园（专任教师）数”单列，“城镇幼儿在园（专任教师）数”由总量扣除乡村总量得到，即包含“城区”“城乡接合部”“镇区”“镇乡接合部”四个部分。

城镇和乡村幼儿受教育机会差距缩小，但乡村略低于城镇。具体来说，从2010年到2017年我国小学招生数中受过学前教育的比重从91.85%稳步提升到98.67%，提高了6.82个百分点，说明全国幼儿在学前教育阶段接受教育的机会得到了很大的提升。对比城镇和乡村，2010年，小学招生数中受过学前教育的比例城镇为96.62%，乡村为87.99%，相差8.63个百分点，差距很大，但在2018年，城镇提高至99.38%，乡村提高至98.07%，差距缩小至1.31个百分点。8年间，乡村学前教育阶段接受教育的机会得到了较大幅度的提升，与城镇之间的差距逐步缩小，但城镇小学招生数中受过学前教育的比例仍略高于乡村。这说明在学前教育普及普惠的改革期间，乡村学前教育的普及程度得以显著提高，见表3-14。

表3-14　**我国城乡小学招生数中受过学前教育的比例的时序对比**　　单位：%

年份	2010	2011	2012	2013	2014	2015	2016	2017	2018
全国	91.85	92.78	95.51	96.84	97.65	97.98	98.36	98.67	99.05
城镇	96.62	96.89	97.91	98.84	98.85	98.91	99.18	99.24	99.38
乡村	87.99	88.27	92.03	93.82	95.34	96.06	96.67	97.34	98.07

注：城镇包括城区（含城乡接合部）和镇区（含镇乡接合部），下同。

资料来源：根据教育部《中国教育统计年鉴》整理得到。

3.乡村与城镇学前教育质量差距悬殊

比较分析乡村与城镇学前教育质量，借以表征学前教育质量三个指标：生师比、学历为专科及以上的园长与专任教师比重和职称为小学高

级及以上的园长与专任教师比重。

首先，乡村学前教育中专任教师严重匮乏，与城镇差距很大，且不满足教育部规定的专任教师配备标准，如图3-12所示。具体如下：从全国学前教育在园人数与专任教师之比来看，2007年在园人数与专任教师之比为28.4%，2018年这一比值则降至18.0%，整体教师配备数量逐步增多，但与教育部2013年规定的标准配备（见表3-3）还是有很大的差距。城镇在园人数与专任教师之比在2007年为20.7%，2018年这一比值则降至16.5%，变化不算明显。乡村在园人数与专任教师之比在2007年为54.4%，2018年这一比值则降至26.1%，虽然两者的比例已经有了很大的改善，但是从目前来看乡村学前教育专任教师仍是十分匮乏，与城镇有较大差距。

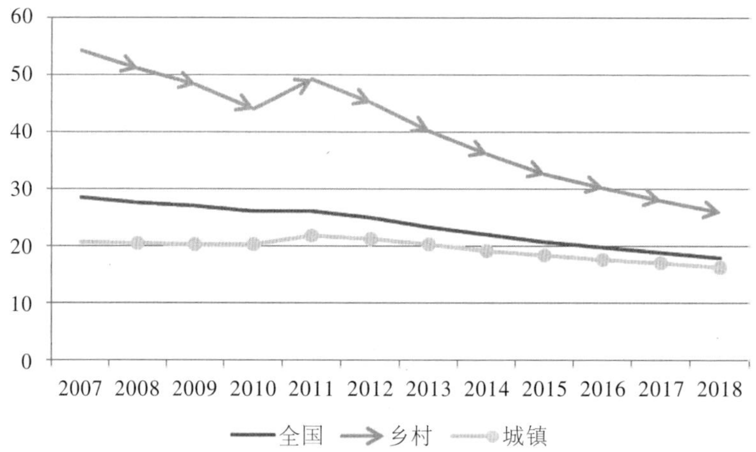

图3-12 2007—2018年我国城乡学前教育在园人数与专任教师之比

资料来源：根据教育部《中国教育统计年鉴》整理得到。

其次，乡村学前教育中园长和专任教师的学历有较大提升，但远低于城镇。具体分析如下：2007—2018年，我国园长和专任教师专科及以上学历的比例从54.9%提高到81.9%，提高了27个百分点，改善明显。其中，2007年城镇占比为61.0%，乡村为36.0%，相差25个百分点，差距悬殊；直至2018年，城镇占比提升至84.2%，提高了23.2个百分点，乡村提升至70.7%，提高了34.7个百分点。总体来看，乡村学前教育中园长和专任教师的学历提升幅度更大，但是到目前为止，城镇跟乡村的差距仍为13.5个百分点，有巨大的改善空间，见表3-15。

表3-15　2007—2018年我国城乡学前教育的园长和专任教师专科及以上学历的比例　单位：%

年份	园长和专任教师专科及以上学历的比例			园长和专任教师高级及以上职称的比例		
	全国	城镇	乡村	全国	城镇	乡村
2007	54.92	60.95	36.01	16.53	18.75	9.55
2008	57.54	63.68	38.68	16.50	18.48	10.42
2009	59.68	65.90	40.96	15.72	17.71	9.73
2010	61.47	67.45	44.05	14.75	16.49	9.69
2011	63.67	67.34	45.09	13.53	14.37	9.27
2012	66.38	69.83	49.09	12.74	13.51	8.88
2013	69.38	72.61	54.00	11.91	12.54	8.90
2014	72.10	75.03	58.17	11.27	11.78	8.83
2015	74.90	77.69	61.92	10.37	10.78	8.46
2016	77.55	80.24	64.97	9.68	9.99	8.20
2017	79.97	82.47	68.26	8.57	8.86	7.20
2018	81.88	84.23	70.70	7.96	8.22	6.74

资料来源：根据教育部《中国教育统计年鉴》整理得到。

最后，学前教育教师高级职称的比例逐年降低，城镇与乡村比例差距缩小，但绝对数量差距扩大。选取职称为小学高级及以上的园长和专任教师比重这一指标，源自于幼儿园教师的离岗率高，为体现学前教育教师中稳定的师资部分，所以选择需要工作年限更长的有职称的教师的占比。园长和专任教师具备小学高级（以下简称“小高”）及以上职称的比例，2007年全国为16.5%，但每年呈现递减趋势，2018年这一比例已经降至8.0%。结合数据的绝对数量，具备小高及以上学历的人数整体趋势在增长，但是增速低于学前教育教师的增长。具体分析如下：2007年城镇为18.8%，乡村为9.6%，相差9.2个百分点，差距非常大，

2018年城镇降至8.2%，乡村降至6.7%，差距变为1.5个百分点，见表3-15。学前教育城镇与乡村高级职称的比例差距缩小，但随着园长和专任教师数量的增长，绝对数量的差距会进一步拉大。

3.4.5 我国学前教育财政经费投入存在问题的成因分析

学前教育财政经费存在总量投入不足、省际与城乡不均衡的问题。在学前教育学杂费快速增长的背景下，学前教育财政投入滞后于学杂费增长，呈现学前教育财政经费总量投入不足的问题。与此同时，各省份的地方政府对学前教育的努力程度、幼儿家庭因负担学前教育成本所承受的经济压力的差异都非常大；学前教育改革使得城乡受教育机会差距缩小，但是学前教育质量差距仍然悬殊，学前教育财政经费投入的公平性不足。鉴于此，以下将从学前教育供给中政府机制与市场机制分工以及政府间事权与支出责任的角度加以分析。

从政府与市场机制的分工来看，学前教育政府承担的事权与支出责任不明确。具体体现在：第一，按照徐晓（2018）所提出的学前教育成本政府分担比60%的低层次目标，仅有不到26%的省份达到了该目标，且各省份政府分担比的差距非常大。第二，从更为客观的角度来看，即从生均学杂费与人均可支配收入的比值来看，近三成省份将人均可支配收入的15%以上用于学前教育的学杂费，学前教育成本显然成为幼儿家庭占比较大的经济压力来源，政府承担的事权与支出责任范围过小。

从学前教育中央与地方事权与支出责任来看，“国务院领导、省市统筹、以县为主”的管理体制与区域经济不均衡发展交织，使得部分省份事权、支出责任与财力不匹配。虽然转移支付在一定程度上缓解了该问题，但在省际层面学前教育投入的不均衡问题仍十分明显。具体体现在：经济发展水平相对较低的省份——河南受限于自有财力，使得生均政策性教育经费与人均GDP的比值较低，学前教育政府财政投入的努力程度不足，学前教育成本政府分担水平很低，幼儿家庭承担较大的经济压力；同样，经济发展水平较低的西藏和新疆，则受益于中央的转移支出，补充了地方政府的财力，有效提高学前教育成本政府分担水平，降低了家庭承担的经济压力。

政府间事权与支出责任划分不清晰，影响地方政府对学前教育的财政投入强度。这表现在：第一，中央政府主导的学前教育改革，初期效果显著但未能持续。具体体现在：全国历年的生均政策性教育经费与人均GDP的比值，在国务院颁布《关于当前发展学前教育的若干意见》的二三年内，随即产生了很大幅度的增长，但因为学前教育供给中事权与支出责任未明确划分，没有相关制度保证学前教育事权与支出责任的实施，这种增长未能持续。这也说明在学前教育供给中，财政投入资金制度是一种自上而下的强制性制度变迁，且中央政府对地方政府缺乏长效的激励机制。需要说明的是，长效激励机制发挥作用的前提是事权与支出责任的明确划分。第二，政府间事权与支出责任划分不清，出现政府职能的缺位，表现为自有财力限制学前教育政府财政投入的强度，但两者并非正相关的线性关系。具体如下：经济发展水平相对较高的广东，虽然自有财力水平较高，但是地方政府对学前教育的努力程度很低，幼儿家庭负担的经济压力很大。

总体而言，学前教育供给的突出问题与当前学前教育政府与市场分工不明确、学前教育政府事权与支出责任不清晰以及学前教育制度供给不充分有密切关联。在此背景下，进一步分析作为学前教育需求主体的适龄幼儿家长对学前教育满意度的影响因素，将提高学前教育政策制定的针对性。

4 我国学前教育满意度实证分析

相对于学前教育中政府和市场供给机制这两个重要的供给方主体，接受学前教育的幼儿及其家长构成了学前教育的需求方主体。学前教育的准公共产品属性以及正外部性也都意味着，学前教育幼儿及其家长对于学前教育的满意度应成为考量学前教育政府与市场供给效率的重要因素。也就是说，从学前教育需求方角度来看，基于科学方法测度学前教育满意度，并综合考虑影响学前教育满意度的诸多因素，能够明确我国学前教育政府和市场供给过程的“痛点”所在。这不仅能与前述我国学前教育政府和市场供给中存在的突出问题相印证，而且可以为完善我国学前教育政府和市场供给提供政策指向。

4.1 学前教育满意度的影响因素

全面分析学前教育满意度影响因素，应保证核心变量不被遗漏。因此，按照演绎的逻辑思维方式，应从满意度的基础概念出发，并紧密结合学前教育这一准公共产品特点逐步推演。具体而言：首先，学前教育满意度是指消费学前教育产品的综合感知与期望比较之后形成的感觉状态。因而，学前教育满意度与接受学前教育的幼儿家长对幼儿消费学前教育产品过程和结构的综合感知以及幼儿家长的主观期望有关。其次，具体结合学前教育的特点来看，值得注意的是，与义务教育阶段政府承担主要教育支出责任相比，在学前教育阶段，接受学前教育的幼儿家长需要承担以保教费为主要表现形式的学前教育成本。因而，价格因素成为影响学前教育满意度的重要因素。与普通商品和劳务相比，学前教育产品的准公共产品属性意味着，学前教育供给中的教育公平应是重要构成因素。因此，综合学前教育满意度因素至少可以从学前教育的质量感知、价值感知和公平感知三个维度进行分析。基于此，本章将学前教育满意度的影响因素划分为幼儿家长个人因素、学前教育供给的客观因素和中介因素三类进行深入分析，见表4-1。

表4-1　　学前教育满意度的影响因素

一级指标	二级指标
幼儿家长个人因素	性别、年龄、收入水平、城乡户籍、受教育程度和职业
学前教育供给的客观因素	学前教育供给的质量水平
	学前教育供给的公平程度
	学前教育产品的价格因素
中介因素	公民参与、政府形象

资料来源：根据本书第四章第一节内容整理得到。

4.1.1　幼儿家长个人因素

1.幼儿家长个人因素的构成

之所以将接受学前教育的幼儿家长个人因素纳入学前教育满意度的重要影响因素，是因为接受学前教育的幼儿家长是接受学前教育供给消费的最直接需求主体，也必然构成学前教育满意度的评价主体。作为消费学前教育产品的综合感知与期望比较之后形成的感觉状态，接受学前教育的幼儿家长的个体属性特征将影响其对学前教育产品的期望与感知，并对学前教育满意度产生重要影响。

综合来看，接受学前教育的幼儿家长的个人因素主要包括性别和年龄等自然因素，以及收入水平、城乡户籍、受教育程度和职业等经济社会因素。本部分主要从收入水平、城乡户籍、受教育程度和职业等因素入手探讨幼儿家长对学前教育满意度的影响。

2.幼儿家长个人因素对学前教育满意度的影响机制

首先，收入水平对学前教育满意度的影响机制。社会学中，个人乃至家庭的收入水平在某种程度上是社会分层的重要指标之一。收入水平不仅影响适龄幼儿家长负担的学前教育服务价格，而且直接影响适龄幼儿家长对学前教育的期待。处于不同收入水平的适龄幼儿家长，会从不同侧重点对学前教育进行感知和评价。具体而言，对于低收入家庭，收入水平成为其接受学前教育的门槛。若因经济困难无法接受达到基本质量标准的学前教育，将有违教育公平，进而产生较低的学前教育满意度。因此，对低收入家庭而言，学前教育基本公共服务供给的公平性以及学前教育成本的可负担成为重要考量因素；对于中等收入家庭，虽然基本质量标准的幼儿园入园机会可以得到保证，但是价格因素仍是其接受高质量学前教育服务的考量条件，是影响质量感知与期望的因素；对于高收入家庭，从高质量学前教育需求是否能够得到满足的角度出发，收入水平基本不再是入园机会的限制条件，也不易受价格因素的影响，但学前教育市场能否供给匹配其高质量学前教育需求，是影响满意度的重要因素。

其次，城乡户籍和职业对学前教育满意度的影响，可以从学前教育公平感知的角度来分析。在我国，以行政事业单位为主举办的优质低价公办幼儿园，招生对象局限在本地户籍以及行政事业单位职员子女，这就导致因户籍和体制身份原因，不满足户籍条件或不满足体制身份要求的部分学前教育适龄儿童无法获得与优质低价公办幼儿园相同的入园机会。若试图获得与优质低价公办幼儿园类似的入园机会，则需要承担更高的学前教育费用，但收入水平又不足以支撑价格高昂的学前教育费用，这种因户籍以及体制身份差异而带来的教育不公感知将影响学前教育满意度。

最后，受教育程度对学前教育满意度的影响。按照现代教育和经济理论，教育是重要的人力资本投资，因此通过个人践行人力资本投资实践及收益体验会形成学前教育感知期望，与学前教育供给过程乃至效果的实际情况进行对比，形成学前教育满意度差异。

4.1.2 学前教育供给的客观因素

学前教育满意度是适龄幼儿家长对学前教育的综合感知与期望进行比较之后的感觉状态。尽管在某种程度上具有强烈的主观因素，但总体上仍然是基于市场机制和政府机制供给的学前教育本身。因此，与学前教育供给密切相关的学前教育质量水平、学前教育公平程度和学前教育产品价格因素等，都成为适龄幼儿家长关于学前教育满意度的重要考量因素。

1.学前教育供给的质量水平

学前教育供给的质量水平对学前教育满意度的重要影响在学术研究中得到高度重视（黎日龙等，2015；高孝品等，2017）。学前教育供给质量水平影响学前教育满意度的基本逻辑是，经由对幼儿园硬件与软件配置的感知，适龄幼儿家长能够对幼儿园提供的保育服务、学前教育服务以及便利性服务进行评价。具体而言，从学前教育供给的硬件配置来看，幼儿所享有的空间，如室外绿地和室内使用面积，以及幼儿可以享有的教具、玩具等设施装备，从学习环境以及支撑学前教育过程的物质条件方面，为提高学前教育质量提供强有力支持。就学前教育供给的硬件配置与学前教育满意度关系而言，构成幼儿园正常运营的基础配置和硬件配置都会直接影响幼儿的入园机会。当学前教育硬件资源存量不足时，幼儿接受正常学前教育服务受限，适龄幼儿家长将产生不满意的情绪体验。

从学前教育供给的软件配置来看，包括师资队伍配置、幼儿园公共卫生和日常规范管理，都是学前教育质量水平“软实力”的突出体现。学前教育供给的软件配置不仅是提供基本质量水平的学前教育服务的前提，而且对于能够满足高质量学前教育需求的幼儿园提高其议价能力具有保障和促进作用。就学前教育供给的软件配置与学前教育满意度关系而言，通过对适龄幼儿发展状况产生重要影响，学前教育供给的软件配置对适龄幼儿家长学前教育满意度产生影响。

综合而言，经由对学前教育供给的硬件与软件配置的感知，若学前教育供给的硬件与软件配置低于适龄幼儿家长的期望，则适龄幼儿家长将产生不满意的情绪体验。相反，若学前教育供给的硬件与软件配置高于适龄幼儿家长的期望，则适龄幼儿家长可能会产生满意的情绪体验。

值得注意的是，由于学前教育收益具有滞后性，且从现实来看，我国学前教育幼儿教师数量严重匮乏、整体素质有待提高，进而存在幼儿园教师职业发展受限、薪酬待遇低、“教师”身份属性渐衰等问题，这些都会对适龄幼儿的发展状况产生影响，因此适龄幼儿家长的学前教育满意度会存在偏差。

2.学前教育供给的公平程度

学前教育的客观供给包含公平因素，就纯粹私人产品和服务而言，竞争性和排他性意味着消费者基于价格机制以及货币购买主权的自由选择权，进行私人产品和服务配置，可以较好地兼顾效率和公平问题。但对具有准公共产品属性的学前教育而言，学前教育供给的公共程度至关重要。这不仅是因为学前教育作为准公共产品，构成了公共服务的重要组成部分，既是消费者公平共享学前教育收益，也是践行社会主义公平共享理念的重要实现形式，而且是针对我国学前教育产品供给不充分、公平共享仍存在较大提升空间的现实反映。

学前教育供给的公平程度对于学前教育满意度的影响，可以结合起点公平、过程公平和结果公平深入分析。从微观个体角度来看，起点公平、过程公平和结果公平意味着，适龄幼儿能够在一致的规则下以相同机会公平享有优质学前教育资源，并促进实现适龄幼儿获得相同质量水平的学前教育。事实上，这对学前教育服务均等化提出了高要求。

从宏观经济社会角度来看，学前教育供给的公平体现为地区之间、城乡之间的不同群体家庭的适龄幼儿可以享有均等的机会接受基本质量水平的学前教育服务。微观个体对学前教育供给公平程度的评价受到宏观因素影响，这一点可以依据美国心理学家约翰·亚当斯的公平理论予以解释，亚当斯认为个人确定自己所得报偿是否公平，不仅依赖于自己所获得报偿的绝对量，而且关注自己所得报偿的相对量[①]。换言之，适龄幼儿家长在评价学前教育供给公平与否时，既关心家庭所接受的学前教育服务的质量，也会与社会其他群体的适龄幼儿家庭所接受的学前教育服务进行横向比较，即接受学前教育服务的不同群体之间的横向比较结果影响个人对学前教育供给公平的评价。

需要说明的是，学前教育供给的公平并非简单的平均化或无差异，而是在承认地区、城乡和人群之间存在差距（倪红日和张亮，2012）的基础上，保证适龄幼儿接受基本质量水平的学前教育服务，以此来避免因学前教育不公平所导致的收入差距扩大以及社会阶层代际传递问题。

教育公平对学前教育满意度的影响机制。享有均等机会接受基本质量标准的学前教育服务，是适龄幼儿家庭的基本诉求，当现实供给无法满足时，适龄幼儿家长将产生不满意的情绪体验。需深入探讨的是，依据美国行为学家赫兹伯格的双因素理论，满意与不满意并非单一连续体，满意的对立面是没有满意，不满意的对立面是没有不满意，影响满意与不满意的因素不同，双因素理论将两类影响因素称为激励因素和保健因素，且通常将影响评价主体基本诉求的因素归类为保健因素。基于此，学前教育供给的公平程度是否属于保健因素，或者说，学前教育供给的公平程度的改善可以使适龄幼儿家长的不满意程度降低。但需要深入探寻其他影响因素促成学前教育供给达到满意程度的推论是否成立。

3.学前教育产品的价格因素

学前教育供给的客观因素包含价格因素，学前教育准公共产品属性决定了学前教育成本由政府与市场共同分担，这表现为与义务教育阶段政府承担主要教育支出责任不同，接受学前教育的适龄幼儿家长需要承担以保教费为主要表现形式的学前教育成本。学前教育成本中政府与市场的不同分担比例将影响适龄幼儿家庭承受学前教育成本的经济压力，

① Adams J S.Inequity in Social Exchange, in Advances in Experimental Social Psychology [M]. Pittsburgh: Academic Press, 1965: 267-299.

进而影响适龄幼儿家长的学前教育满意度。鉴于此，学前教育产品的价格因素可通过微观个体层面，即适龄幼儿家庭承担学前教育成本的经济压力予以衡量，也可通过宏观层面，即学前教育成本政府与市场分担比例予以衡量。

具体而言，从微观个体角度来看，基于适龄幼儿家庭收入以及接受学前教育产品质量的差异，单纯考量保教费的绝对数额没有实际意义。换言之，学前教育产品的价格因素对适龄幼儿家长满意度的影响表现为：在质量水平一定的情况下，保教费需要控制在家庭经济能力可承受范围内，接受学前教育产品的质量越高，将带来适龄幼儿家长越满意的情绪体验。从政府与市场分担的学前教育成本角度来看，学前教育成本中政府与市场分担的比例决定适龄幼儿家庭所承担的保教费的高低，进而通过微观机制影响适龄幼儿家长对学前教育的满意度。

需要注意的是，当前我国学前教育成本政府分担比例较低，在50%左右，且就总体平均趋势而言，家庭负担学前教育成本的经济压力不断提高，生均学杂费与人均可支配收入的比值在2017年达到了12.87%。在“入园贵”这一民生问题仍未妥善解决的背景下，需要基于适龄幼儿家庭收入的差异性，探寻学前教育产品的价格因素对学前教育满意度影响的微观机制。

4.1.3 中介因素

中介因素是学前教育满意度评价主体适龄幼儿家长与学前教育供给的客观因素之间的桥梁。具体而言，学前教育满意度是适龄幼儿家长对幼儿消费学前教育服务的综合感知与期望比较后形成的感觉状态。其中，中介因素作为桥梁用以平衡适龄幼儿家长和学前教育供给，通过正面强化或者负面弱化适龄幼儿家长综合感知，进一步影响学前教育满意度。因此，就理论而言，影响学前教育满意度的中介因素较多，以下将主要从公民参与和政府形象对学前教育满意度的影响机制予以剖析。

公民参与对学前教育满意度的影响机制。公民参与是指在政府提供学前教育服务时，适龄幼儿家长将需求信息和服务体验予以反馈，以此为基础，政府将及时调整供给策略。概括而言，公民参与通过影响学前教育的供给和需求，来影响学前教育满意度。具体体现在：首先，学前教育作为准公共产品，特别是普惠性幼儿园以政府补贴形式为幼儿提供产品时，适龄幼儿家长不能通过出价高低的方式来显示偏好，使得政府作为供给方获取更多适龄幼儿家长的偏好信息，继而为完善供给决策做铺垫。换言之，提高公民参与程度，通过改善供给方和需求方之间的信息不对称，以提升供给质量水平来提高适龄幼儿家长的满意度。其次，提高公民参与程度，通过增加适龄幼儿家长与政府的良性互动，以增进适龄幼儿家长对政府的信任程度，进而提高学前教育满意度。

政府形象在学前教育的客观供给与满意度的关系中起到中介作用。政府形象包含政府一贯的信息透明度、廉洁度和公正度等，而政府形象的中介作用是指优化学前教育的供给有利于提升政府形象，且政府形象改善有利于提高学前教育供给的综合感知，进而影响学前教育满意度。具体来说：首先，虽然政府提供的公共服务种类众多，政府形象与政府整体行为相关，但是适龄幼儿家长通过关注自身接受的学前教育服务对政府予以评价；其次，良好的政府形象能够促进适龄幼儿家长与政府的合作关系，正面提升适龄幼儿家长对学前教育供给的综合感知，继而提高适龄幼儿家长的学前教育满意度（范柏乃等，2016）。

4.2 学前教育满意度影响因素及机制的实证分析

基于学前教育满意度影响因素的理论分析，构建以学前教育满意度为被解释变量，以学前教育满意度的影响因素为解释变量的理论模型。需要注意的是，构建学前教育满意度模型的目的在于，综合考虑影响学前教育满意度诸因素，明确我国学前教育政府和市场供给过程的“痛点”所在。不应忽视的是，与现实呼声很高的“入园难”“入园贵”难题相匹配的学前教育产品谁生产、谁花钱问题，即学前教育供给中政府与市场机制的分工问题，具体涉及政府与市场的供给方式以及学前教育成本中政府与市场分担的比例，都已融于学前教育满意度的影响因素中。为探寻学前教育满意度与政府和市场机制分工的关系，并为完善我国学前教育的政府和市场供给政策提供指向，将解释变量区分为核心解释变量和控制变量，以学前教育供给的客观因素中表征学前教育供给中政府与市场机制分工的两类指标为核心解释变量，其他影响因素作为控制变量进行深入分析。鉴于此，本节将对被解释变量、核心解释变量和控制变量的指标选取、数据来源与统计特征予以描述，并初步探求学前教育满意度模型的实证结果。

4.2.1 学前教育满意度的数据来源及时间趋势特征

1.学前教育满意度的数据来源

学前教育满意度的数据来自中国家庭追踪调查数据库（China Family Panel Studies，CFPS）。需要进一步解决的问题是，CFPS问卷中并无直接对应学前教育满意度的调研问题，鉴于此，本书将通过增加合理限定条件的方式获取学前教育满意度数据。

将CFPS问卷中增加的限定条件转化成可用的学前教育满意度数据的过程为：首先，确定教育满意度的数据。将CFPS成人问卷中的问题“您认为教育问题在我国的严重程度如何?”赋值为0~10，0代表这方面的问题在我国不严重，10代表非常严重，当认为教育问题很严重时，分值越高，代表公众越不满意。同时，借鉴王伟同等（2016）的处理方法，用10减去调查对象回答的得分作为教育满意度指标的数据。其次，确定学前教育满意度的数据。将教育满意度转化成学前教育满意度，需要进一步的数据处理，基本思路是，选取幼儿年龄在0~6岁家庭的成人成员教育满意度作为学前教育的满意度。举例来说，在获取2018年CFPS问卷数据后，筛选幼儿出生日期在2012年及之后的家庭，再匹配到成人问卷，将其作答结果作为该家庭2018年学前教育满意度。数据如此处理的合理性在于，我国《义务教育法》第十一条规定，“凡年满6周岁的儿童，其父母或者其他法定监护人应当送其入学接受并完成义务教育”，这里选择0~6岁幼儿的家长，其子女或者孙（外孙）子女即将接受学前教育或者正在接受学前教育，显然对学前教育比对其他阶段教育的关注程度更高，因此可做此处理。

由于幼儿年龄与成人教育满意度的数据分别来自CFPS个人问卷中的成人问卷和幼儿问卷，为获取学前教育满意度，需要将不同问卷数据库的内容匹配，具体操作流程是：以2018的CFPS调研数据为例，第一步，选择幼儿问卷数据库，剔除2012年之前出生的幼儿，且每个家庭保留一个0~6岁幼儿，做这一项处理的原因是为保证可以使用Stata进行表格合并；第二步，选择成人问卷数据库，保留省份、家庭户号等变量；第三步，以家庭户号为关键词将前述两组数据合并，保留有0~6岁幼儿的成人问卷数据；第四步，用10减去成人问卷的数据，即得到学前教育满意度的数据，见表4-2。

表4-2　　**2018年学前教育满意度的数据示例**

家庭户号	省份	幼儿出生年份	学前教育满意度
110060	北京	2016	5
100879	北京	2018	0
620150	北京	2013	4
721632	天津	2012	4
120100	天津	2014	7
120102	天津	2014	5
130134	河北	2015	0
130920	河北	2015	0
130917	河北	2012	0
130158	河北	2016	10
883157	河北	2013	2
130463	河北	2015	3
130209	河北	2018	0

资料来源：根据CFPS数据并以文中所述方式处理所得。

2.学前教育满意度的时间趋势特征

以区域学前教育供给的异质性和学前教育政策的绩效评估，来探究学前教育满意度的时间趋势变化。特别是2011年开始连续开展三期的学前教育三年行动计划，使得学前教育供给发生变化，适龄幼儿家长对学前教育的满意度是否提升以及背后原因的探究，均对完善学前教育中政府与市场供给机制具有重要的指导作用。鉴于此，在剖析诸多因素对学前教育满意度的影响之前，仍需对学前教育满意度的变化趋势予以探究。

由CFPS问卷数据可知，全国学前教育平均满意水平很低，且呈现下降的趋势。具体来说，以CFPS提供的数据为支撑，通过上述数据处理方式对2012年、2014年、2016年、2018年四次调查数据（因2010年数据不全，未采用）的进一步整理，得到以年度为分组的四组观测值。四组观测值的描述性统计见表4-3。全国学前教育满意度水平很低，具体表现在：首先，2018年全国的学前教育满意度平均值仅为3.209，10分为满分，满意程度尚不及三分之一，且四次调研的学前教育满意度都不及一半，这与已有研究关于学前教育满意度比较低的结论相互印证；其次，从2012年至2018年，全国学前教育满意度从4.474降至3.209，除2016年稍有波动外，整体呈现下降趋势。但是，这种变化在统计意义上是否显著仍需进一步分析。

表4-3 **2012—2018年学前教育满意度的描述性统计**

年份	观测数	求和	学前教育满意度平均值	方差
2012	8805	39392	4.474	7.894
2014	8735	31073	3.557	6.711
2016	9129	35653	3.905	6.814
2018	7835	25139	3.209	7.301

资料来源：根据CFPS数据并以文中所述方式处理所得。

全国学前教育满意度随时间变化发生了显著性下降。具体分析过程如下：为验证学前教育满意度的下降趋势在统计上是否显著，将进行单因素方差分析。方差分析以年份为分类依据，以适龄幼儿家庭的满意度为研究对象，分析不同年份幼儿家庭满意度是否发生显著变化。其分析结果见表4-4，从表中可知P<0.05，说明组间出现了显著性差异。换言之，从统计意义上来说，从2012年的4.474到2018年的3.209，学前教

育满意度出现了显著性的下降趋势。

表4-4 **单因素方差分析结果**

差异源	SS	df	MS	F	P-value	F crit
组间	7 354.045	3	2 451.348	341.696	1.1E-218	2.605
组内	247 504.932	34 500	7.174	—	—	—
总计	254 858.977	34 503	—	—	—	—

资料来源：根据CFPS数据处理得到学前教育满意度的单因素方差分析结果。

2012—2018年，正是学前教育三期三年计划实施的年份，但是学前毛入园率的提升等变化，并没有使公众对学前教育满意度提升，反而出现了越来越不满意的趋势。因而有必要结合学前教育满意度的影响因素，进一步解释其中症结所在。

4.2.2 变量选择与数据来源

1.核心解释变量

将学前教育满意度的核心解释变量确定为学前教育供给的客观因素中的两类指标，包括适龄幼儿就读幼儿园的办园体制，即就读于以政府供给为表征的公办园和以市场供给为表征的民办园；家庭负担学前教育成本的经济压力，即以微观表征学前教育中政府和市场分担成本的指标——学前教育支出占家庭收入的比重。选取这两个变量的原因有三点，具体来说：

首先，依据学前教育满意度的影响因素，包括适龄幼儿家长的个人因素、学前教育供给的客观因素以及中介因素，从政府施政的角度而言，作为影响幼儿家长教育感知和期望的个人属性因素较难改变，学前教育供给的客观因素尚能予以针对性调整。

其次，契合目前学前教育发展的突出问题，近年来，学前教育的突出问题体现为“入园难”“入园贵”，其中“入园难”体现为入优质低价的公办园难，选取的两个核心变量正好对应学前教育的两个突出问题。

最后，契合本研究的主题，就学前教育供给的政府和市场分工而言，适龄幼儿就读幼儿园的办园体制正是学前教育政府与市场供给的方式，家庭负担学前教育成本的经济压力正是学前教育中政府与市场分担成本的体现，即两个核心解释变量对应了学前教育产品谁生产、谁花钱的问题。

核心解释变量的数据来源。首先，适龄幼儿就读幼儿园的办园体制的数据来自CFPS个人问卷中幼儿问卷的数据。其次，家庭负担学前教育成本的经济压力的指标来自学前教育支出占家庭纯收入比重的数据，需要学前教育支出与家庭纯收入的相关数据，两者分别来自CFPS个人问卷中成人问卷的数据和家庭问卷的数据，两部分数据需要以家庭户号为轴心予以匹配后使用。

2.控制变量

为明确我国学前教育政府和市场供给过程的症结所在，并保证学前教育满意度构建模型的合理性，需要将学前教育满意度的其他影响因素作为控制变量纳入模型中，包括幼儿家长的个人因素、其他学前教育供给的客观因素、中介因素以及与数据获取渠道有关的因素。具体指标的选取与数据来源如下：

首先，适龄幼儿家长的个人因素，选取性别、年龄、受教育年限、城乡户籍、人均家庭纯收入，数据来自CFPS个人问卷中成人问卷的数据。

其次，学前教育的客观供给因素，其中价格因素和供给形式作为核心解释变量进入模型，表征学前教育质量与公平的其他因素在微观数据库中难以匹配，因而选择生均校舍建筑面积、生师比、园长及专任老师专科及以上学历比例，这些宏观数据作为控制变量纳入模型中，数据来自《中国教育统计年鉴》。

再次，中介变量为公民参与政府形象，由于这并非本书的研究重点，且主要指地方政府行为，因此选择表征地方经济绩效的人均GDP加以控制，数据来自国家统计局的《中国统计年鉴》。

最后，由于数据是通过问卷调查获得的，适龄幼儿家长面对调查的态度会直接影响微观数据的可信程度，因此将“急于结束调查的程度”作为被调查者对调查配合程度的指标加以控制，选项赋值为1~7，分值越低，代表被调查者对调查的配合程度越高。

需要说明的是，学前教育客观供给的三个宏观控制变量的选取。

首先，生均校舍建筑面积。校舍建筑面积是指包括教学及辅助用房、行政办公用房、生活用房和其他用房在内的建筑面积，而不是校舍建筑、绿化用地和运动场地的总占地面积，原因在于校舍建筑面积集中包含了校舍基础建设费和配套设施设备与教具费的学前教育供给的固定成本部分；使用校舍建筑面积而非占地面积可避免因室外绿化运动场地面积过大而使控制变量丧失代表性，这主要表现在部分空间广阔，尤其是西部地区学前教育机构的室外面积较大而校舍面积相对较小，假使各地方统一用占地面积来衡量学前教育供给的客观情况，将无法有效比较地区间对学前教育投入的差异。

其次，幼儿园生师比是指幼儿园在园（班）人数与专任教师和保育员人数之比，这里教师的选择为专任教师和保育员，其他教职工未包含其中，原因在于专任教师和保育员的职责为学前教育机构最为核心的教育职能与保育职能；可以聚焦于当前我国学前教育供给中存在的专任教师和保育员极度匮乏以及区域间配置不均衡的突出问题。

最后，学历为专科及以上的园长与专任教师的比例。选取该指标的原因在于学前教育的师资队伍存在数量匮乏与质量欠缺的双重问题，此项指标与学前教育师资队伍的质量水平有关。选择专科及以上学历的比重，源于专科及以上学历是从事学前教育岗位的基本要求，而不同地区均衡性不足适合作为控制变量加以分析。

3.模型设定

为明确我国学前教育政府和市场供给过程的症结所在，综合考虑影响学前教育满意度诸因素，本书选用分类评定模型（Logit model）以剖析学前教育满意度。这是源自于：被解释变量学前教育满意度是定性变量，而与线性回归相比，分类评定模型更适于解释该类问题，且在本研究中满意度被分为0~10共11个等级，因而选择多元Logistic回归分析，并以学前教育满意度作为被解释变量，以表4-4中的指标作为解释变量构建学前教育满意度模型。

4.学前教育满意度影响因素指标及样本信息

学前教育满意度的影响因素指标归纳见表4-5。经过数据处理，样本共计4 225个观测值。从被解释变量来看，需要说明的是，在表4-3中，2018年样本观测值为7 835个，而构建模型样本数据减少至4 225个，原因在于：与前文中学前教育满意度衡量0~6岁适龄幼儿家长的满意度不同，核心变量包含幼儿园类型，只能从已经入园的幼儿中获取该数据，因此需将幼儿年龄调整至3~6岁。此调整的合理性在于：调整后学前教育的满意度样本的数据均值和方差分别为3.2和7.2，与表4-3的数据特征基本一致，从整体上说明学前教育满意度具有稳定性。

表4-5 **学前教育满意度影响因素的描述性统计**

变量名称		虚拟变量赋值	均值	标准差	最小值	最大值
被解释变量	满意度	—	3.220	2.698	0	10
核心解释变量	幼儿园类型	1=公办园，0=民办园	0.449	0.497	0	1
	学前教育支出占人均家庭收入的比重	—	0.497	1.225	0	28.75
个人因素	性别	1=男，0=女	0.466	0.499	0	1
	年龄	—	43.36	14.54	18	90
	教育年限	—	8.032	4.893	0	19
	户籍	1=非农业户口，0=农业户口	0.200	0.400	0	1
	人均家庭收入的自然对数	—	9.444	0.915	5.075	12.55
客观供给因素	生均校舍建筑面积	—	7.197	1.414	5.717	11.55
	生师比	—	14.20	2.503	8.918	17.72
	学历比值	—	0.813	0.0686	0.683	0.976
中介因素	所属省份人均GDP的自然对数	—	10.89	0.365	10.35	11.85
其他	急于完成问卷的程度	—	2.336	1.685	1	7

资料来源：根据CFPS、《中国教育统计年鉴》和《中国统计年鉴》的数据整理得到。

从核心解释变量来看，在样本中，首先就读于公办幼儿园的比例为44.9%，与2017年教育统计数据中的公办幼儿园覆盖率44.1%，基本保持一致。其次，学前教育支出占人均家庭收入比重的均值达到49.7%，相较于2017年全国生均学杂费与人均可支配收入的比值（12.87%）较高，这可能源自于样本中非农业户口比重较低。从户籍来看，样本中非农业户口仅占20%，2010年第六次人口普查数据显示，非农业户口比重已达37.66%，与非农业户口占比较低相一致，样本中人均家庭收入的均值为12 632元，人均收入相对较低，使得学前教育支出占人均家庭收入的比重偏高，从而对分析结果产生一定影响。需要说明的是，二孩政策对不同户籍人口生育的影响并不确定。具体来说，从2011年11月各地全面实施双独二孩政策，2013年12月实施单独二孩政策，到2015年10月实施全面二孩政策，截至2018年，幼儿是否在户籍比重上发生变化并无相关证据佐证，因而断定样本存在取样偏颇是武断的。

从客观供给因素来看，生均校舍建筑面积从安徽的5.72平方米变化至上海的11.55平方米，均值为7.20平方米，低于《幼儿园建设标准》所规定的人均建筑面积，且各省市之间差异较大；幼儿园生师比从北京的8.92（最优）增至甘肃的17.72（最高），平均值为14.2，远高于《幼儿园教职工配备标准（暂行）》所规定的生师比标准，各省份间差异很大；园长及专任教师专科及以上学历比例，从江西的68.33%（最低）变化至上海的97.56%（最高）。

从被调查者急于结束调查的程度来看，均值为2.336，标准差为1.685；从整体来看，被调查者的调查配合程度比较高。由此反映CFPS问卷数据具有可靠性。

4.2.3 学前教育满意度的实证过程

1.有序多分类Logistic回归不满足比例优势假定模型

本书将对选用有序多分类Logistic回归模型不满足比例优势假定（Proportional Odds Assumption）的情况予以分析。之所以做此判断，原因有以下两点：

第一，似然比检验（LR test）结果证明学前教育满意度的相关数据不满足比例优势假定。首先，需要明确比例优势假定（平行性假定）的含义，它是指满意度包含的0~10共11个分类与模型包含的多个回归方程自变量的系数相等。换言之，在不同满意度水平下，各个自变量对满意度的影响是一致的。其次，在进行有序多分类Logistic回归之前，需要确认是否符合比例优势假定，通常选用似然比检验的方法予以判断。最后，在Stata14版本下通过gologit2命令进行似然比检验，结果见表4-6，由于Prob > chi2 = 0.0000，远小于0.05，说明不能拒绝原假设，即Non-proportional Odds模型可以更好地解释变量各个等级之间的关系。也就是说，学前教育满意度的有序多分类Logistic回归的Non-proportional Odds模型不会退化为有序多分类Logistic回归的Proportional Odds模型。

表4-6 **似然比检验结果**

Likelihood-ratio test（Assumption：A nested in B）	LR chi2（108）=289.31
	Prob > chi2 = 0.0000

资料来源：以表4-4给出的样本数据通过Stata14进行Logistic回归的似然比检验。

第二，就理论而言，对学前教育服务，适龄幼儿家长满意的因素与适龄幼儿家长不满意的因素之间存在不一致性，这一点可以通过赫兹伯格的双因素理论予以解释。传统的观点认为“满意”和“不满意”是受到某种因素决定的相互对立的情绪。也就是说，如果一类因素能够导致员工“满意”，那么这类因素缺失将必然导致员工的“不满意”，但赫兹伯格通过调查发现，影响员工“满意”因素的缺失并不会直接导致员工“不满意”，而是导致员工“没有满意”的情绪体验产生，使员工感到“不满意”的因素消除也不会必然导致员工的“满意”，只会导致员工“没有不满意”。在分析影响学前教育满意度的因素时已经强调过，学前教育的满意与不满意的影响因素不同，如学前教育供给的硬件设施，在供给不足时可能带来“不满意”，而在供给充足时可能带来“没有不满意”的情绪体验，学前教育公平可以消除适龄幼儿家长的不满意情绪体验，但不会带来满意。

从统计检验和理论两个方面证实分析有序多分类Logistic回归的Non-proportional Odds模型适合于学前教育满意度研究。

2.学前教育满意度实证结果

以有序多分类Logistic回归的Non-proportional Odds模型研究学前教育满意度，由“Prob> chi2 =0.0000”可知，从模型的统计意义来看，通过了联合显著性检验。具体回归结果见表4-7。

表4-7 学前教育满意度gologit2回归结果（Non-proportional Odds模型）

满意度	0	1	2	3	4	5	6	7	8	9
幼儿园类型	0.186** （2.43）	0.122* （1.71）	0.082 （1.25）	0.063 （0.95）	0.044 （0.65）	0.063 （0.68）	0.018 （0.18）	−0.135 （−1.06）	−0.087 （−0.55）	−0.175 （−0.92）
支出比重	−0.022 （−0.73）	−0.028 （−0.98）	−0.013 （−0.47）	−0.009 （−0.34）	0.003 （0.09）	0.016 （0.40）	0.003 （0.06）	−0.001 （−0.02）	−0.062 （−0.65）	−0.149 （−1.21）
性别	−0.006 （−0.09）	−0.024 （−0.34）	0.009 （0.14）	0.060 （0.93）	0.011 （0.17）	0.073 （0.82）	0.198* （1.96）	0.205* （1.68）	0.503*** （3.37）	0.527*** （2.97）
年龄	0.009*** （2.79）	0.010*** （3.62）	0.009*** （3.47）	0.010*** （3.87）	0.011*** （4.22）	0.024*** （7.17）	0.023*** （6.23）	0.022*** （5.17）	0.013** （2.17）	0.014** （1.99）
教育年限	−0.007 （−0.73）	−0.021** （−2.27）	−0.040*** （−4.70）	−0.052*** （−6.20）	−0.057*** （−6.53）	−0.056*** （−4.97）	−0.053*** （−4.18）	−0.055*** （−3.52）	−0.075*** （−3.93）	−0.083*** （−3.51）
户籍	−0.028 （−0.27）	−0.033 （−0.35）	−0.156* （−1.78）	−0.230** （−2.55）	−0.222** （−2.33）	−0.492*** （−3.52）	−0.485*** （−2.96）	−0.422** （−2.17）	−0.598** （−2.43）	−1.092*** （−3.07）
人均家庭收入	−0.022 （−0.43）	−0.025 （−0.53）	−0.079* （−1.79）	−0.062 （−1.42）	−0.054 （−1.21）	0.051 （0.88）	−0.002 （−0.02）	0.002 （0.02）	−0.020 （−0.19）	−0.123 （−0.94）

续表

满意度	0	1	2	3	4	5	6	7	8	9
生均校舍建筑面积	0.136** (2.30)	0.130** (2.44)	0.073 (1.58)	0.146*** (3.18)	0.133*** (2.84)	0.066 (1.04)	0.072 (1.00)	0.087 (1.04)	−0.208* (−1.85)	−0.180 (−1.35)
生师比	0.133*** (4.12)	0.115*** (3.85)	0.091*** (3.31)	0.089*** (3.21)	0.037 (1.30)	0.015 (0.39)	0.057 (1.26)	0.072 (1.37)	−0.168** (−2.35)	−0.212** (−2.55)
学历比例	−0.306 (−0.45)	−0.445 (−0.72)	0.088 (0.16)	−1.042* (−1.94)	−1.773*** (−3.21)	−0.105 (−0.14)	−0.442 (−0.55)	−1.446 (−1.48)	−1.828 (−1.40)	−1.473 (−0.95)
人均GDP	0.575*** (3.23)	0.473*** (2.82)	0.443*** (2.83)	0.216 (1.36)	−0.028 (−0.17)	−0.170 (−0.76)	−0.007 (−0.03)	−0.111 (−0.35)	−0.818** (−2.00)	−0.978** (−2.04)
配合程度	0.029 (1.36)	0.040** (1.96)	0.014 (0.77)	−0.012 (−0.66)	−0.041** (−2.10)	−0.039 (−1.48)	−0.059* (−1.90)	−0.070* (−1.86)	−0.187*** (−3.68)	−0.188*** (−3.16)
Constant	−7.959*** (−3.69)	−6.637*** (−3.28)	−5.923*** (−3.15)	−3.479* (−1.81)	0.230 (0.11)	−1.558 (−0.58)	−3.498 (−1.11)	−2.239 (−0.57)	11.743** (2.19)	14.325** (2.32)

注：***表示 $p<0.01$，**表示 $p<0.05$，*表示 $p<0.1$。“支出比重”表示学前教育支出占人均家庭收入的比重；“人均家庭收入”表示人均家庭收入的自然对数；“人均GDP”表示所属省份人均GDP的自然对数；“配合程度”表示急于完成问卷的程度。下表内的简称同理。

资料来源：根据CFPS、《中国教育统计年鉴》和《中国统计年鉴》的数据，用Stata14进行gologit2回归整理的结果。

4.3 学前教育满意度实证结果分析

构建模型分析学前教育满意度的影响因素，其核心是按照演绎的逻辑思维方式展开推演。为还原学前教育满意度的整体性，需要以归纳的逻辑思维方式，从学前教育的影响因素入手，结合现存事实对模型加以印证与解释，从而做到先从理论角度分解学前教育满意度的概念，再整合还原现实的学前教育满意度，进而增加理论的可信度。鉴于此，本书将探究学前教育政府与市场供给方式、学前教育成本政府与市场分担比例以及学前教育供给的客观因素对学前教育满意度的影响及原因，以此为基础进一步与事实依据结合，整合还原现实的学前教育满意度。

4.3.1 幼儿园类型对学前教育满意度的影响

1.举办公办幼儿园有助于降低不满意度，举办民办幼儿园有助于提高满意度

举办公办幼儿园有助于降低学前教育不满意的情绪体验。换言之，当学前教育满意度很低时，适龄幼儿就读于公办幼儿园比民办幼儿园更容易提高满意度。具体而言，由表4-7可知，当学前教育满意度为0和1时，幼儿园类型这一解释变量在统计上是显著的，且符号为正。结合表4-8可知，当学前教育满意度为0时，幼儿园类型的优势比（即OR值）为1.20，表明公办幼儿园与民办幼儿园相比，适龄幼儿家长获得更高满意度的可能性是获得不满意度（取值为0）可能性的1.2倍；当学前教育满意度为1时，优势比为1.13，表明公办幼儿园与民办幼儿园相比，适龄幼儿家长获得更高满意度的可能性是获得不满意度（取值为0和1）可能性的1.13倍，并在统计上显著。

举办民办幼儿园有助于提高适龄幼儿家长对学前教育服务满意的情绪体验。当学前教育满意度较高时，适龄幼儿就读于民办幼儿园比就读于公办幼儿园更容易提高满意度。具体而言，由表4-7可知，当学前教育满意度为7、8、9时，幼儿园类型这一解释变量的符号为负。结合

表4-8可知，当学前教育满意度为7时，幼儿园类型的优势比为0.87，表明公办幼儿园与民办幼儿园相比，适龄幼儿家长获得更高满意度（取值为7及以上）的可能性是获得较低满意度（取值为0~6）可能性的0.87倍；当学前教育满意度为8或9时，优势比分别为0.92和0.84，表明适龄幼儿家长选择民办幼儿园比选择公办幼儿园获得满意度的可能性更大，只是此时幼儿园类型变量在统计上不显著。

表4-8 **幼儿园类型对满意度的影响**

满意度	Odds Ratio	Std.Err.	z	P>|z|	[95% Conf.Interval]	
0						
幼儿园类型	1.20448	0.920848	2.43	0.015	1.036868	1.399187
1						
幼儿园类型	1.130136	0.0808627	1.71	0.087	0.9822597	1.300276
7						
幼儿园类型	0.8733849	0.1111578	-1.06	0.287	0.6805674	1.120831
8						
幼儿园类型	0.9168209	0.1442128	-0.55	0.581	0.6735866	1.247888
9						
幼儿园类型	0.8397983	0.1586103	-0.92	0.355	0.5799773	1.216015

资料来源：根据CFPS和《中国教育统计年鉴》、《中国统计年鉴》的数据，用Stata14进行gologit2回归整理的结果。

2.与满足比例优势假定模型对比验证并分析原因

幼儿园类型对学前教育满意度的影响，可以与有序多分类Logistic回归满足比例优势假定模型的回归结果对比，得到进一步验证。假设满足比例优势假定，即假定在不同满意度水平下，不同幼儿园类型对满意度的影响是相同的，在此基础上进行有序多分类Logistic回归，结果见表4-9。结果显示，在学前教育满意度模型中幼儿园类型这一变量在统计上不再显著。同时，模型估计的优势比变为1.09，即公办幼儿园与民办幼儿园相比，适龄幼儿家长获得更高满意度的可能性相差不大。

表4-9　　学前教育满意度gologit回归结果

满意度	Odds Ratio	Std.Err.	z	P>|z|	[95% Conf.Interval]	
幼儿园类型	1.092567	0.062443	1.55	0.121	0.976787	1.22207
支出比重	0.98744	0.024238	-0.51	0.607	0.94106	1.036107

注：***表示 p<0.01，**表示 p<0.05，*表示 p<0.1。

资料来源：根据CFPS、《中国教育统计年鉴》和《中国统计年鉴》的数据，用Stata14 进行gologit回归整理的结果。

需要注意的是，该结论成立的前提是比例优势假定成立，即在不同满意度水平下，幼儿园类型对学前教育满意度的影响相同，但理论上并不相同。具体而言，公办幼儿园的举办主要是从教育公平的角度，为公众提供基本质量标准的学前教育服务，当公办幼儿园供给不足时，部分适龄幼儿甚至无法获取基本质量标准的学前教育服务，将对学前教育供给产生不满意的情绪体验，而一旦增加公办幼儿园学位供给，这部分家庭的不满意程度将降低。简言之，当学前教育满意度水平较低时，增加公办幼儿园学位供给将降低学前教育不满意的情绪体验。相较而言，民办幼儿园举办的最终目的是满足学前教育多样且不断更新的需求，为其提供高质量的学前教育服务。所以，当这部分家庭已经得到高质量的学前教育，民办幼儿园可以通过进一步提高学前教育质量来提升适龄幼儿家长的满意度。简言之，当学前教育满意度水平较高时，选择民办幼儿园更利于提高满意度。

需要说明的是，在满足比例优势假定模型的回归处理时，其实是在前述模型的不同满意度下，将幼儿园类型对学前教育满意度的正向与负向影响对冲了。这从侧面印证了举办公办幼儿园有助于降低适龄幼儿家长对学前教育服务不满意的情绪体验，必定存在举办民办幼儿园有助于提升适龄幼儿家长满意的情绪体验的事实。

4.3.2　学前教育支出占收入的比重对满意度的影响

1.学前教育支出占收入的比重降低，有利于提高满意度

减轻学前教育成本家庭负担的经济压力，有助于提高学前教育满意

度。换言之，当学前教育支出占人均家庭收入的比重越高时，适龄幼儿家长的满意度提升的可能性就越低。具体来说，表4-7中模型回归结果显示，学前教育支出占人均家庭纯收入比重这一变量的系数基本为负值，说明提高学前教育成本家庭负担比例，幼儿家庭学前教育满意度降低的可能性更大。结合表4-9可知，当满意度为0时，优势比为0.98，说明了当家庭负担比例提高时，适龄幼儿家长获得更高满意度的可能性是获得不满意的情绪体验（取值为0）可能性的0.98倍，即适龄幼儿家长更可能获得不满意的情绪体验，但是学前教育支出占收入比重这一变量在统计上并不显著。

2.收入对学前教育满意度的影响及其原因分析

学前教育支出占人均家庭收入比重这一变量在所构建的模型中不显著，需要增加维度予以分析。鉴于这一变量是学前教育支出与人均家庭收入的复合指标，通过分解学前教育成本家庭负担的经济压力这一指标，分析收入对学前教育满意度的影响，目前涉及收入的指标有两类，包括微观数据人均家庭收入和宏观数据人均GDP，见表4-10。

表4-10 学前教育支出占收入的比重对满意度的影响

满意度	Odds Ratio	Std.Err.	z	P>|z|	[95% Conf.Interval]	
0						
支出比重	0.9785359	0.0291068	-0.73	0.466	0.9231186	1.03728
人均家庭收入	0.9780526	0.0499794	-0.43	0.664	0.8848405	1.081084
人均GDP	1.777185	0.3160445	3.23	0.001	1.254179	2.518288
1						
支出比重	0.9726241	0.0276153	-0.98	0.328	0.9199776	1.028283
人均家庭收入	0.9748837	0.0469725	-0.53	0.598	0.8870328	1.071435
人均GDP	1.604951	0.2689419	2.82	0.005	1.155648	2.228937

续表

满意度	Odds Ratio	Std.Err.	z	P>|z|	[95% Conf.Interval]	
2						
支出比重	0.9871012	0.0270444	-0.47	0.636	0.9354931	1.041556
人均家庭收入	0.9242664	0.0407184	-1.79	0.074	0.8478083	1.00762
人均GDP	1.557095	0.2436233	2.83	0.005	1.145872	2.115895
8						
支出比重	0.9400283	0.0892719	-0.65	0.515	0.7803773	1.132341
人均家庭收入	0.9804277	0.1008479	-0.19	0.848	0.8014197	1.199419
人均GDP	0.4412422	0.1801766	-2	0.045	0.1981973	0.9823274
9						
支出比重	0.8617079	0.1056372	-1.21	0.225	0.6776585	1.095745
人均家庭收入	0.8841144	0.1161398	-0.94	0.348	0.6834271	1.143733
人均CDP	0.3759249	0.1799707	-2.04	0.041	0.1470943	0.9607409

资料来源：根据CFPS、《中国教育统计年鉴》和《中国统计年鉴》的数据，用Stata14进行gologit2回归整理的结果。

首先，分析人均家庭收入对学前教育满意度的影响。人均家庭收入的提高降低了学前教育满意度提升的可能性，这一点可从表4-7的人均家庭收入的回归系数为负值这一信息中推导得到。具体而言，由表4-10可知，当满意度为0时，人均家庭收入的优势比为0.98，说明当人均家庭收入提高时，适龄幼儿家长获得更高满意度的可能性是获得不满意的情绪体验（取值为0）可能性的0.98倍。换言之，当提高人均家庭收入时，学前教育满意度反而呈现下降的趋势，但人均家庭收入变量对学前教育满意度的影响在统计上并不显著，且与理论不符。理论上，当其他条件不变，且对当前学前教育服务感到非常不满意时，随着收入水平的提高，幼儿家长购买力增强，支付更高质量水平的学前教育服务的能力增强，即使学前教育满意度没有显著提高，但至少不会进一步降低，所以该部分结果与理论不相符。与理论不符需要深挖原因，可以从数据获取渠道加以阐释，由于人均家庭收入数据的获取是由个人自我汇报的，且收入属于个人隐私，因此有理由怀疑自我汇报的人均家庭收入的真实性。因而需要考虑利用其他渠道获取数据加以验证。

其次，分析人均GDP对学前教育满意度的影响。从数据的获取渠道来看，该变量数据并非来自被调查者的自我汇报，而是来自统计局相关数据核算的结果，借此校正收入对学前教育满意度的影响。

提高人均GDP水平，有助于降低学前教育不满意的情绪体验。换言之，当学前教育满意度水平很低时，提高人均GDP水平可以提高满意度。具体来说，由表4-7可知，当学前教育满意度为最低（取值为0、1和2）时，人均GDP这一变量在统计上是显著的，且变量的系数为正。结合表4-10可知，当学前教育满意度水平为0（1或2）时，优势比为1.78（1.60或1.56），这说明当人均GDP的自然对数提高一单位时，适龄幼儿家长获得更高的学前教育满意度的可能性是获得不满意可能性的1.78倍（1.60倍或1.56倍）。

提高人均GDP水平，不会进一步提升适龄幼儿家长对已经达到较高学前教育满意度水平的情绪体验，此时应当改变影响学前教育满意度的其他因素。换言之，当学前教育满意度水平已经达到较高水平时，提高人均GDP不能达到提升满意度的目的。具体来说，由表4-7可知，当学前教育满意度为最高（取值为8和9）时，人均GDP这一变量在模型中是显著的，且变量系数为负。结合表4-10可知，当学前教育满意度水平为8时，优势比为0.44，即当人均GDP的自然对数提高一单位，适龄幼儿家长获得更高学前教育满意度（取值为9或者10）的可能性是获得相对较低满意度（8及以下）可能性的0.44倍，即可获得更低的满意度。

从理论上分析人均GDP对学前教育满意度的影响，当学前教育满意度很低时，说明当前学前教育的供给尚无法满足基本质量的学前教育需求，因而产生不满意的情绪体验，而提高人均GDP，等价于增强幼儿家庭对学前教育服务的购买能力，通过购买能力的提高来获得基本质量标准的学前教育服务，从而降低不满意的情绪体验；当学前教育满意度已经处于较高水平时，说明当前学前教育的客观供给已经满足了基本质量的学前教育需求。然而，人均GDP提高在增强幼儿家庭购买力的同时，无法提高满意度。原因在于当前学前教育供给无法提供充足的满足更高质量标准的学前教育服务。具体而言，在当前私立学前教育市场规范并未完全建立的背景下，特别是近年频发的大型连锁民办幼儿园虐童事件，使得民办幼儿园发展受限，同时政府对优质公办幼儿园的过度投入，使获得财政投入支持的公办幼儿园挤压民办幼儿园的生存空间，民办幼儿园发展不充分，无法满足高质量学前教育需求，从而出现当人均GDP增加时，满意度提高的可能性反而呈现下降的趋势。

用以揭示满意度水平较高时，人均GDP比重提高反而降低了满意度提升的可能性，这时可以通过使用宏观数据家庭负担学前教育成本占人均GDP比重替换微观数据学前教育支出占家庭收入比例。但是，由于无法获得匹配年份（2018年）的数据，因此可以在之后年度予以辅助回归验证。

4.3.3 学前教育客观供给因素对学前教育满意度的影响

1.幼儿园生均校舍建筑面积对满意度的影响

增加幼儿园生均校舍建筑面积有助于降低学前教育不满意的情绪体验。当学前教育满意度较低时，增加幼儿园生均校舍建筑面积更容易提高适龄幼儿家长的满意度。具体来说，由表4-7可知，当学前教育满意度为0、1、3、4时，生均校舍建筑面积这一解释变量在统计上是显著的，且符号为正。结合表4-11可知，当学前教育满意度为0时，生均校舍建筑面积的优势比为1.15，说明生均校舍建筑面积每增加一单位，适龄幼儿家长获得更高学前教育满意度的可能性是获得不满意（取值为0）可能性的1.15倍；当学前教育满意度为1、3、4时，也有类似的结论，且生均校舍建筑面积变量在统计上显著。

增加幼儿园生均校舍建筑面积，不会进一步提升适龄幼儿家长对学前教育服务比较满意的情绪体验。当适龄幼儿家长的学前教育满意度已达到较高水平时，借以增加生均校舍建筑面积的方式，不能达到将满意度提升到更高层次的目的。具体来说，由表4-7可知，当学前教育满意度取值为8时，生均校舍建筑面积在模型中是显著的，且变量系数为负。结合表4-11可知，当学前教育满意度水平为8时，生均校舍建筑面积的优势比为0.81，即当生均校舍建筑面积每增加一单位，适龄幼儿家长获得更高学前教育满意度（取值为9或者10）的可能性是获得相对较低满意度（8及以下）可能性的0.81倍，即适龄幼儿家长获得更低学前教育满意度的可能性更大。

表4-11 **学前教育客观供给对满意度的影响**

满意度	Odds Ratio	Std.Err.	z	P>|z|	[95% Conf.Interval]	
0						
生均校舍建筑面积	1.145528	0.0676897	2.3	0.021	1.020253	1.286185
生师比	1.142199	0.0368374	4.12	0	1.072234	1.21673
学历比例	0.7363648	0.499131	−0.45	0.652	0.1950393	2.780123
1						
生均校舍建筑面积	1.139309	0.0608484	2.44	0.015	1.026078	1.265035
生师比	1.121967	0.0335288	3.85	0	1.058139	1.189645
学历比例	0.6409143	0.3939807	−0.72	0.469	0.192111	2.138197
2						
生均校舍建筑面积	1.075964	0.0498118	1.58	0.114	0.9826326	1.178159
生师比	1.094993	0.0300228	3.31	0.001	1.037702	1.155446
学历比例	1.091748	0.5899381	0.16	0.871	0.3785872	3.148318
8						
生均校舍建筑面积	0.8125552	0.0912029	−1.85	0.064	0.652097	1.012496
生师比	0.8451858	0.06054	−2.35	0.019	0.7344823	0.9725749
学历比例	0.1607089	0.2095556	−1.4	0.161	0.0124773	2.069952
9						
生均校舍建筑面积	0.835172	0.1112795	−1.35	0.176	0.6432216	1.084404
生师比	0.8091109	0.0673098	−2.55	0.011	0.6873799	0.9523999
学历比例	0.2291529	0.3549558	−0.95	0.342	0.0110058	4.771215

资料来源：根据CFPS、《中国教育统计年鉴》和《中国统计年鉴》的数据，用Stata14进行gologit2回归整理的结果。

综合分析，当学前教育满意度水平比较低时，可以通过增加硬件投入来改变不满意状态，但是当学前教育满意度已经达到较为满意的水平时，继续增加硬件投入反而会加大满意度下降的风险。换言之，学前教育不满意的可能性与硬件投入不足有关，而学前教育满意程度进一步提高需要考量其他因素的影响。

2.幼儿园生师比对满意度的影响

适当提高幼儿园生师比有助于降低适龄幼儿家长对学前教育服务不满意的情绪体验。换言之，当学前教育满意度较低时，提高幼儿园生师比更容易提高满意度。具体来说，由表4-7可知，当学前教育满意度为0、1、2、3时，幼儿园生师比这一变量在统计上是显著的，且变量系数为正。结合表4-11可知，当学前教育满意度为0时，幼儿园生师比的OR值为1.14，说明幼儿园生师比每提高一单位，适龄幼儿家长获得更高学前教育满意度的可能性是获得不满意（取值为0）可能性的1.14倍；当学前教育满意度为1、2、3时，也有相似结论，且幼儿园生师比变量在统计上显著。

增加幼儿园生师比不会进一步提升适龄幼儿家长较高水平的学前教育满意度。换言之，当学前教育满意度已达到较高水平时，需要降低幼儿园生师比来促进学前教育满意度的提升。具体来说，由表4-7可知，当学前教育满意度取值为8或9时，幼儿园生师比这一变量是显著的，且变量系数为负。结合表4-11可知，当学前教育满意度水平为9时，幼儿园生师比的OR值为0.81，即幼儿园生师比每增加一单位，适龄幼儿家长获得满意度的可能性是获得较低满意度（9及以下）可能性的0.81倍，即适龄幼儿家长可获得更低的学前教育满意度。

总体而言，幼儿园生师比是这样一类变量：首先，当学前教育满意度较低时，提高幼儿园生师比可以降低适龄幼儿家长不满意的情绪体验，原因在于提高幼儿园生师比是在学前教育供给有限时扩大学位供给的权宜之计，因而适龄幼儿家长通过忍受幼儿园生师比提高的代价以换取入园机会。换言之，作为理性消费者的适龄幼儿家长，权衡因获得入园机会而提升的效用水平与因班额扩大而降低的效用水平，作出选择提高幼儿园生师比换取入园机会以最大化自己的效用水平。其次，当学前教育满意度较高时，提高幼儿园生师比将会降低满意度，原因在于适龄幼儿家长对学前教育服务的满意度已经达到较高水平，说明适龄幼儿已经获得基本质量标准的学前教育入园机会，此时提高幼儿园生师比，将导致教师对幼儿的平均关注时间减少，进而使得适龄幼儿家长的满意度水平下降。

3.幼儿园园长和专任教师专科及以上学历比例对满意度的影响

降低幼儿园园长和专任教师专科及以上学历比例，有助于提高适龄幼儿家长的学前教育满意度。具体来说，由表4-7可知，幼儿园园长和专任教师专科及以上学历比例这一变量的系数为负，且在满意度取值为3和4时，在统计上显著。结合幼儿园园长和专任教师专科及以上学历比例的OR值，当满意度为3时，OR值为0.35，说明当幼儿园教师学历比例每提升一单位，适龄幼儿家长对学前教育获得更高满足程度（满意度取值大于3）的可能性是取得较低满意度（满意度取值小于等于3）可能性的0.35倍，即适龄幼儿家长获得更低学前教育满意度的可能性更大。从模型来看，即使适龄幼儿家长对学前教育服务的满意度已经达到较高水平，但该变量的系数仍为负值，这说明当前幼儿园教师的学历并不被适龄幼儿家长所重视。

4.3.4 基于学前教育满意度影响因素的政策取向

基于学前教育满意度模型的统计检验以及赫兹伯格的双因素理论分析，本书实证分析了影响适龄幼儿家长对学前教育服务满意与不满意的因素之间存在的差异。鉴于此，以下将进一步分类梳理降低学前教育不满意的因素与提高学前教育满意度的因素，并试图从学前教育服务需求方的角度提供完善我国学前教育政府和市场供给的建议。

1.降低学前教育不满意程度的因素分析

基于实证结果的分析，总结降低适龄幼儿家长对学前教育服务不满意程度的因素，具体包括：增加公办幼儿园学位供给、降低学前教育成本家庭负担比重、增加幼儿园生均校舍建筑面积、提高幼儿园生师比、降低幼儿园园长和专任教师专科及以上学历比例。综合上述因素，可知降低适龄幼儿家长对学前教育服务的不满意程度与增进教育公平密切相关。具体来说，基于CFPS问卷数据构建的学前教育满意度模型所反映的学前教育供给的客观因素对学前教育满意度的影响趋势，与当前学前教育供给不足的现状相匹配，折射出在适龄幼儿家长对学前教育价值认知有限的背景下，学前教育质量对教育公平所做的权衡妥协，以下将对此展开进一步的探讨。

当学前教育满意度比较低时，增加公办幼儿园学位供给、降低学前教育成本家庭负担比重。从基本表征来看，首先，增加公办幼儿园学位供给是对“入园难”问题的回应。之所以做此结论，是因为政府分担部分学前教育成本使得公办幼儿园的保育费相对低廉，且因有政府作为信用依托而被适龄幼儿家长认为公办幼儿园提供的学前教育服务有基本质量保障。其次，降低学前教育成本家庭负担比重是对“入园贵”问题的回应。从本质上来讲，对学前教育供给不满意的群体主要是尚未按照公办幼儿园收费标准满足基本质量标准的适龄幼儿家庭，而增加公办幼儿园学位供给、降低学前教育成本家庭负担比重，旨在为所有适龄幼儿家庭提供公平且有基本质量保障的学前教育入园机会。

在当前学前教育供给不足的背景下，为创造公平的学前教育入园机会，在教育质量方面所做的权衡只能是重视硬件投入、忽视软件保障。具体而言，从学前教育的客观供给因素来分析：首先，降低适龄幼儿家长对学前教育服务不满意程度，表现为增加硬件设施的保障，如增加幼儿园生均校舍建筑面积，可以降低适龄幼儿家长的不满意程度；其次，降低学前教育不满意程度，表现为权衡软件的投入，如幼儿园生师比适度增加、专任教师和园长专科及以上学历比例适度降低，可以使适龄幼儿家长对学前教育不满意程度下降。简而言之，学前教育供给不足时，适龄幼儿家长为获取入园机会，更为关注幼儿入园的硬件设施，而忽视学前教育质量的软件保障。

需要关注的一点是，学前教育师资队伍作为学前教育质量的重要保障，却为保障适龄幼儿的入园机会而让位，这虽然是适龄幼儿家长的权衡取舍，但是不利于学前教育的可持续发展。因此，需要外部干预予以纠正。

2.提高学前教育满意度的因素分析

据前文分析可知，当适龄幼儿家长对学前教育服务已经达到比较满意的水平时，可以进一步提升学前教育满意度的因素包括：增加民办幼儿园的学位供给、降低学前教育成本家庭负担比重、减少幼儿园生均校舍建筑面积、降低幼儿园生师比、降低幼儿园园长和专任教师专科及以上学历比例。需要强调的是，学前教育满意程度较高，代表适龄幼儿家长对基本质量标准的学前教育需求已经得到满足。因此，可以推断促进学前教育满意度进一步提高的因素，与满足适龄幼儿家长对学前教育服务的多样化需求相挂钩。

为满足对学前教育服务的多样化需求，适龄幼儿家长更倾向于选择民办幼儿园，具体到学前教育供给的客观因素层面，适龄幼儿家长重视软件保障的趋势已经显现。具体而言，首先，当学前教育满意度较高时，硬件配备已经达到适龄幼儿家长的需求，如果继续增加硬件投入将推高保育费，进而使得适龄幼儿家长的满意度降低。其次，在学前教育质量方面，学前教育满意度水平较高，说明适龄幼儿家长已从为争取入园机会而被动接受较高幼儿园生师比的困境走出，因而更为迫切地希望幼儿园生师比降低，使幼儿可以得到教师足够的关注。

在学前教育师资队伍方面，适龄幼儿家长更关注学前教育教师的数量而非质量。具体而言，适龄幼儿家长关注教师数量体现为，学前教育满意度随幼儿园生师比下降而提高，即幼儿园生师比下降，代表教师数量配备更为充足，适龄幼儿家长满意度提升的可能性更高。与此同时，适龄幼儿家长不关注教师质量体现为，学前教育满意度随园长和专任教师专科及以上学历比例的下降而提高，即园长和专任教师专科及以上学历比例下降，教师的学历资格提高，却无益于适龄幼儿家长对学前教育服务满意度的提升。这正呼应了学前教育供给突出问题的定性分析中学前教育师资队伍建设的问题，即适龄幼儿家长对学前教育教师不合理的角色期待，仅要求照顾好孩子，而忽视教师的专业资格水平，进而导致幼儿教师的“教师”身份属性渐衰。

需要特别注意的是，学前教育师资队伍的质量作为学前教育质量保证的核心环节，却因为适龄幼儿家长的不合理偏好而被忽视，进而对幼儿园管理者以及学前教育市场产生不合理的导向作用，影响学前教育的长远发展，其内在机制在第3章已详细阐释，此处不再赘述。所以，帮助适龄幼儿家长增进对学前教育价值的了解，帮助教师增进对学前教育的专业认知，仍需外部干预。

3.降低学前教育不满意度、提升学前教育满意度的政策取向

从教育公平的角度来看，保证幼儿享有基本质量标准的学前教育是降低学前教育不满意的关键。依据模型的结果，从政府与市场分工的角度，应当增加以政府供给为表征的公办幼儿园学位供给，提高学前教育成本政府分担比例。具体体现为，学前教育供给的其他客观因素的组合，应增加幼儿园生均校舍建筑面积，同时为实现学前教育的可持续发展，将幼儿园师资队伍的配备维持在能够提供基本质量标准学前教育服务的水平。

满足高质量的学前教育需求，是进一步提高学前教育满意度的关键。依据模型的结果，从政府与市场分工的角度来看，需增加以市场供给为表征的民办幼儿园学位供给。具体体现为，学前教育供给的其他因素的配置，应遏制幼儿园校舍面积的过度扩张，增加幼儿园教师数量，同时通过政府干预，提高幼儿教师的“教师”身份属性。

综上所述，无论是从学前教育服务的供给角度分析我国学前教育供给中的突出问题，还是从学前教育服务的需求角度分析适龄幼儿家长的满意度问题，都表明当前我国学前教育政府与市场供给在效率与公平方面都有较大的提升空间。鉴于此，基于学前教育供给中突出的问题以及学前教育满意度影响因素的剖析，仍需以提高学前教育资源配置效率以及增进教育公平为目标，构建教育成本分担机制，促进学前教育的长远发展。

5　我国学前教育成本分担的机制

合理清晰划定学前教育供给政府事权、完善学前教育成本分担机制，是解决我国学前教育供给中的突出问题以提升适龄幼儿家长学前教育满意度的重要途径。鉴于此，本章将试图在划分学前教育政府与市场职能并进一步明确各级政府事权的基础上，探究科学核算学前教育成本的方法，构建包含政府和市场成本分担以及各级政府成本分担的学前教育成本分担机制。

5.1　学前教育政府与市场职能分工

学前教育政府与市场职能分工的前提是明确分工原则。而学前教育供给作为一项公共政策，资源配置角度的效率原则和收入分配角度的公平原则可为学前教育政府与市场职能分工提供理论依据。具体而言，效率原则要求学前教育政府与市场分工，在保证学前教育质量基础上，实现学前教育资源的有效配置，在经济学上称之为帕累托效率，但因生产效率、交换效率和产品组合效率较难量化，通常以最低成本获取最高收益加以简化。进一步地，公平原则要求学前教育政府与市场分工，应当从起点公平角度考虑学前教育的入园机会均等，从过程公平角度考虑营造公平的公办园与民办园竞争的市场竞争环境，从结果公平角度考量地区之间、城乡之间的统筹问题。需要强调的一点是，效率原则与公平原则是建立在学前教育准公共产品的产品属性基础之上的。

5.1.1 学前教育政府制度规划设计功能

1）政府承担学前教育顶层设计职能

权衡效率与公平原则，中央政府对学前教育的发展目标应立足于当前的经济发展水平和政府财力水平现状以及适龄幼儿人口预测，将政府学前教育发展的主基调定位于“广覆盖、保基本”，保证适龄幼儿的入园机会，而非跨越经济发展阶段不切实际地提出“高质量、均等化”发展目标，同时允许各省级政府在自有财力充足的前提下提高学前教育发展目标。

从效率角度而言，政府将学前教育定位于“保基本”，以此为政府和市场分工划定界限，政府负责提供的学前教育服务是为适龄幼儿所提供的满足基本质量标准的服务，学前教育较高层级的需求满足应当划归于市场。这源自学前教育的准公共产品属性，高层次的学前教育需求具有收益的排他性，为使学前教育资源有效配置，满足该类需求的学前教育服务应当由市场供给。从公平角度而言，政府将学前教育定位于“广覆盖”，保证适龄幼儿公平享有入园机会，正是起点公平的体现。

“广覆盖、保基本”的定位应与当前经济发展水平和政府财力水平相匹配，并受到适龄幼儿人口规模的制约。这体现在，首先，我国经济发展已从高速发展阶段转入新阶段，国内生产总值增速放缓带来财政支出增速降低，受政府财力增长限制，国家财政性教育经费增长速度自2013年陷入低迷，国家财政性教育经费增长不足将限制学前教育政府投入规模的扩张。其次，据李玲等（2018）预测，由于二孩政策的全面实施，2022年我国城镇在园幼儿数将达到峰值，较2016年增加1 738.87万人，适龄幼儿规模的扩张成为政府实现“广覆盖、保基本”目标的一项挑战。

各省级政府在自有财力充足的前提下，可适当提高学前教育发展目标，其依据在于：首先，中央政府制定“广覆盖、保基本”的发展目标，设置基准底线，是为统筹解决学前教育省级政府层面发展不均衡问题，承担各省学前教育发展的兜底责任；其次，省级政府设置各省内的发展目标，统筹解决省域内学前教育发展的不均衡问题。进一步地，依据自身财力提高学前教育发展目标的可行性和合理性在于，随着经济发展水平和个人收入水平的提升，辖区公众对学前教育基本质量要求的提升为提高发展目标提供需求，而收入提升带来的地方政府税收收入增多为政府提高发展目标提供财力支持。从需求和供给角度来看，省级政府提高发展目标是可行的，在此过程中，有利于促成经济发展与学前教育质量水平提升的良性互动。

但我国学前教育顶层设计存在缺乏强制力保证实施的问题。依据前文分析，学前教育领域政府政策文件层级较低，缺乏法律层级的强制力，导致政策落实不到位。目前学前教育领域最高层级的政策文件是1989年制定的《幼儿园管理条例》，较近的是2018年颁布的《中共中央国务院关于学前教育深化改革规范发展的若干意见》。实际政策实施中给予高质量的示范园以更多倾斜性补贴、压缩普通公办幼儿园以及普惠性民办幼儿园的财政扶持力度导致公办学位供给减少的做法，事实上是与政策文件的初衷相背离的，这主要是因为政策文件层级过低，缺乏强制力保证中央政府所设发展目标的实现。

2）政府承担学前教育制度设计职责

从效率和公平角度而言，稳定而合理的制度供给，有助于良好市场环境的营造，并有利于进一步促进政府机制和市场机制协调发挥作用。相关制度包括学前教育质量标准、课程标准、质量监督与评价制度以及教师队伍建设保障机制。

第一，制定学前教育质量标准是政府制度建设的基础环节。原因在于学前教育质量标准是师资队伍培养的依据，同时也是质量监督与评估的基础。

学前教育质量标准的设定，是在完善的课程建设基础之上，将幼儿培养目标具体化为可操作的质量评价标准的过程。目前我国学前教育质量标准建设还存在以下问题：首先，相较于新西兰以培养幼儿学习倾向和提升工作能力为目标，在健康、交流、归属、贡献和探索五个领域，遵从授权、全面发展、家庭和社区以及联系四大原则所设计的以幼儿为中心的课程标准，我国教育部2012年发布的《3-6岁儿童学习与发展指南》以教师和家长的教育方式为核心设置了围绕健康、语言、社会、科学和艺术五个领域的幼儿发展目标，缺乏以幼儿为中心的各教育主体合作关系建设。其次，相较于英国连续四次修改完善学前教育质量标准，最终形成包含个人、社会和情感的发展、数学、识字、表达艺术和设计以及对世界的理解七大领域和十七个子目标的质量标准体系，我国学前教育质量标准缺乏可操作性。

第二，政府应承担建设学前教育教师队伍保障机制的职责。原因在于：首先，学前教育师资队伍的培养是保证教育质量的重要基石；其次，我国学前教育存在师资严重匮乏，且幼儿教师职业发展受限、薪酬待遇低且不公、“教师”身份属性渐衰的现实问题；最后，市场机制失灵，表现为幼儿教师工资未能依照完全竞争市场的供给减少需求增多而提高，进而无法依靠市场机制吸引人才，而民办幼儿园所有者出于经济动机迎合家长较低的学前教育期待，使得幼儿园教师的专业属性难以提升。现实问题的棘手以及市场机制的失灵碰撞出对政府建设学前教育教师队伍保障机制极为强烈的需求。

学前教育教师队伍建设保障体制是从专业人才培养到入职后权益保障的系统工程，包含相关院校培养学前教育专业人才、设置全方位的入职资格标准、新教师入职指导制度和在职教师的权益保障制度。目前我国学前教育教师队伍建设的制度还处于碎片化状态，已制定资格认定标准和公办幼儿园教师编制标准，但缺乏学前教育专业人才培养制度、新教师入职指导制度和包含民办幼儿园教师在内的权益保障制度，尚未形成有效激励学前教育师资发展的闭环系统。

第三，政府应当建立有效的质量监督、评价与公开制度。原因在于：适龄幼儿家长在做择园决策时，处于信息不对称的弱势一方，信息不对称可能导致“劣币驱逐良币”的问题，进而使得学前教育供给中市场机制与政府机制无法发挥正向作用，这也是近年频发幼儿园虐童事件的原因之一。因此，应通过建立有效的质量监督、评价与公开制度，保证适龄幼儿家长在信息相对充分的条件下做出理性选择，促进幼儿园之间的良性竞争。

5.1.2 学前教育供给中市场机制的作用

1）满足学前教育当期多样化的需求

从资源配置的效率角度，与政府提供满足适龄幼儿基本质量需求的学前教育产品相对应，市场机制用以满足高质量的学前教育需求。这主要表现在：首先，从需求角度而言，幼儿家长对高质量学前教育的购买意愿和购买能力都在增强，具体表现为，幼儿家长的购买意愿体现在对学前教育认知的提升，特别是受学前教育理论的广泛传播影响，如蒙氏教育方法、瑞吉欧教育理论和多元智能教育理论等，个人收入的提高增强了对高质量学前教育的购买能力。其次，从供给角度而言，与以政府机制为表征的公办幼儿园相比，以市场机制为表征的民办幼儿园，因为存在经济激励和竞争压力，对市场供给和需求信息更为敏感，因而具有天然优势提供规格、形式和内容多样的学前教育产品以满足多样化需求。

市场机制能够充分发挥其灵活满足多样性需求的作用的前提是，政府充分满足基本质量标准的需求，并制定完善的制度作为保障，如前文所述的学前教育质量标准、师资队伍建设保障机制、质量监督评价和公开制度。举例而言，现实中大量“黑园”的存在使得学前教育质量难以控制，“黑园”产生的根本原因在于：提供基本质量标准的公办幼儿园学位供给不足，基本质量需求未被充分满足，与受惠于大量财政补贴的公办幼儿园相比，民办幼儿园因成本差异无力与之竞争而选择无证办园，加之质量监督评价和公开制度缺失令无证办园成为可能。更进一步，公办幼儿园学位供给在政府财力限制下无法及时配备，导致无证办园行为屡禁不止。

2）在不同时期和不同条件下，满足不断升级的学前教育高标准需求

学前教育需求随经济发展水平和个人收入水平的提升而不断升级，

市场机制发挥不断提升质量满足新需求的功能。市场机制之所以能够促进学前教育质量的提高，原因在于：提高学前教育质量有助于民办幼儿园获取更高利润。这表现在：学前教育质量与民办幼儿园收费直接挂钩，当有众多民办幼儿园质量趋于一致时，市场结构接近完全竞争市场，民办幼儿园成为价格接受者，盈利空间缩小，而差异化服务是其提升市场竞争力，成为价格制定者，扩大盈利空间的重要选择。当质量标准成为适龄幼儿家长择园考量的重要因素时，民办幼儿园将选择提高质量以提高产品差异化。适龄幼儿家长通过学前教育质量评估，获取学前教育质量提升的信息，依照自己的需求以及经济承受能力选择适合自身质量水平需求的幼儿园，从而给予民办幼儿园提高学前教育质量合理的经济激励。

市场机制发挥学前质量不断提升，满足高标准需求升级作用的前提是，保证完善的质量监督评价和公开制度供给基础上，减少政府收费干预，确保民办幼儿园有充足的盈利空间。现实中，因缺乏质量监督评价和公开制度，幼儿家庭无法获取充分信息对幼儿园收费价格高低加以权衡，加之政府一刀切地规定限制民办幼儿园过高收费，使得民办幼儿园盈利空间缩小。在未进行质量评估的基础上，“过高”收费并没有标准，结果就是，通过政府管制切断教育质量与收费的关系，压缩了民办幼儿园经营者的盈利空间，使得市场机制中质量提升的促进作用无法展现。

5.2 学前教育各级政府事权划分

学前教育事权属于行政范畴，是一级政府应当承担的学前教育决策、实施和监管职责。划分学前教育各级政府事权，仍应基于效率原则与公平原则。具体而言，从效率原则出发，考量学前教育作为准公共产品的有效配置与质量提升，将行政事权中的学前教育产品提供的运作与管理职责归于地方政府；从公平原则出发，考量学前教育的经济外部性和社会外部性属性以及省域间经济发展的异质性，将行政事权中的学前教育统筹职责和立法权归于中央政府。

5.2.1 中央政府事权

中央政府的事权包括：全国层面的学前教育总体规划和制度供给职能，以及省级政府层面的统筹职能和学前教育立法职能。第一项职能已经在政府事权中详细说明，以下将着重说明省级政府层面的统筹职能和学前教育立法职能。

1）学前教育省级政府层面的统筹职能

中央政府应承担学前教育省级政府层面的统筹职能，原因在于：首先，学前教育具有经济外部性和社会外部性，加之我国城镇化发展水平进一步提高，流动人口规模扩张，地方政府承担的教育成本与所获得的教育收益不对等，这将弱化人口流出地区政府的学前教育供给激励，产生供给不足问题。其次，提高学前教育在省域间供给的公平程度。省域间经济发展的不均衡，影响省级政府的财力水平，进而影响学前教育的财政投入水平，这突出体现在我国各省区市学前教育成本政府分担差距显著、适龄幼儿家庭因负担学前教育成本承受的经济压力差异非常大，学前教育财政经费投入的公平性不足。

中央政府承担省级政府层面的统筹职能主要体现在，由中央政府所制定的“广覆盖、保基本”的学前教育规划，以其具体目标作为中央政府“兜底”统筹省级政府的上限。全国层面的学前教育制度供给也类似，中央政府以其提出的目标为上限，发挥“兜底”统筹的职责。

2）学前教育省级政府层面的学前教育立法职能

中央政府承担学前教育立法职能。在我国，全国人民代表大会及其常务委员会具有立法权，这就决定了该项职能的归属。学前教育立法的必要性在于：第一，从法律相对政策的特性的角度来分析，法律具有明确性、有责性和稳定性。明确性是指为给人提供明确的行为指示，通过法律规则中可为、应为、勿为三种行为模式设立行为标准；有责性是指违反法律法规将受到法律制裁；稳定性是相对于政策的灵活性而言的，因为政策容易发生改变，这会使规范对象行为无所适从。相比较而言，法律则更具有权威性（湛中乐等，2019；庞丽娟等，2019），但是目前我国学前教育领域只有政策，没有法律。第二，目前我国学前教育仍存在诸多问题，包括学前教育产品属性不明确、各级政府事权与支出责任划分不清、学前教育师资匮乏等，现实问题的有效解决亟待法律层面的规范。

《学前教育法》的内容应当至少包含以下九个要素：学前教育的服务对象；学前教育的性质与定位；各级政府职责以及相关部门的职责分工机制；学前教育管理体制与机构；学前教育财政投入机制和运行保障机制；学前教育的办园体制；学前教育教师身份地位、工资待遇和专业发展；督导评估和问责机制；弱势群体的扶助制度等。借由上述内容以法律形式的呈现，来提高学前教育管理与监督评估的明确性、有责性和稳定性。

5.2.2 地方政府事权划分

地方政府承担学前教育主要事权，包括学前教育的运行、管理和部分统筹职能。原因在于：从效率角度出发，学前教育属于准公共产品，地方政府比中央政府更容易获取当地居民学前教育需求以及需求变化的信息，有条件更为及时且准确地做出需求回应，提升学前教育质量。

1）省级政府事权

省级政府应承担学前教育省域内统筹职能，原因在于：从公平角度出发，均衡省域内存在经济发展的不平衡，以及当前县级政府承担提供地方公共产品的主要事权与自有财力不匹配的现实。

省级政府统筹职能体现在：在结合本省学前教育发展水平以及政府管理和支出水平基础上，适当调整制定本省的学前教育规划、落实学前教育相关制度建设职责，以及统筹省域内的均衡发展。这里重点强调省级政府应当承担省域内学前教育的统筹职能。

省级政府调整制定的学前教育规划，以本省具体目标作为省级政府“兜底”统筹县级政府学前教育的上限。省级政府层面的学前教育制度供给与前者保持一致，省级政府以其提出的目标为上限，发挥“兜底”统筹的职责。

2）以县级政府为主承担学前教育事权

学前教育以县为主承担教育事权，其原因在于：首先，与“以县为主”的义务教育管理体制有效衔接，可以为学前一年教育逐步纳入义务教育体系做好铺垫。具体而言，县级政府承担学前教育主要职责，可以将义务教育相对成熟的经验适应性地应用于学前教育阶段，同时，目前教育学界和社会大众将学前一年纳入义务教育的呼声较高（潘月娟等，2010；刘焱等，2014；崔海丽等，2019），但受制于当前政府财力，以及学前教育发展处于初级阶段，缺乏与义务教育体系衔接的管理桥梁，因此，将学前教育主要事权归于县级政府可以促进学前教育的长期发展与规划。其次，“以县为主”，而不是“以市县为主”或者“以县乡为主”，可以减少学前教育事权在各级政府间的推诿。具体而言，我国学前教育事权还未以法律形式加以规范，加之垂直管理体制往往导致上级政府的法律事权通过上级政府的考核等政治程序分解给下级政府，从而成为下级政府的当然事权。结合我国学前教育地方政府间事权划分的现实，确实存在这样的问题，比较省、自治区、直辖市政府三期学前教育行动计划，可以得出1/3以上省级政府有将学前教育事权下移趋势的结论。因而，将学前教育事权主体集中于县级政府这一层级，可以降低事权推诿的风险。

县级政府承担学前教育运行、管理和统筹县域内城乡一体的职能。首先，县级政府承担学前教育运行、管理职能，具体表现在各项政策的实施，包括按照省级政府的制度规定，组织拓宽途径扩大县域内公办幼儿园和民办幼儿园的学位供给，落实幼儿园教职工配备标准、教师培训和教师待遇保障等政策的实施。其次，县级政府承担县域内学前教育资源配置的统筹职能，需要考量的重点在于以县域经济发展规划为指导，从人口流动和适龄儿童分布的角度，均衡县域内县城、镇和乡之间学前教育资源配置，缓解镇幼儿园校舍相对紧张、乡村教师匮乏的资源配置状况，以及在学前教育财政投入中投入结构不合理，即着重投资硬件设施而忽视教师队伍建设的现象。

但需要加以说明，县级政府承担学前教育的主要事权，并不是说学前教育的财政投入完全来自县级政府的本级收入，而是强调县级政府承担最主要的运作、管理责任。这是因为学前教育政府间事权与支出责任的划分有财权和财力水平的现实条件约束。进一步地，学前教育事权、支出责任与财权、财力的关系，可以简单表述为，学前教育事权属于行政范畴，是一级政府应当承担的学前教育供给和管理职责；支出责任属于财政范畴，是一层级政府履行学前教育供给和管理职责承担的支出义务；财权表征为一层级政府的自有财力，是指该层级政府通过税收、收费和国债等筹集财政收入的权力；财力则是一层级政府实际可支配的财力，包括自有财力以及来自上级政府的转移支付。

具体来说，基层政府存在不同程度的事权、支出责任与财权、财力不匹配问题。这一问题的产生与1994年分税制管理体制改革、2016年全面实施的“营改增”税收改革以及新一轮规模宏大的“减税降费”政策紧密相连。具体而言：首先，高度行政性分权体制下的分税制改革，使得更高比例税收收入被中央政府征得，而基本不变的公共产品供给的事权与支出责任留给地方政府，地方政府事权、支出责任与自有财力不相匹配。其次，营业税改征增值税，实质上是作为地方主体税种的营业税，被转变为中央政府与地方政府五五分成的增值税，加之“减税降费”政策中收费作为地方收入的一部分被缩减，地方政府的自有财力进一步被削弱。事权、支出责任与财权、财力的匹配本身属于财政体制问题，由于各地经济发展的异质性，即使各地政府拥有相同的财权，事权、支出责任与财力也存在不同程度的不相匹配问题。

因而，在市场机制与政府机制分工、各级政府事权划分的理论分析基础上，有必要基于学前教育成本的核算，进一步探讨学前教育成本在政府与市场之间以及各级政府之间的分担问题。

5.3 学前教育成本界定及核算框架

科学界定的学前教育成本概念，是构建以促进学前教育资源配置效率与公平以及教育质量提升为目标的学前教育成本分担机制的至关重要的一环，同时也是学前教育成本的核算方法、核算项目确定，以及核算方案实施的前提条件。因此，本节将依照界定学前教育成本、确定学前教育成本核算方法与核算项目的思路来核算学前教育成本。

5.3.1 学前教育成本界定

为实现学前教育资源配置效率与公平的目标，以及发挥政府与市场机制分工促进教育质量提升的协同作用，本书将学前教育成本定义为：在资源被充分利用前提下，满足基本质量标准需求的机会成本。以下将着重剖析学前教育成本的概念。

1）学前教育成本不仅包括货币成本，还包括机会成本

教育成本的本质是“为受教育者接受教育服务而耗费资源的价值，它既可以表现为教育资源的购买价格，也可以表现为因资源用于教育所造成的价值损失”[①]。前者为货币成本或实支成本，后者为机会成本。

货币成本，又称会计成本，是指提供教育服务所带来的货币支出。将学前教育成本视为货币成本的观点，被做实证研究的学者所接受，如徐晓（2018）测算学前教育成本时，采集的是包含人员经费和公用经费的经常性成本支出项目，另外，这也反映出目前教育经费统计使用货币成本作为学前教育成本的现实。

机会成本在高鸿业（2016）的《西方经济学》中被定义为“生产者所放弃的使用相同的生产要素在其他生产用途中所能获得的最高收入”[②]。将教育成本视为机会成本被大多数研究者所采纳，如舒尔茨（1963）提出的“教育全部要素成本”[③]这一概念，即教育成本既包括提供教育服务的成本，也包括学生因上学带来的收入损失这一机会成本。科恩（1979）将其分为“直接成本”和“间接成本”[④]，直接成本对应货币成本，间接成本对应不以货币形式反映的资源耗费的价值。比较货币成本与机会成本两个概念，可知机会成本包含货币成本，且机会成本的概念更具有经济学理论基础。

本书强调学前教育为机会成本的原因在于：第一，学前教育成本包括政府对学前教育的隐性支出，即针对普惠性幼儿园的税收优惠以及公办幼儿园免费使用的土地、建筑物、设备。虽然两种政府行为都

① 袁连生. 教育成本计量探讨［J］. 北京师范大学学报（人文社会科学版），2000（1）：17-22.

② 高鸿业. 西方经济学［M］. 6版. 北京：中国人民大学出版社，2016：122-123.

③ 舒尔茨. 教育的经济价值［M］. 曾延亭，译. 北京：商务印书馆，1990：36-38.

④ 科恩. 教育经济学［M］. 刘译云，译. 上海：华东师范大学出版社，1989：21-30.

未发生实际的货币支出，但是实质上是政府负担了该部分的学前教育成本。举例来说，假如幼儿园应该缴纳2万元税款，政府免征2万元税款，可以视为政府收走2万元税款，然后又将2万元作为对幼儿园的转移支付。进一步地，关于被学前教育免费使用的土地、建筑物、设备，如果不用于学前教育而投入其他生产过程，也可获得利息、租金等收入，在各项生产活动中所能获得的最高收入应当算作政府对学前教育的投入。特别需要注意的是，公办幼儿园和民办幼儿园在使用土地、建筑物、设备等方面政府政策的差异，导致幼儿园账面运营成本项目的差异，进而带来公办幼儿园与民办幼儿园投入绩效横向比较的困难。第二，机会成本强调学生因上学而放弃的收入，这一点对达到法定劳动年龄的学生更具有现实意义，比如，对于经济困难家庭在决定孩子是否上学时，既要考量实际付出的货币成本，也不得不考虑作为家庭基本劳动力或辅助劳动力选择上学而放弃的收益。学前教育针对3至6岁的学前教育幼儿，因该年龄段幼儿缺乏劳动能力，所以这部分成本可以忽略不计。

2）学前教育成本是满足大众需求的基本质量成本，而非满足少数人需求的高质量成本

质量成本是由美国“全面质量控制之父”阿曼德·费根堡姆在20世纪50年代提出的，它是指企业为保证和提高产品质量支付的一切费用与因质量问题所造成的损失之和[①]。Grisay等（1991）将质量成本引入教育领域，认为教育质量应该包括资源质量、教育过程质量和成果质量三个维度，其中资源质量是指为教学所提供的人与物等办园条件。

质量成本有高低之分，对应公众对学前教育质量需求的不同层次。本书将学前教育成本限定为基本质量成本。学前教育成本作为基本质量成本，包含以下三个要点：

第一，学前教育质量应达到合格水平的硬性标准。这一点突出表现在，学前教育师资匮乏，导致无论公办幼儿园还是民办幼儿园生师比都远超正常水平，人员成本的减少虽然压缩了账面成本，但会片面地导致

① 孙成志，刘明霞. 企业生产管理［M］. 大连：东北财经大学出版社，2009.

微观配置效率指标偏高（微观配置效率=在园幼儿数量/教育资源总投入[①]），也导致了学前教育质量的下降。

第二，政府与个人所应分摊的成本，不应当是仅满足少数人高质量需求的成本。具体来说，当前，政府对少数公办幼儿园包括示范园的倾斜性财政支出，为高收入家庭的子女提供超标准的学前教育服务（杨娟，2012；张雪，2016；王娅等，2019），这都属于少数人高质量成本，而政府承担超出基本质量成本部分将加剧教育不公平，因此超额部分应当从目前政府承担的成本中剔除。进一步地，受各地经济发展水平影响的差别化的适龄幼儿家庭经济约束、不同程度的学前教育认知水平，导致学前教育质量需求多元化，但是并非所有层次的质量成本都需要政府分担，这是因为学前教育产品超出特定规模范围后具有一定程度的竞争性和排他性的准公共产品属性，换言之，超出基本质量的学前教育产品，有私人产品属性，消费具有竞争性而收益具有排他性，因而应当由幼儿家庭承担成本。

第三，学前教育基本质量成本并非固定不变，而是随着公众对学前教育质量需求的普遍提升而提高。

3）*学前教育成本是效率成本而非现实成本*

效率成本是指学前教育资源在有效利用状态下的支出。强调学前教育成本是效率成本，而非现实发生的账面成本，原因在于：以学前教育未能有效配置时所发生的成本为依据进行政府与个人之间的分摊，将会导致缺乏激励机制以促进资源配置效率提升，同时也将加剧不同群体之间的教育不公。具体来说，当前公办幼儿园财务运行处于收入与支出相分离的状态，即公办幼儿园的学杂费等收入上交政府，支出费用包括办园场地、硬件设施、软件配备、人员工资等由政府拨款负担。但是需要注意的是，在公办幼儿园的运营既缺乏财会监督约束，又缺乏经济激励的背景下，公办幼儿园管理者缺乏对园所运营进行成本控制的动机，造成资源空置和浪费的现实问题，使得学前教育成本因无效配置而增加。进一步地，如果政府与个人为这种无效率办学行为买单，将会进一步加

① 冯婉桢．雁行发展与区域学前教育资源微观配置效率的提升研究［J］．基础教育，2018，15（1）：40-46．

剧学前教育资源的无效配置，同时在公办幼儿园无法惠及所有适龄幼儿的背景下，从公众汲取的政府税收给予部分适龄幼儿，从而导致无效配置放大成本，将进一步扩大无法接受公办学前教育服务的适龄幼儿与接受公办学前教育服务的适龄幼儿之间的不公平程度。

5.3.2 学前教育成本核算框架

1）学前教育成本核算方法

依据以效率与公平地提升学前教育质量为目标的学前教育成本概念，本书设计一套学前教育成本核算方法，该方法具有以下特点：首先，刻画学前教育成本的理论内涵，即突出学前教育成本是机会成本而不仅仅是货币成本，是满足大众的基本质量成本，而非满足少数人需求的高质量成本，是效率成本而非现实成本。其次，具有可调整性，即可以依据经济发展水平的变化，调整学前教育基本质量成本。最后，通过调整学前教育成本结构，促进质量提升。具体而言，如下所述：

第一，学前教育成本核算方法刻画学前教育成本的理论内涵。首先，本书核算的成本是机会成本而不仅仅是货币成本，体现在对基础建设成本的处埋上，以往由于公办幼儿园免费使用校舍，基础建设成本被忽略，本书以直接核算施工成本以及间接核算租金的方式，将该部分成本补入其中。其次，核算的成本是满足大众需求的基本质量成本而非满足少数人需求的高质量成本，体现在：选取各类项目指标数据，如教师配比、幼儿园园所面积、教玩具设备配备等，都是依据现有的符合幼儿成长和发展的标准来确定，保证了学前教育的基本质量要求。最后，核算的学前教育成本是效率成本而非现实成本，体现在：人员经费核算时，考虑合理的幼儿园生师比，弥补了已有的研究中以现有幼儿园生师比为基础测算，忽视幼儿园教师配置过少这一现实的缺失。不仅如此，该方法依据现有的标准规范，选取各类项目的指标数据，如基础设施成本核算、水电费核算，与已有研究将成本核算框架搭建在已发生的货币成本上相比，可以做到剔除因为浪费而发生的额外支出，实现基本质量保证下的效率成本。

第二，本书采用的成本核算方法所核算的成本具有可调整性，即可以依据经济发展水平的变化，调整学前教育基本质量成本。具体来说，随着经济发展水平的提高，适龄幼儿家庭对学前教育基本质量要求也有所提高，进而需要软件部分如教师配比得到提高，硬件部分如教玩具类别中的具体项目得到调整，这可以通过调整成本核算的相关系数来达成。

第三，学前教育成本核算方法通过调整学前教育成本结构，促进质量提升。本书采用的成本核算方法，其促进质量提升的优越性体现在，教师的培训费以教职工收入为基数加以调整，当财力充足时，关注与质量密切相关的教师配备，可以以提高教职工的工资福利待遇水平的方式补给教师供给，与此同时，生均培训费上涨，反映出对教师能力与素质培养的关注程度提高，可以起到效果叠加的作用。目前的缺陷在于，教师培训费的提取方式以公用经费作为基数，以此为标准，各省区市逐步确立公办幼儿园的生均公用经费补贴标准较为方便。但是以公用经费作为基数的严重弊端在于，公用经费中包含三公经费，即因公出国（境）、公务用车购置及运行和公务接待等方面的支出，这部分支出是需要严格控制的成本。而培训费是为促进教师素质提升进而提高学前教育质量的成本，因而需要变换提取基数。

2）学前教育成本核算项目

学前教育成本划分为固定成本与可变成本。固定成本，是指幼儿园的资本性支出，有资源存量，短期内不随幼儿人数的变化而变化，长期则会在存量基础之上稍有增加或减少，包括基础建设费、设施设备和玩教具费。可变成本，是指幼儿园的经常性支出，随幼儿人数变化而变化，没有资源存量，包括人员经费、培训费、日常修缮费、其他公务费。学前教育成本项目包括以下六类（见表5-1）：

第一是幼儿园的基础建设费。它包括场地和房屋建筑两部分，其中场地又分为室外游戏场地和集中绿地，房屋建筑又分为幼儿活动用房、服务用房、附属用房三部分。幼儿园经营者对场地和房屋建筑的获取有自建和租赁两种形式：首先，从自建形式来看，基础建设支出发生在新建或者扩建园的过程中，因而对建园前期的资金投入要求很大，但是从成本收益角度来看，基础建设是在存续期间内受益，为了与长期收入相

表5-1 **学前教育成本核算项目简明表**

成本分类	成本项目	具体内容
固定成本	基础建设费	场地成本、房屋建筑成本、土地使用相关税费
	设施设备和玩教具费	购买桌椅、图书、各类玩具、空调、消毒柜、冰箱以及信息技术装备等所花费的成本
可变成本	日常修缮费	房舍、设施设备和玩教具的日常维护费
	人员经费	人员工资收入、社会保险和其他福利项目
	培训费	因外出培训而额外发生的会务费、交通费和食宿费等
	其他公务费	水电费、办公费、邮电费、差旅费等

匹配，基础建设成本应当以折旧方式在使用期限内分摊；其次，从租赁方式来看，该部分成本以租金取代折旧的方式计入成本。无论以哪种形式获取场地和房屋建筑，都应当计入学前教育成本。需要补充说明一点，从成本核算的现实来看，公办幼儿园可以无偿使用基础建设，未将此部分计入成本，但从机会成本的角度而言，假设政府将公办幼儿园的场地与房屋出租，获得的租金收入正是公办幼儿园的基础建设成本。进一步地，根据基础建设的获取方式，有两种成本核算方法：一种是将新建场地和房屋建筑的施工成本分摊到使用年限内；另一种是以幼儿园场地租赁价格计入成本，两种方式理论上应该得到一致结论，可以相互校准。

第二是幼儿园的设施设备和玩教具费。这类统计项目所涉内容较为琐碎，可以以场地和房屋的具体使用用途加以分类，根据空间使用用途，将幼儿园划分为户外区、班级活动室、多功能活动室、专用活动室、厨房、保健室等多个区域，在每个区域配备相应的设施设备和玩教具，例如桌椅、图书、各类玩具、空调、消毒柜、冰箱以及信息技术装备等，为此所花费的成本为设施设备和玩教具费。需要注意的是，因为设施设备的使用年限较长，可以以折旧形式计入成本；与设施设备相比，虽然玩教具使用年限稍短，但其不属于低值易耗品，也应以折旧形式计入成本。

第三是日常修缮费。它是针对幼儿园资源存量的日常维护费用，包括对房舍、设施设备和玩教具的日常维护，因而与资源存量以及资源的损耗率有关。此类成本与收益都发生在当期，属于可变成本。

第四是人员经费。它是幼儿园可变成本中最主要的成本项目。幼儿园的教职工包括专任教师、保育员、卫生保健人员、行政人员、教辅人员、工勤人员。人员经费包括人员工资收入、社会保险和其他福利项目。人员经费成本与收益发生在当期，属于可变成本。

第五是培训费。培训费是与幼儿园教师密切相关的费用，包括因外出培训而额外发生的会务费、交通费和食宿费等。培训费的重要性体现在，教师是教育事业发展的基础，是提高教育质量、办好人民满意教育的关键，为形成“学习强师”的可持续发展局面，增强教师立德树人的本领，建设适应教育现代化要求的高素质专业化创新型教师队伍，培训是重要的选择途径。培训费成本与收益发生在当期，属于可变成本。

第六是其他公务费。它是指用于幼儿园教学管理的日常费用支出，包括水电费、办公费、邮电费、差旅费等。这部分成本在学前教育成本中占比较小，属于可变成本。

3）*学前教育成本项目的核算方法*

（1）幼儿园的基础建设费

幼儿园的基础建设可以通过自建和租赁获得，因而成本核算方式也有两类，即以幼儿园基础建设施工成本核算和以幼儿园租金形式核算。两者的理论值应该相同，故可以相互校正。

第一种方式，核算幼儿园基础建设施工成本。幼儿园基础建设施工成本可以根据幼儿园建筑的不同类型分别核算单位面积的施工成本。依据2016年住房和城乡建设部、国家发展和改革委员会批准发布的《幼儿园建设标准》中的相关规定，幼儿园建筑包含两类：场地和房屋建筑。场地包括室外游戏场地和集中绿地两部分。以每种类型建筑的单位面积施工成本与人均面积的乘积之和作为人均基础建设成本，核算公式见公式5-1。

$$\begin{matrix}\text{人均基础}\\\text{建设成本}\end{matrix}=\begin{matrix}\text{人均房屋}\\\text{建筑面积}\end{matrix}\times\begin{matrix}\text{每平方米}\\\text{房屋施工}\\\text{成本}\end{matrix}+\begin{matrix}\text{人均室外}\\\text{游戏场地}\\\text{面积}\end{matrix}\times\begin{matrix}\text{每平方米}\\\text{室外游戏}\\\text{场地施工成本}\end{matrix}+\begin{matrix}\text{人均集中}\\\text{绿地面积}\end{matrix}\times\begin{matrix}\text{每平方米}\\\text{集中绿地}\\\text{施工成本}\end{matrix}\quad(5\text{-}1)$$

其中，依据《幼儿园建设标准》的规定，“室外地面游戏场地人均面积不应低于4m²”“集中绿地……人均面积不应低于2m²”；关于全日制幼儿园各类用房人均使用面积和建筑面积的规定，见表5-2，各省区市可依据幼儿园平均班数选择对应班数，计算方式见公式5-2，以经济发展水平选择人均建筑面积的上限与下限。

表5-2 **全日制幼儿园各类用房人均使用面积和建筑面积指标节选** 单位：m²/人

用房类别		面积指标			
		3班	6班	9班	12班
人均使用面积合计		6.19~7.84	7.31~8.88	6.99~8.53	6.67~8.18
人均建筑面积合计	K=0.6	—	12.18~14.80	11.65~14.22	11.12~13.63
	K=0.7	8.84~11.2	10.44~12.69	—	—

注：楼房使用面积系数K值取0.6，平房使用面积系数K值取0.7，各类指标按平均班额30人测算。

资料来源：节选自《幼儿园建设标准》。

各省区市幼儿园平均班数 = 在园幼儿数/(园数 × 30) (5-2)

另外，《幼儿园建设标准》中规定了幼儿园投资估算指标（见表5-3），用以评估或审批项目的可行性，可以在上述核算基础上，加以对比。因为以上核算的是“人均基础建设成本”，为使数据可比，可以按照上述核算中所涉及的人均基础建设面积与相应的投资估算指标相乘得到，见公式5-3。其中，人均基础建设面积为人均房屋建筑面积、人均集中绿地面积和人均室外游戏场地面积之和，见公式5-4。

表5-3 **幼儿园投资估算指标一览表**

分类	投资估算指标（元/m²）
3班（90人）	3 100~3 000
6班（180人）	3 300~3 200
9班（270人）	3 200~3 100
12班（360人）	3 100~3 000

注：投资估算不包含外部配套、室内家具设施和专用保教设备等费用，参照2012年《北京市建设工程计价依据——预算定额》及相应的取费费率标准计算。

资料来源：节选自《幼儿园建设标准》。

$$\text{人均基础建设成本} = \text{人均基础建设面积} \times \text{相应的投资估算指标} \quad (5\text{-}3)$$

$$\begin{matrix}\text{人均基础} \\ \text{建设面积}\end{matrix} = \begin{matrix}\text{人均房屋} \\ \text{建筑面积}\end{matrix} + \begin{matrix}\text{人均集中} \\ \text{绿地面积}\end{matrix} + \begin{matrix}\text{人均室外游} \\ \text{戏场地面积}\end{matrix} \quad (5\text{-}4)$$

但注意以上述两种方式核算的人均基础建设成本，仍需以使用年限分摊到每年的成本当中，简而言之，计入成本的部分为折旧。

第二种方式，核算租金。以各地市场上幼儿园场地租赁价格作为租金。需注意，各地租赁价格一般以“某价格某面积”的形式出现，需要将其按照“人均基础建设面积”加以换算，进而校正施工成本。

（2）设施设备和玩教具费

设施设备和玩教具费的核算，有两种方式：其一为设施设备和玩教具的种类和各自价格之积求和；其二为根据各省份设施设备和玩教具标准的参考核算金额，考虑物价变化与项目种类更替加以调整。

第一，设施设备和玩教具的种类和各自价格之积求和的核算方式。首先，设施设备和玩教具的种类。玩教具的种类可依据原国家教育委员会1992年发布的《幼儿园玩教具配备目录》，分为九类：体育类、构造类、角色表演类、科学启蒙类、音乐类、美工类、图书、挂图与卡片类、电教类和劳动工具类。该目录分类齐全，不足之处在于因年份久远，某些类别的具体项目已经发生较大变化，如电教类项目，但此分类仍具有重要的参考价值。根据不同空间的使用功能对具体设备项目和标准加以区分，将幼儿园空间分为教室、活动室、教辅用房、保健室、卫生间等。其次，玩教具和设施设备的价格确定。因商品种类质量具有多样化，同一种商品价格差异很大，选择价格标准的依据是在当前物价水平下可以保证质量的价格水平，因而可采用“政府采购云平台”的价格予以确定。最后，核算设施设备和玩教具费。精确的核算方式是，将各门类玩教具的数量与价格乘积加总，即为包含两个大班、两个中班、两个小班的费用。为了与人均基础建设成本对应，还应当做如下处理：按照平均班额30人、幼儿人数为180人，核算全园包含教职工的总人数，进而计算人均设施设备和玩教具费。注意，人均设施设备和玩教具的价值将会在使用年限内慢慢消耗，因而需要按照使用年限分摊到各个年度。

第二，依据《幼儿园玩教具配备目录》和各省区市的保教设备配备标准，参考相应的金额核算表，按照制定标准的年份对比核算年份，用相对价格加以调整，得到玩教具和设施设备在核算年份的金额。另外，再将部分玩教具和设施设备的种类做更新，调整得到设施设备和玩教具费，按照第一种核算方式的处理方式，得到人均设施设备和玩教具费的折旧额计入成本。

（3）日常修缮费

幼儿园的日常修缮费与固定资产的损耗有关，固定资产包括基础建设、玩教具和设施设备。因三者每年损耗比例有所差异，这里将分别核算再行加总，见公式5-5。

日常修缮费 = 基础建设修缮费 + 玩教具修缮费 + 设施设备修缮费　　(5-5)

基础建设修缮费的核算方式有两类：其一，以项目施工为依据的精确的直接核算；其二，以基础建设费和损耗率为基础的间接核算。

第一种直接核算方式，以项目施工为依据。基础建设修缮费，按照基础建设的用途分类，以人均面积和各类基础建设单位面积的修缮费之积计量。其中，按照基础建设的用途，可将基础建设修缮费划分为房屋建筑的修缮费和场地的修缮费，其中场地的修缮成本包括室外游戏场地和集中绿地两部分修缮成本，核算方式见公式5-6，人均房屋建筑面积可参考表5-2，室外游戏场地人均面积不低于4m^2，集中绿地人均面积不低于2m^2。单位面积的修缮费，以项目施工标准确定，不同类型的基础建设用地，单位面积修缮费不同。

$$\text{人均基础建设修缮费}=\text{人均房屋建筑面积}\times\text{每平方米房屋修缮费}+\text{人均室外游戏场地面积}\times\text{每平方米室外游戏场地修缮费}+\text{人均集中绿地面积}\times\text{每平方米集中绿地修缮费}\qquad(5\text{-}6)$$

第二种间接核算方式，即基础建设费与损耗率的乘积。核算方式见公式5-7。

人均基础建设修缮费 = 人均基础建设费 × 损耗率　　(5-7)

玩教具修缮费和设施设备修缮费，与基础建设的间接核算成本方法相同，即人均配备费以不同损耗率计量，核算方式分别见公式5-8和公式5-9。

人均玩教具修缮费 = 人均玩教具配备费 × 玩教具损耗率　　(5-8)

人均设施设备修缮费 = 人均设施设备配备费 × 设施设备损耗率 (5-9)

（4）人员经费

幼儿园人员经费包括各种教职工的工资收入、社会保险和其他福利。精确的核算方式应该是核算各工种的详细信息，但是由于缺乏各工种的工资统计细则，所以采用所有工种的平均水平，即教职工的工资收入。核算方法为：根据教职工人均收入（税后收入），参考五险一金个人缴付比例、个人所得税税率调整得到教职工税前人均收入，以相应比例核算社会保险和其他福利收入，最后根据幼儿园生师比调整得到生均人员经费。根据《幼儿园教职工配备标准（暂行）》规定，教职工与幼儿的合理比值为1∶5~1∶7，因而生均教职工成本，最低为教职工工资福利的1/7，最高为教职工工资福利的1/5，具体核算方式见公式5-10。

$$\text{生均人员经费} = (1/7\sim1/5) \times (1 + \text{“五险一金”单位和个人缴付比例之和} + \text{其他福利费比例}) \times \text{教职工人均收入（税前收入）} \quad (5\text{-}10)$$

其中，教职工人均收入（税后收入）调整为教职工人均收入（税前收入）的方法见公式5-11。

$$\text{教职工人均收入（税前收入）} = \text{应纳税所得额} \div (1 - \text{“五险一金”个人缴付比例之和}) \quad (5\text{-}11)$$

各项指标的选择与数据来源：第一，应纳税所得额由人均工资水平依据个人所得税税率调整近似得到。第二，工资水平参照各省份《统计年鉴》中“分行业在岗职工平均工资”的“学前教育”的国有经济单位平均工资。平均工资是指单位就业人员在一定时期内平均每人所得的货币工资额，而平均工资选择“国有经济单位”而放弃使用“在岗职工合计”，原因在于《教师法》第二十五条规定：“教师的平均工资水平应当不低于或者高于国家公务员的平均工资水平，并逐步提高”。第三，“五险一金”包括：养老保险、医疗保险、失业保险、工伤保险和生育保险以及住房公积金。其中，工伤保险和生育保险是单位缴纳，个人不缴费。具体参照各省份人力资源和社会保障局“减税降费”政策后“五险一金”个人和单位缴费比例，并选择合理的缴费基数逐一核算。第四，教职工其他福利费按照税前收入的合适比例制定。

需要注意的是，教职工与幼儿的合理比例是适龄幼儿区域分布和所有园所的规模与布局完全匹配，也就是资源配置达到效率状态的配比。理论上，要求每个园所都按照该标准执行，但是不同区域会出现不同程度的受人口政策或者人口流动影响的适龄幼儿人口规模变化，但园所规模的变化需要一定时间，两者并不能一直处于匹配状态，因此，加总之后，所有幼儿园所得到的教职工与幼儿的比例应该更高。

（5）培训费

培训费是与教师的长期发展以及学前教育质量密切相关的部分，因而以生均人员经费为基础确定培训费是合理的，具体核算方式见公式5-12。培训费在生均人员经费的比例，可以参考现有政策规定，2018年教育部等五部门印发了《教师教育振兴行动计划（2018—2022年）》，其中规定“幼儿园、中小学和中等职业学校按照年度公用经费预算总额的5%安排教师培训经费”。依照教育经费统计2017年的数据，全国幼儿园公用经费为1 225亿元，工资福利为1 725亿元，公用经费是工资福利的7/10，换算之后可以得到，以目前实际，培训费被安排为个人工资福利的3.5%左右。各地可依据自身师资基础以及未来发展规划，以教职工收入的3%~5%来安排培训费。

生均培训费 = 各地可选比例 × 生均人员经费 （5-12）

（6）其他公务费

其他公务费包括水电费、办公费、邮电费、差旅费等，其中占比较多的为水电费，因而这里将首先核算水电费，再调整比例获得其他公务费，核算方式见公式5-13。

人均其他公务费 =(1 + 调整比例)×(水费 + 电费) （5-13）

第一步，核算水费。人均水费与人均用水量和当地用水价格有关，具体核算见公式5-14。

人均水费 = 人均用水量 × 当地用水价格 （5-14）

其中，人均用水量根据《建筑给水排水设计规范》(GBJ15-88）中幼儿园“生活用水定额（最高日）”的规定，有住宿幼儿园每儿童每日为50~100升，无住宿为25~50升，在此基础上根据各地情况稍作调整即可。当地用水价格可以从地方发展和改革委员会网站获取。

第二步，核算电费。幼儿园电费主要花费在室内教室照明、室内办公照明以及大功率电器等。所以这里以室内使用面积照明用电为基准，在此基础上调整系数计算人均电费，具体核算方式见公式5-15。

$$\text{人均用电} = \text{人均室内使用面积照明用电} \times \text{调整系数} \tag{5-15}$$

其中，照明用电量以幼儿园室内使用面积为依据，按照学校标准的照明要求测量，电费则是在各地用电价格基础上核算，详细计算方法见公式5-16。

$$\begin{matrix}\text{人均}\\\text{照明电费}\end{matrix} = \begin{matrix}\text{人均使用}\\\text{面积（m}^2\text{）}\end{matrix} \times \begin{matrix}\text{教学用房照明}\\\text{功率密度（W/m}^2\text{）}\end{matrix} \times \begin{matrix}\text{用电}\\\text{时长（h）}\end{matrix} \times \begin{matrix}\text{当地用电价格}\\\text{（元/（kW·h））}\end{matrix} /1\,000 \tag{5-16}$$

其中，人均使用面积为计算基础建设成本时所涉及各类用房的人均使用面积，见表5-2；教学用房照明功率密度，是指建筑的房间或场所单位面积的照明安装功率。依据住房和城乡建设部、原国家质量监督检验检疫总局2010年发布的《中小学校设计规范》（GB50099-2011）中对照明的具体规定，绝大多数教学用房的照明功率密度目标值为9W/m^2，故采用这一数值。当地用电价格可从国家电网的官方网站获得，采用“居民生活用电”这一类型，并结合各地阶梯电价分档电量的相关规定。采用“居民生活用电”是根据国家发展和改革委员会、教育部《关于学校水电气价格有关问题的通知》（发改价格〔2007〕2463号）的规定，“用电、用水、用气价格执行居民类价格的学校”包含幼儿园；用电时长可依据每年10个月幼儿园每日作息时间加以确定。

5.3.3 基于现行学前教育投入的学前教育成本测算

1.现行学前教育经费投入统计

目前，关于学前教育经费投入的统计有两种方式：一种按照学前教育经费投入的主体；另一种按照学前教育经费投入的支出结构。第一，按照教育经费投入的主体，教育经费投入主体有政府、社会和个人，因而依据《中国教育经费统计年鉴》的统计分类，教育经费总投入分为国家财政性教育经费、社会团体和公民个人办学经费、社会捐赠经费、学费和杂费、其他教育经费。其中，国家财政性教育经费包括一般公共预算安排的教育经费（2017年以前被称为“公共财政教育经费”）、政府性基金预算安排的教育经费、国有及国有控股企业办学中的企业拨款、校办产业和社会服务收入用于教育的经费等、其他国家财政性教育经费。其中一般公共预算安排的教育经费和学杂费占据绝对比重，以2017年为例，两者之和共占据学前教育经费收入的91.5%。第二，按照学前教育经费的支出结构，包括事业性经费支出和基础建设支出，其中事业性经费支出包含个人部分（工资福利支出和对个人和家庭的补助支出、助学金）和公用部分（商品和服务支出、其他资本性支出）。

但现有统计中的学前教育经费投入，是对已经发生的学前教育货币成本的整合，在学前教育成本的概念中已经作出明确区分，已经发生的学前教育成本，与在资源被充分利用前提下满足基本需求质量标准的机会成本存在差异，而政府需分担的成本是后者。因而讨论学前教育成本分担，首先需要以学前教育成本的理论核算结果，对比现有的学前教育投入的主体与支出结构，分析存在的问题，然后在此基础上构建学前教育成本分担机制。

2. 学前教育成本核算——以DL市ZS区为例

以DL市ZS区为例对学前教育成本加以核算，具体按照前文中所设计的成本项目框架进行。

（1）基础建设成本核算

采用核算施工成本的方式。首先，通过核算DL市ZS区一所幼儿园的平均班数确定人均建筑面积。据来自DL市教育局教育事业统计2018年的数据，DL市ZS区在园幼儿数6 489人，共52所幼儿园，可得到幼儿园的平均班数为4.16个。据实地调研，DL市ZS区绝大多数幼儿园为楼房且房价水平较高，确定人均建筑面积为12.5 m^2。其次，据此可以推算人均基础建设面积为18.5 m^2，根据公式5-3，使用投资估算指标2012年为3 200元/m^2，根据国家统计局“建筑安装工程固定资产投资价格指数”，将投资估算指标调整至2018年，为3 615.49元，据此可以估算人均基础建设成本为66 886.57元。最后，核算每年计入成本的折旧部分。根据《民用建筑设计通则》（GB50352-2005），“普通建筑和构筑物”的设计使用年限为50年，但部分住宅项目配套幼儿园使用年限为

40年，受社会因素、行业发展以及课程与功能布局因素的影响，幼儿园园所的使用年限应该低于40年，依据目前经济发展的形式，假定幼儿园基础建设使用年限为20年，得到人均基础建设折旧为3 344.32元。

采用核算租金的方式。据来自58同城ZS区的幼儿园租赁价格信息，建筑面积为1 100m²的幼儿园，月租为2.9万元/月，以人均基础建设面积为18.5m²来推算，总人数约为60人，得到年人均租金为5 800元。两者核算的差异非常大，原因在于：第一，幼儿园基础建设的折旧方式，采取了使用年限为20年的直线法折旧，这可能在一定程度上低估了人均基础建设成本；第二，来自58同城ZS区的幼儿园租赁信息，不仅包括建设房屋建筑以及打造室外游戏场地和集中绿地的施工价格，还包括土地价格以及各类税金，另有玩教具和设施设备的整体转租，因而推算的租金价格要高很多。根据来自土流网的土地数据，DL市ZS区商用土地价格为每年每平米1 800~2 500元，以此来推断通过两种方式核算的幼儿园基础建设成本是较为可信的。另外，从核算的完整性来讲，应增加土地价格和各类税金价格，这是对幼儿园建设成本的有效补充。

（2）设施设备和玩教具费的核算

核算设施设备费。《LN省幼儿园装备规范》对幼儿园装备配备做了类目说明，但是未对数量加以限定，因而限制了直接进行成本核算。变通的方式是，在用租金对基础建设成本核算时，包含了该部分费用，因而可以合并处理。

核算玩教具费。依据1992年原国家教委印发的《幼儿园玩教具配备目录》，参考相应的金额核算表，依照接近30年的经济发展水平要求，选取第一类，金额为40 115元，根据来自国家统计局的“商品零售价格指数”，将其调整至2018年，金额为82 331.94元。结合LN省的保教设备配备标准，玩教具的使用年限一般为3年，当幼儿园生师比为7∶1时，人均玩教具为133.41元；当幼儿园生师比为5∶1时，人均玩教具为127.06元。

（3）日常修缮费的核算

按照企业的一般做法，将固定资产原值的3%作为修缮费。此标准得到现实佐证，张延萍实地调查分析高校成本结构时，得到的数据信息显示：修缮费的比例为固定资产原值的3%左右[①]。以此为基础，按照基础建设成本中的租金，可知人均日常修缮费为175.47元。

（4）生均人员经费的核算

第一，核算应纳税所得额。根据《LN统计年鉴》的数据，2018年DL市"国有经济单位"在岗职工的年平均工资为105 858.79元，由平均工资可以近似推导得到应纳税所得额，因为货币工资额为平均值，将高工资和低工资折中，这种方式低估了缴付的税额，所以只能算作近似替代。因2018年是新一轮的个人所得税改革的起始年份，自2018年10月1日起个人所得税工资薪金所得的免征额从3 500元提高到5 000元，因而需考虑2018年免征额的变化加以核算，通过调整计算得到教职工每月平均工资薪金的应纳税所得额约为10 124.63元。

第二，依据公式5-11，参考DL市ZS区的"五险一金"单位与个人缴付比例，确定教职工人均收入（税前收入）。整合来自LN省人力资源和社会保障厅公告信息，"五险一金"单位与个人的缴费率见表5-4，缴费基数为上年度在岗职工月平均工资的60%～300%，因《LN统计年鉴》2017年未统计"学前教育"职工收入，故为简化，以本年度在岗职工月平均工资为缴费基数进行核算，住房公积金缴费率选取事业单位通常选择的12%，得到教职工人均收入（税前收入）为13 064.03元。

表5-4　　DL市ZS区"五险一金"单位与个人缴费率

项目	缴费率	
	单位缴费率	个人缴费率
养老保险	16%	8%
城镇职工医疗保险	6%~8%	2%
生育保险	0.2%	0
失业保险	共同缴费率1%	
工伤保险	1%	0
住房公积金	5%~12%	5%~12%

资料来源：对LN省人力资源和社会保障厅公告信息整理得到。

① 张延萍. 高校教育成本核算方法及其应用的研究［D］. 南京：南京林业大学，2006.

第三，依据公式5–10，核算生均人员经费。这里需要确定其他福利费的比例，按照现行的会计制度，大多数企业将提取工资总额的14%作为职工福利费，用于集体福利补贴、职工生活困难补助等，这里选取14%作为其他福利比例，故而可以推算，当幼儿园生师比为7∶1时，生均人员经费为40 900.42元，当幼儿园生师比为5∶1时，生均人员经费为57 260.59元。

（5）生均培训费的核算

以个人工资福利的3.5%作为培训费，当幼儿园生师比为7∶1时，生均培训费为1 431.51元；当幼儿园生师比为5∶1时，生均培训费为2 004.12元。

（6）其他公务费的核算

水费的核算。据来自DL市发展和改革委员会对“城镇居民用水价格”的规定，幼儿园作为“执行居民水价的非居民用户”，每立方米自来水的价格为2.88元，且根据有住宿幼儿园每儿童每日用水定额为50~100升，若采取100升的最大值，可大致估算每日人均水费为0.288元，以300天计算，人均水费为86.4元。

电费的核算。首先，按照表5–2所示，依据平均班数为4.16个，故而确定人均使用面积为7.5m^2；其次，依据公式5–16，教学用房的照明功率密度目标值为9W/m^2，用电时长为一年10个月，每月30天，每日4小时计量，人均年照明用电量为81度；再次，确定居民用电的价格，幼儿园用电属于居民用电，根据2017年LN省物价局《关于调整居民生活用电阶梯电价分档电量有关事项的通知》，居民生活用电使用阶梯电价，见表5–5。ZS区幼儿园共有幼儿6 489人，教职工1 346人，共52所幼儿园，因而平均每个幼儿园有151人，照明用电量大约为12 231度。故人均照明电费为57.77元。最后，根据人均照明电费核算幼儿园电费，虽然照明在幼儿园用电中属于涉及面积最广的部分，但是幼儿园中的空调、冰箱、消毒柜等大型设备用电量也较高。根据我国照明用电量的调查分析[①]，大中城市生活用电中照明用电的比例为14.06%，推断

---

① 郑炳松，高飞，郭兴翠．我国照明用电量的调查分析［J］．中国照明电器，2016（10）：18–22.

幼儿园人均电费约为453.85元。

除水电费以外的其他公务费的核算。人均水费与电费之和为540.25元，根据公式5-13，仍需确定调整比例。高等教育成本中不包含水电费的其他公务费是水电费的近似1.4倍①，同为教育事业可以作为借鉴，故可以推算，除水电费以外的其他公务费为756.35元，人均其他公务费为1 296.60元。

表5-5　　**LN省居民生活用电阶梯电价**

阶梯电量（kW·h）	第1阶梯	第2阶梯	第3阶梯
	1～2 640	2 641～3 720	3 721及以上
电价（元/kW·h）	0.50	0.55	0.80

资料来源：对LN省物价局信息整理得到。

（7）学前教育成本核算项目数据调整

在学前教育成本核算中，由于核算项目所获数据存在人均成本和生均成本，为了成本核算项目内部统一，且能与现行的教育经费统计数据相对应，所以将把部分人均成本替换成生均成本，人均成本是各项成本总额与幼儿园包含教职工和在园幼儿人数总和的比值，生均成本是各项成本总额与幼儿园在园幼儿人数的比值，因而可以根据标准的幼儿园生师比进行调整，调整方式见公式5-17。

$$\text{生均成本} = \left(\frac{8}{7} \sim \frac{6}{5}\right) \times \text{人均成本} \qquad (5\text{-}17)$$

由此可以得到，当幼儿园生师比为7∶1时，生均租金（包括基础建设成本、设施设备和玩教具费）为6 684.57元，生均日常修缮费为200.54元，生均其他公务费为1 481.83元；当幼儿园生师比为5∶1时，生均租金（包括基础建设成本、设施设备和玩教具费）为7 018.8元，生均日常修缮费为210.56元，生均其他公务费为1 555.92元。为了更为直观地体现DL市ZS区幼儿园的教育成本构成，将各类成本综合在表5-6中列示。

① 张延萍. 高校教育成本核算方法及其应用的研究［D］. 南京林业大学，2006.

（8）学前教育成本结构分析

DL市ZS区学前教育成本中，人员经费占据最大份额，人员经费与固定成本两者之和应达到总成本的九成以上。具体来说，以DL市国有企业在职人员工资水平为基数测算，依照最优标准运营幼儿园，当幼儿园生师比为7：1时，成本项目中占据比重最大的为生均可变成本中的人员经费，达到80.7%，其次为生均固定成本，达到13.2%，两者共占据总成本的93.9%。当幼儿园生师比为5：1时，人员经费高达84.1%，生均固定成本为10.3%，两者共占据总成本的94.4%。

表5-6 DL市ZS区学前教育成本核算项目明细一（以DL市国企工资为标准） 单位：元

成本分类	成本项目	幼儿园生师比	
		7：1	5：1
生均固定成本	基础建设费	6 684.57	7 018.8
	设施设备和玩教具费		
生均可变成本	日常修缮费	200.53	210.56
	人员经费	40 900.42	57 260.59
	培训费	1 431.51	2 004.12
	其他公务费	1 481.83	1 555.92
生均总成本		50 698.86	68 049.99
总成本（幼儿数= 6 489人）		328 980 000	441 570 000

不同行业工资水平有差异，因此选择公办幼儿园教师平均工资水平更具有现实意义，但是囿于现有DL市分行业工资水平的统计数据难以获得，因而选择2018年“LN省学前教育领域国有经济单位在岗职工的平均工资”替代“DL市国有企业在职人员平均工资”。在全省公办幼儿园年平均工资为50 698.86元的基础上，按照相同方式推算，当幼儿园生师比为7：1时，生均人员经费为17 864.77元；当幼儿园生师比为5：1时，生均人员经费为68 049.99元。相应地，以生均人员经费为基

础计算的培训费也会发生变化，当幼儿园生师比为7∶1时，生均培训费为625.27元；当幼儿园生师比为5∶1时，生均培训费为875.37元。重新核算的学前教育成本明细见表5-7。

表5-7　DL市ZS区学前教育成本核算项目明细二
（以LN省公办园工资为标准）　单位：元

成本分类	成本项目	幼儿园生师比	
		7∶1	5∶1
生均固定成本	基础建设费	6 684.57	7 018.8
	设施设备和玩教具费		
生均可变成本	日常修缮费	200.53	210.56
	人员经费	17 864.77	25 010.68
	培训费	625.27	875.37
	其他公务费	1 481.83	1 555.92
生均总成本		26 856.97	34 671.33
总成本（幼儿数= 6 489人）		174 270 000	224 980 000

替换工资水平指标后，核算的标准成本结构不变，人员经费仍然是学前教育成本中份额最大的项目，且固定成本与人员经费之和仍占九成以上。具体表现为：当幼儿园生师比为7∶1时，生均人员经费占比66.5%，生均固定成本占比24.9%，共占91.4%；当幼儿园生师比为5∶1时，生均人员经费占比72.1%，生均固定成本占比20.2%，两者共占92.3%。

由此可得，按照第二种方式，幼儿园的两类生师比计算2018年DL市ZS区的学前教育总成本为17 427万元和22 498万元。其中需要说明的是，学前教育总成本核算中幼儿数应该为“适龄幼儿数”，这里直接使用统计中“在园幼儿数”的原因在于，据来自《DL统计年鉴》的数据，2018年学前3年幼儿毛入园率已经达到99.70%，因而将在园幼儿数近似为适龄幼儿数这一替代是具有合理性的。

3. 学前教育的政府投入——以DL市ZS区为例

以DL市ZS区为例，对学前教育经费投入主体与经费支出结构加以剖析。

目前，学前教育经费投入主体的分析有两种数据来源，两类渠道都无法直接获取各级政府对学前教育不同成本项目财政投入的完整信息。具体来说，学前教育经费有两种数据来源：其一是运用各级政府的财政决算公开信息，以获取各级政府的投入规模，但是政府对学前教育的财政投入分散于政府的财政决算公开的不同类款中，提取和加总政府财政投入有困难；其二是运用现有的教育经费统计数据，但是目前该统计数据仅公布了部分数据，且无法区分各级政府的投入。两种数据来源皆有利弊，因而需要在分析两者关系的基础上取长补短。

第一，建立学前教育经费统计的指标与政府的财政决算科目的联系。要具体分析一般公共预算教育经费和各级政府征收用于学前教育的税费这两类政府投入，建立与政府财政决算公开中的项目的联系，原因在于：学前教育经费统计中与政府投入有关的部分为国家财政性教育经费，这两类政府投入在其中占比较大。首先，列入中央、地方预算的一般公共预算教育经费中，教育事业费拨款划入第205类“教育支出”中“基础教育”的“学前教育”，这一部分可以在政府的财政决算公开表中查找确定，而购置固定资产和大型设备的基础建设拨款划入第309类“基本建设支出”，公开表中并未单列用于学前教育的拨款，类似有列入第208类“社会保障和就业”、第206类“科学技术”的部分拨款。其次，各级政府用于学前教育的税收，教育费附加、地方教育费附加和地方基金，在公开的财政决算中，不能区分用于学前教育的投入，具体见表5-8。

第二，分析DL市ZS区学前教育的经费统计数据公布的三项指标。据来自LN省《2018年全省教育经费执行情况统计公告》数据，DL市ZS区幼儿园生均一般公共预算教育经费、生均事业费和生均公用经费分别为38 831.21元、21 318.99元和13 368.99元。结合2018年ZS区幼儿园在园幼儿数为6 489人，得到幼儿园一般公共预算教育经费为2.52亿元，其中事业费为1.38亿元、公用经费为0.87亿元。具体分析，事业费包括工资福利支出、对个人和家庭的补助支出、助学金，公用经费包括商品和服务支出、其他资本性支出，则一般公共预算教育经费中剩余部分主要为基本建设拨款，为0.27亿元，见表5-9。

表5-8　**一般公共预算和政府性基金安排教育经费的分类与《政府收支分类支出科目》归属**

		含义	划入款项
一般公共预算教育经费	教育事业费拨款	从中央和地方财政取得的预算内教育事业费	第205类“教育支出”
	基本建设拨款	购置固定资产、土地和无形资产，以及购建基础设施、大型修缮所发生的支出以及与之配套完成上述项目的非财政预算内资金支出	第309类“基本建设支出”
	科研拨款	—	第206类“科学技术”
	其他拨款	—	第208类“社会保障和就业”等
各级政府征收用于教育的税收	教育费附加	学校实际收到的教育费附加拨款数	205类09款“教育费附加支出”
	地方教育附加	学校实际收到的地方教育附加拨款数	205类10款“地方教育附加支出”
	地方基金	如国有土地使用权出让金收入、城市基础设施配套费收入、彩票公益金收入、国有资源（资产）有偿使用收入、能源建设基金收入等安排用于教育的拨款	205类11款“地方教育基金支出”

资料来源：对《中国教育经费统计年鉴》统计指标整理得到。

表5-9 **教育经费政府支出口径与本书成本核算项目的关联**

		教育经费政府支出口径	本书成本核算项目
事业性支出	个人部分	工资福利支出	人员经费
		对个人和家庭的补助支出、助学金	幼儿园支出口径不予考虑
	公用部分	商品和服务支出	培训费、其他公务费
		其他资本性支出	玩教具配备费、修缮费
基础建设支出	—	—	基础建设成本、设备配备费

资料来源：由《中国教育经费统计年鉴》政府支出口径的统计指标解释与本书成本核算项目对比整理得到。

第三，分析财政决算报告中能准确度量的学前教育支出部分。据来自2018年ZS区《政府决算公开》数据显示，区本级的“学前教育”一般公共预算支出为2 784万元，来自上级的转移支付有：“公办幼儿园运行补贴”715万元，“家庭经济困难幼儿免托保费”4万元，共计投入3 503万元。这里涉及的区本级列入“教育支出”的“学前教育支出”，对应学前教育经费统计的指标“一般公共预算教育经费”中的“教育事业费拨款”这一项，并可以此为连接，可以推算DL市ZS区区本级政府对学前教育的投入。

第四，结合两类学前教育经费数据，分析DL市ZS区学前教育区本级政府的投入。分析思路为：依据《政府决算公开》区本级的“学前教育”一般公共预算支出中的“学前教育”，关联学前教育经费统计的指标“一般公共预算教育经费”中的“教育事业费拨款”，以学前教育经费统计“教育事业费拨款”占据国家财政性教育支出的比重，推测区本级政府对学前教育的投入规模。其中，最为关键的一个环节是学前教育经费统计“教育事业费拨款”所占比重的确定，这里分别以全国教育经费中的比值关系和LN省教育经费中的比值关系为准进行分析。

假设以全国教育经费政府投入结构加以分析。据《中国教育经费统计年鉴》2017年数据（囿于可获数据最新为2017年），全国国家财政性教育经费总额为1 563.6亿元，其中“一般公共预算教育经费”中的“教育事业费拨款”为1 293.8亿元，占比为83%，以此为标准，得到区本级政府学前教育投入。计算方式如下：区本级财政性教育经费为区本级教育事业费拨款与全国（或者LN省）比值相除，区本级的其他经费以此可以类推，区级政府以上的教育投入，除财政性教育经费，其他指标为DL市ZS区各类别教育经费总量与区本级投入之差，因数据有限，财政性教育经费是由一般公共预算教育经费总量与区本级财政性教育经费之差加以估算，合理性在于一般公共预算教育经费在财政性教育经费中所占的比重很大，所以可以作此替换，估算结果见表5-10。由此推导出DL市ZS区区本级政府的学前教育总投入为3 364.4万元，区级政府以上投入约为2.18亿元。

表5-10 以全国和LN省教育经费结构为标准核算区本级政府学前教育总投入

单位：万元

指标		全国比例	区本级	区级政府以上	LN比例	区本级	区级政府以上
财政性教育经费		1	3 364.40	21 833.17	1	3 516.37	21 681.20
一般公共预算教育经费	教育事业费拨款	0.83	2 784.00	11 049.89	0.79	2 784.00	11 049.89
	人员经费	0.52	1 748.39	3 410.36	0.50	1 766.03	3 392.73
	公用经费	0.31	1 035.61	7 639.53	0.29	1 017.97	7 657.17
	基本建设拨款	0.03	112.46	2 576.08	0	3.17	2 685.37

资料来源：LN省《2018年全省教育经费执行情况统计公告》。全国与LN省教育经费比例由《中国教育经费统计年鉴》的相关数据整理，区本级“教育事业经费拨款”来自于DL市ZS区政府财政决算公开，其余数据是在前三部分数据之上的整理。

假设以LN省教育经费政府投入结构加以分析。据《中国教育经费统计年鉴》2017年数据，LN省国家财政性教育经费总额为17.41亿元，其中，“一般公共预算教育经费”中的“教育事业费拨款”为13.79亿元，占比为79%，以此为标准，得到区本级政府学前教育投入见表

5-10。由此可以推导出DL市ZS区区本级政府的学前教育总投入为3 516.37万元，区级政府以上投入约为2.17亿元。

总结而言，DL市ZS区学前教育投入以政府投入为主导，政府分担比达到94.6%，个人仅分担5.4%，且政府投入又以区级政府以上承担为主，分担86%以上。具体来看，首先，从政府投入来看，据来自LN省《2018年全省教育经费执行情况统计公告》数据，DL市ZS区各级政府总投入约为2.52亿元，无论以何种比例来看，区级政府以上承担了86%以上的支出责任。从全国比例来看，区本级政府投入为0.34亿元，区级政府以上投入2.18亿元。从LN省比例来看，区本级政府投入为0.35亿元，区级政府以上投入2.17亿元。其次，从个人投入来看，依据2019年初对ZS区52家幼儿园的调研数据，2018年ZS区幼儿生均保育费为2 218.99元，总投入为1 440万元。从2018年数据可得，ZS区学前教育投入总计2.66亿元，政府分担比为94.6%，个人仅承担5.4%。

4）学前教育的政府投入缺口——以DL市ZS区为例

学前教育的经费投入缺口，涉及核算的标准学前教育成本与学前教育实际投入之间的关系，以下将从学前教育经费投入规模和投入结构两个方面加以分析。

首先，从学前教育经费投入规模角度分析，DL市ZS区对学前教育的投入已满足省级公办园工资水平的总体投入标准，尚未满足市国企工资水平标准。具体来看，ZS区学前教育投入总计2.66亿元，2018年ZS区在园幼儿为6 489人，教职工为1 346人，生师比为4.8∶1，因而选择生师比为5∶1的成本核算标准。进一步地，以LN省公办园工资水平为标准，学前教育成本为2.25亿元，从投入规模来看已经达到该标准；以DL市国企工资水平为标准，学前教育成本为4.42亿元，从投入规模来看存在1.76亿元的资金缺口。

其次，从学前教育经费投入结构角度分析，硬件投入过度浪费与软件投入严重不足并存。具体来看，第一，分析DL市ZS区学前教育资源配置与标准配备的差异，见表5-11。从幼儿园生师比来看，ZS区幼儿园教师配置数量已经超额完成政策标准，从人均基础建设面积和人均建筑面积看，ZS区幼儿园的幼儿人均基础建设面积比标准少3.1平方米，占标准配备的16.8%，其中人均建筑面积少2m^2。第二，分析DL市ZS区学前教育政府投入资金与核算标准的差异，见表5-12。注意，之所以选择政府投入资金而不是政府与个人投入资金之和，是因为个人负担的学前教育成本不能明确最终使用用途，且在实际负担成本中所占比重较低，所以暂且忽略个人负担的学前教育成本部分。从政府投入结构来看，政府投入资金的79.5%用于基础建设和公用部分，包括公务费、培训费等，而仅有20.5%用于人员经费以及对个人和家庭的补助支出、助学金，对比标准的学前教育成本72.1%用于人员经费，可以得出DL市ZS区学前教育政府投入“重硬件、轻软件”的程度非常高的结论。进一步地，生均基础建设成本达到标准额度的2倍以上，生均公用部分更是达到5倍以上，而生均人员经费尚不足标准配备的1/3。简而言之，硬件方面的过度浪费与软件方面的严重不足是ZS区学前教育政府投入结构的突出问题。

表5-11　　DL市ZS区学前教育资源配置实际与标准对比

	核算标准	实际情况
生师比	7：1~5：1	4.8：1
人均基础建设面积	18.5m^2	15.4m^2
人均建筑面积	12.5m^2	10.5m^2

资料来源：核算标准数据由核算整理，实际比值由DL市《教育统计年鉴》相关数据整理。

表5-12　　DL市ZS区学前教育政府投入与标准投入对比　　单位：元

	核算标准	政府投入
生均个人部分	25 010.68	7 950
生均公用部分	2 641.85	13 368.99
生均基础建设支出	7 018.8	17 512.22
生均投入	34 671.33	38 831.21

资料来源：核算标准数据根据核算和表5-9整理，政府投入来自LN省《2018年全省教育经费执行情况统计公告》。

最后，需要强调的是，ZS区为DL市重点扶持的区，从学前教育投入规模来看，ZS区政府投入规模已达到省级公办园工资水平标准，且ZS区对幼儿园的政府投入远高于市内其他三区，因此市内的公共服务均等化问题需要重新衡量。该问题初步表现在：生均一般公共预算教育经费方面，ZS区为近40 000元，而其他三区最高不足14 000元，最低仅为4 400元，差距异常大。这种差距的产生原因仍需进一步研究。

从市内四区的学前教育资源配置来看，ZS区的教职工配备最为充分，且基础建设投入较大。这表现在：第一，从幼儿园生师比来看，DL市内四区幼儿园生师比都已达到政策标准的要求，而ZS区为4.8：1，为四区最低，SHK区较为接近，为5.1：1，其他两区都在6以上，说明ZS区教职工配备最充分；第二，从人均占地面积来看，四区都未达到标准，但ZS区最接近标准值，相差3.1m²，XG区最低，距离标准值差7.8m²，人均占地面积缩减了接近一半，说明幼儿园环境相对拥挤；第三，从人均建筑面积来看，四区都未达标，依旧是ZS区最高，离标准值只差2m²，而最低的GJZ区差5.5m²，人均建筑面积缩减近一半，XG区将有限的空间更多作为建筑用地使用，而GJZ区更多作为室外活动用地和集中绿地（见表5-13）。

表5-13　**DL市市内四区学前教育资源配置对比**

	核算标准	ZS区	XG区	SHK区	GJZ区
生师比	7：1~5：1	4.8：1	6.2：1	5.1：1	6.4：1
人均占地面积	18.5m²	15.4m²	10.7m²	12.7m²	11.1m²
人均建筑面积	12.5m²	10.5m²	8.8m²	8.7m²	7.0m²

资料来源：核算标准数据由核算整理，实际比值由DL市《教育统计年鉴》相关数据整理。

市内四区的资源配置与教育经费投入密切相关，鉴于市内四区基础建设成本相差不大，可以借ZS区的成本标准加以粗略衡量（见表5-14）。具体来说，第一，从政府投入规模来看，ZS区生均3.8万元的政府投入，超过省公办园教职工工资水平的标准，但排名第二的XG区仅有1.35万元，仅为ZS区政府投入的1/3左右，尚不足标准值的一半，最低的GJZ区仅有标准值的1/8左右，差距非常大。第二，从政府资金投入结构来看，与ZS区相比，其他三区在基础建设支出和生均公用经费支出方面存在巨大差距（见表5-14）。从生均个人经费来看，除GJZ区仅有较低的4 228.88元以外，其他三区差异不大，全市四区生均个人经费都显著低于LN省公办园教职工工资水平，教职工工资保障力度不足；从生均公用经费来看，ZS区最高，为13 368.99元，而其他三区中最多的XG区也仅有ZS区的1/3，最低的GJZ区仅有208.22元，差异非常大，但是XG区、SHK区两区的生均公用经费趋于合理，ZS区存在过度浪费，而GJZ区则严重不足；从基础建设支出来看，除ZS区以外，其他三区政府投入极度欠缺。第三，DL市内四区学前教育经费投入的政府间成本分担存在较大差异，通过对四区政府财政决算数据和DL市《教育统计年鉴》数据的整理，三区区本级生均事业费差距明显低于生均投入差距，这说明各区之间的差异主要是因为上级政府转移支付的力度不同，上级政府将更多资金投入ZS区，倾斜式的财政资金投入方式，造成ZS区在基础建设支出和公用经费方面存在大规模的浪费问题，而其他三区因为缺乏上级政府转移支付的有力支持，在个人经费和基础建设支出方面都存在较大的经费缺口。XG区区本级生均事业费高于生均投入，因此为异常值，暂时不予分析。

表5-14　**DL市市内四区学前教育经费结构对比**　单位：元

	标准	ZS区	XG区	SHK区	GJZ区
生均个人经费	25 010.68	7 950	8 023.74	6 810.96	4 228.88
生均公用经费	2 641.85	13 368.99	3 943.9	1 346.46	208.22
基础建设支出	7 018.8	17 512.22	1 549.13	0	0
生均投入	34 671.33	38 831.21	13 516.77	8 157.42	4 437.1
区本级生均事业费	—	4 290.34	20 338.64*	3 225.18	2 846.12

注：*代表出现异常值，区本级生均事业费高于政府生均投入。

资料来源：核算标准数据根据核算和表5-9整理，政府投入相关数据来自LN省《2018年全省教育经费执行情况统计公告》，区本级生均事业费数据由DL市四区政府财政决算公开与DL市《教育统计年鉴》整理。

简而言之，DL市ZS区学前教育经费投入以政府投入为主，政府投入规模趋于合理，但是投入结构存在“重硬件、轻软件”的问题，且政府投入主要源于区级以上政府的转移支付。另外，DL市市级政府对四区的转移支付支持力度存在“扶强”的倾向，导致其他三区资源匮乏，学前教育基础建设领域存在较大经费缺口。

5.4 学前教育成本分担机制

前文在划分学前教育政府与市场职能、明确各级政府事权的基础上，建立了核算学前教育成本的方法，根本目的在于构建学前教育成本分担机制以解决学前教育供给中的突出问题。因此，本节将基于成本分担理论的受益原则和能力原则，按照学前教育成本核算项目，试图从学前教育成本政府和市场分担以及各层级政府间分担两个维度构建学前教育成本分担机制。

5.4.1 学前教育成本政府和市场分担

学前教育成本政府和市场分担是在政府与市场明确分工，确定政府事权和市场机制作用领域，且学前教育成本合理核算的基础上展开的。进一步明确学前教育成本政府和市场分担的前提是明确成本分担的原则，成本分担理论从效率角度和公平角度提出的受益原则和能力原则为此提供理论依据。以受益原则为出发点，要求学前教育政府与市场的成本分担应从学前教育的准公共产品属性出发，以个人受益和社会受益的相对大小予以确定。从能力原则出发，要求学前教育政府与市场的成本分担，应从社会财富在政府与个人以及个人之间的分配格局出发，根据政府与市场的分担能力的相对强弱予以划分。以下将依据受益原则与能力原则对学前教育成本在政府和市场间予以划分。

1）影响学前教育成本政府和市场分担的因素

学前教育成本在政府和市场间分担是有差别的分担，而不是简单武断地在全国范围内实施单一比例的分担。原因在于：完全一致的分担比例，忽视了经济较为发达地区对学前教育基本需求的变化，导致学前教育发展缺乏顺应基本需求变化而提高质量的内在动力，进而带来效率损失。因而，在具体考量政府与市场分担比例之前，需要首先分析影响成本分担的因素。

影响学前教育成本政府和市场分担的因素，可从供给与需求的角度加以区分，从供给角度来看，包括经济发展水平、幼儿园服务质量和办园成本等，从需求角度来看，主要包括家庭经济承受能力和适龄幼儿人口规模等。

第一，经济发展水平对学前教育成本政府和市场分担的影响，应从效率角度出发进行分析。这种影响体现在两方面：首先，在税收制度不变的前提下，经济发展水平限制政府财政收入水平，进而影响财政支出能力，从而从政府投入规模角度限制政府分担成本的能力；其次，经济发展水平的重要衡量指标为国内生产总值，也可以理解为国民收入。经济发展水平的提高伴随而来的是居民可支配收入水平的增强，继而带来适龄幼儿家庭对学前教育需求的升级，从而给予市场机制发育的契机。通过以上两点的分析可以发现，经济发展水平的提高，并不一定带来政府分担水平的提高，这一点由第3章的分析可以证明，如经济发展水平较高的广东省，政府分担比例仅为23.44%。因而，在经济发展水平促进政府财力增强的同时，保证不断升级的学前教育基本质量需求的满足也是必要的。这要求学前教育成本在政府与市场之间的分担比例应该随经济发展变化而做出灵活性调整。

第二，幼儿园服务质量与办园成本对学前教育政府与市场间成本分担的影响，是通过效率角度的受益原则进一步展开的。具体而言，即使是在同一地区，由于家庭间收入水平存在差异，不同家庭对幼儿园服务质量要求也存在不同，这里主要说明高收入家庭对高质量学前教育的需求。高质量的学前教育需求，要求更高的学前教育成本投入，从受益原则出发，高收入家庭对学前教育的超过基本质量标准的学前教育需求，主要由家庭受益，因此成本也应由家庭负担。

第三，适龄幼儿家庭经济承受能力对学前教育政府与市场间成本分担的影响，是通过公平角度的能力原则加以权衡的。收入初次分配在不同家庭之间存在不均衡，这里侧重分析收入水平较低的家庭。当学前教育成本对适龄幼儿家庭造成较大经济压力，特别是在没有外部财力支持的情况下，该部分家庭将选择放弃幼儿入园时，从能力原则出发，这部分家庭经济困难学生的学前教育成本应当由政府分担。

第四，适龄幼儿人口规模变化对学前教育政府与市场间成本分担的影响，是从效率角度出发加以衡量的。人口政策是政府在考量人口老龄化、经济持续增长等多方面因素的基础上加以制定的公共政策，而因人口政策变化带来的新增人口需要增加学前教育资源加以满足，更进一步，人口政策变化不仅要求从人口规模衡量学前教育总成本的扩张规模，还要求在学前教育资源布局上达到有效配置，实现学前教育资源存量和增量的有机结合。

2）学前教育成本政府与市场分担机制

依据政府与市场的分工（即政府事权范围的界定）、成本核算的项目以及影响学前教育政府与市场成本分担的因素，现对学前教育成本政府与市场分担予以说明：

第一，同一地区，在学前教育基本质量需求之上有更高质量或者个性化需求的适龄幼儿家庭，由家庭承担学前教育全部成本。这一点是基于市场机制的作用界定、市场满足学前教育当期多样化的需求、在不同时期和不同条件下满足学前教育高标准需求的升级，以及政府承担学前教育制度设计事权。具体实施标准是：以是否为普惠性幼儿园为标准，区分不同类型的学前教育需求，来确定政府是否进行补贴。这里需要注意，以是否为普惠性幼儿园为标准，而不是以登记注册时是否为营利性幼儿园为标准，原因在于：目前各地逐步制定并公布普惠性幼儿园的认定标准，而认定与复核普惠性幼儿园在一定程度上是对学前教育质量进行监督，因此以是否为普惠性幼儿园为依据，其实是在为学前教育的基本质量要求作筛查。具体实施路径为：对被核定为普惠性幼儿园的机构，政府给予成本分担；在政府事权得以妥善落实、教育质量得到有效监督并在有公信力的平台加以公开，适龄幼儿家长得到有效信息的前提下，政府对非普惠性幼儿园应放松价格管制，以经济报酬激励其发挥带动质量提升的作用，不予分担成本。

第二，在同一地区，尚不能满足基本质量需求的幼儿家庭，由政府承担适龄幼儿的学前教育全部成本。这一点是基于政府承担学前教育顶层设计"广覆盖"、保证适龄幼儿公平享有入园机会的事权。具体实施路径为：政府对这部分幼儿的学前教育成本分担分为两部分，一是与其他普惠性幼儿园的在园幼儿一致，接受基本质量标准的学前教育，享受政府分担部分成本的补贴；二是依据家庭低收入证明或残疾人证等，给予幼儿本应由家庭承担成本相等的补贴。

第三，依据学前教育基本质量成本项目的特点与比重，结合不同地区的经济发展水平，确定符合本地区基本质量需求的成本分担比例。这一点是基于政府顶层设计"保基本"的事权，结合了学前教育成本核算项目与方法的具体展开。本书将学前教育成本分为固定成本与可变成本。固定成本包括基础建设费、设施设备和玩教具费；可变成本包括日常修缮费、人员经费、培训费和其他公务费。以下将按照学前教育成本项目分类予以成本分担分析。

首先，政府应当承担学前教育资源匮乏地区新增学前教育资源的固定成本。对于适龄儿童入园率较低、学前教育资源较为匮乏的地区来讲，扩大基本质量标准的学前教育资源是首要任务，但对以利润最大化为目的的幼儿园投资者而言，学前教育固定成本投资大且供给基本质量学前教育难以获得足够的经济激励。因此，对于欠发达地区固定成本的投入，应当由政府承担。

其次，人员经费和培训费主要由政府承担，政府依据经济发展水平制定成本分担标准。原因在于：其一，从成本分担机制中突出师资建设必要性来讲，在可变成本中，人员经费与培训费是与教育质量关系最为密切的成本，但与之相矛盾的是，现实中师资配备以及工资福利保障等问题突出，因而增加师资队伍的保障是必要的。其二，从人员经费的成本分担现状来讲，公办幼儿园的人员经费由政府负担，普惠性民办幼儿园人员经费由市场分担，无论从效率还是公平原则出发，都对普惠性民办幼儿园的长期发展有负面影响，因而有必要对人员经费成本分担重新调整。其三，从政策实施的可操作性来讲，人员经费占学前教育成本份额非常大，各级政府可以通过设置不同工资水平标准，灵活调整学前教育成本政府分担比例。实施路径为：其一，从人员经费与培训费的比重而言，这部分成本所占比重最大，在现阶段完全由政府承担财政支出压力较大，因而首先需要均衡公办幼儿园和普惠性民办幼儿园人员经费的政府分担比例，适当降低公办幼儿园政府分担比例，提高普惠性民办幼儿园的政府分担比例。其二，各地区应根据各自经济发展水平和学前教育发展目标设置分担标准。

再次，日常修缮费与其他公务费主要由幼儿家庭分担，政府依据居民的经济承受能力适当分担部分成本。原因在于：日常修缮费与其他公务费，是幼儿园正常运营的成本，特别是公务费，是幼儿园应当尽量减少浪费的支出部分，这部分成本应当以保育费的形式由幼儿家庭承担，以收费形式弥补运营成本，可以发挥通过市场竞争尽量降低该部分成本、提高资金使用效率的作用。

最后，对于因人口政策导致增加的学前教育需求，按照下列方式分担成本：一方面释放政策信号引导市场配置资源；另一方面合理扩充普惠性幼儿园资源以满足新增需求。

5.4.2 学前教育成本各层级政府间分担

学前教育成本各层级政府间分担，建立在学前教育政府间事权明确划分基础之上，应对基层政府事权与财力的不匹配问题、转移支付规模与结构不合理问题、匹配新型城镇化建设的要求还需进一步探讨的问题。以下将依据政府间事权划分与学前教育政府分担的总成本，按照学前教育成本项目的划分对各级政府间学前教育成本分担问题加以探讨。

1）中央政府与省级政府学前教育的支出责任划分

中央政府对学前教育的支出责任应当与中央政府事权相匹配，即中央政府应当承担处境不利幼儿的学前教育成本、资源匮乏地区新增学前教育资源的固定成本以及一定额度的人员经费和培训费。这里需要重申中央政府学前教育事权。根据划分，中央政府承担包含全国层面的学前教育总体规划和制度供给职能，以及省际均衡的统筹职能和学前教育立法事权。中央政府以制定的“广覆盖、保基本”的全国最低标准为上限，为省级政府层面学前教育成本政府分担做“兜底”保障。总体而言，中央政府的支出责任体现为：中央政府对省级政府自有财力无法满足全国最低标准时给予资金补助，均衡各省之间学前教育的发展。

中央政府的支出责任具体表现为：第一，对处境不利的尚不能满足基本质量需求的适龄幼儿家庭，给予幼儿成本补贴，成本补贴的额度以中央政府所设置的全国最低标准的学前教育成本为上限，扣除已发生的对普惠性幼儿园的补贴部分，即等价于原本由幼儿家庭承担的成本。第二，学前教育资源匮乏地区新增学前教育资源的固定成本应当由中央政府承担一定比例，原因在于：首先，学前教育资源匮乏地区大多经济发展水平不高，需要省域间资金协调；其次，学前教育的固定成本的投资额较大，但依据基础建设面积标准和地区适龄人口规模较易获取资金缺口数据，因而适合由更高层级政府承担成本。第三，学前教育人员经费和培训费应当由中央政府承担一定额度，补助标准为以中央设定的学前教育教职工工资水平为基准的全国最低人员经费和培训费上限。

省级政府学前教育的支出责任应当与省级政府的事权相匹配，因而需要重申省级政府的学前教育事权。依据上一节的划分，省级政府承担结合本省学前教育发展水平以及政府管理和支出水平，适当调整制定本省的学前教育规划，落实学前教育相关制度建设的职责，以及统筹省域内学前教育均衡发展的事权。其中，省级政府制定的学前教育发展的省级最低标准和省域内的统筹职能，涉及省级政府的财政职能。需加以强调的是省级最低标准至少不低于全国最低标准。总体而言，省级政府学前教育的支出责任体现在：省级政府应当以其制定的学前教育省级最低标准为上限，以省级最低标准和全国最低标准的差额为依据对县级政府给予转移支付，当县级政府自有财力无法满足中央政府设立的全国最低标准时，省级政府首先利用省级自有财力予以均衡，不足时利用中央政府用于学前教育的转移支付加以弥补。当县级政府自有财力满足中央政府设立的全国最低标准，但不满足省级最低标准时，省级政府利用自有财力，弥补县级政府自有财力与省级最低标准的差额。

省级政府学前教育的支出责任具体体现在：第一，对尚不能满足基本质量需求的处境不利的适龄幼儿家庭，给予幼儿成本补贴，成本补贴的额度为学前教育省级最低标准与全国最低标准的差额。第二，学前教育人员经费和培训费应当由省级政府分担一定比例，分担的限额为以省级政府设置的学前教育教职工工资水平为基准的省级最低人员经费和培训费上限。当县级政府财力不足以满足全国最低标准时，省级政府首先利用自有财力加以均衡，当无法满足时利用中央政府的转移支付予以弥补，当县级政府的财力足以满足中央设置的全国最低人员经费和培训费标准，但是尚无法满足省级最低标准时，省级政府利用自有财力弥补资金缺口。

2）县级政府学前教育的支出责任

学前教育以县级政府为主承担教育事权，因而县级政府的学前教育支出责任应当匹配事权。依据前文的划分，县级政府承担的事权，包括学前教育的运行、管理和统筹县域内城乡一体的职能。但是，需要注意的是，县级政府承担学前教育的主要事权，并非指事权对应的支出责任全部来自县级政府的本级收入，因县级政府自有财力有限，上级政府的转移支付也是县级政府落实学前教育事权的财力来源。

县级政府学前教育的支出责任具体体现在：第一，县级政府承担一定比例的学前教育日常修缮费与其他公务费，原因在于：日常修缮费与其他公务费在学前教育中所占比重较小、较琐碎，且随物价水平变化明显，因而当生均保育费超过家庭负担能力时，应当由低层级的县级政府按照当地实际予以分担。第二，学前教育人员经费和培训费应当由县级政府分担一定比例，这是因为该部分成本较大且与学前教育质量密切相关，作为学前教育运行管理事权的承担者，需以此引导学前教育的发展方向。

5.4.3 学前教育成本分担——以DL市ZS区为例

1）核定学前教育成本政府分担量

第一，学前教育成本政府分担标准的确定。首先，从国际借鉴的角度而言，OECD国家学前教育成本主要由政府承担，政府分担的比例介于65%～100%，但OECD成员国大部分为发达国家，与我国存在经济发展水平、文化和财政体制的差异，直接借用该比例有失科学性。其次，以社会期望作为衡量标准，借鉴魏聪等（2015）的调研结果，公众期望的学前教育成本分担结构是家庭分担25%、政府分担

50%、社会分担10%、幼儿园分担10%；幼儿园期望幼儿家庭分担35%、政府分担50%、社会分担15%。由于我国学前教育成本分担的主体中，欠缺社会捐赠的投入，因而，仍需对其中家庭与政府分担比例加以调整。最后，结合现阶段我国学前教育成本分担现状，我国学前教育成本分担比例整体水平不高，从2012年开始，政府分担比例在50%左右波动。因此，总结国际经验，可以社会期望作为参考，充分考虑我国学前教育成本分担的现状，以政府分担60%作为学前教育发展的短期目标、以政府分担70%作为中期目标、以政府分担80%作为长期目标加以分类说明。

第二，学前教育成本政府分担的基数。需要特别注意的是，政府与市场分担的学前教育成本包括固定成本与可变成本，在确定政府分担比例时，有条件地利用了原有研究中的分担比例数值，而现有的统计和实务中大部分固定成本被忽视，这体现在学前教育的固定成本在不同性质的幼儿园的会计处理方式不同，公办幼儿园的固定成本未在幼儿园账目中体现，而是以基础建设支出一次性计入财政支出项目，民办幼儿园的固定成本只在部分会计核算健全的园所以租金形式记入，因此为了与参考的政府分担比例相对应，这里以可变成本作为学前教育成本分担的基数，另外再单独分析学前教育固定成本分担问题。

第三，核算不同分担比例下政府所需财政资金。以LN省公办幼儿园教职工工资水平核算的学前教育成本为基准，核算学前教育可变成本政府分担量，见表5-15。依据前文对全国教育经费政府投入结构的估算，DL市ZS区区本级政府的学前教育总投入为3 364.4万元，因此，仍有一半以上的财政缺口需要上级政府的转移支付予以弥补。

表5-15 **DL市ZS区学前教育可变成本政府分担表** 金额单位：万元

政府分担比例（%）	幼儿园生师比	
	7∶1	5∶1
60	7 853.92	10 766.24
70	9 162.91	12 560.61
80	10 471.90	14 354.98

2）核定学前教育成本各级政府分担量

依据不同省市的经济发展和学前教育资源管理现状，各级政府分担学前教育成本的比例应有所差异，具体应按照政策划分的东中西部地区，以不同的比例分担学前教育的可变成本。参考义务教育阶段中央与地方公用经费的分担比例，以及日本政府对私立幼儿园三级政府3：3：4的分担比例。这里将东部地区中央政府、省级政府和县级政府的分担比例设置为3：3：4，中部地区三级政府的分担比例设为5：3：2，西部地区三级政府的分担比例设为7：2：1。DL市ZS区属于东部地区，学前教育可变成本按照3：3：4的比例在三级政府之间分担，具体分担量见表5-16和5-17。

表5-16 **DL市ZS区学前教育可变成本分担表**

（幼儿园生师比为7：1） 金额单位：万元

政府分担比例（%）	中央政府分担	省级政府分担	县级政府分担
60	2 356.18	3 141.57	2 356.18
70	2 748.87	3 665.16	2 748.87
80	3 141.57	4 188.76	3 141.57

表5-17 **DL市ZS区学前教育可变成本分担表**

（幼儿园生师比为5：1） 金额单位：万元

政府分担比例（%）	中央政府分担	省级政府分担	县级政府分担
60	3 229.87	4 306.49	3 229.87
70	3 768.18	5 024.24	3 768.18
80	4 306.49	5 741.99	4 306.49

各级政府对学前教育可变成本的分担，首要项目为人员经费和培训费。具体而言，各级政府依据各自确定的教职工工资水平，分担学前教育可变成本中的人员经费和培训费。

中央政府承担的人员经费和培训费限额，取决于中央政府确定的教职工工资水平，这里假定中央政府以所属省份最低工资最低档标准为限予以支持。已知2018年LN省的最低工资标准为1 120元，与前文中以DL市国有企业工资水平和以LN省公办幼儿园教职工工资水平为标准时使用相同的“五险一金”比例，得到DL市ZS区幼儿园生师比为7：1时，生均人员经费和培训费之和为4 682.82元；幼儿园生师比为5：1时，生均人员经费和培训费为6 555.95元，见表5–18。以此得到中央政府承担人员经费和培训费的限额为3 039万元和4 254万元。

表5–18　DL市ZS区学前教育成本核算项目明细三

（以LN省最低工资最低档为标准）　单位：元

成本分类	成本项目	幼儿园生师比	
		7：1	5：1
生均固定成本	基础建设费	6 684.57	7 018.8
	设施设备和玩教具费		
生均可变成本	日常修缮费	200.53	210.56
	人员经费	4 524.46	6 334.25
	培训费	158.36	221.70
	其他公务费	1 481.83	1 555.92
生均总成本		13 049.75	15 341.22
总成本（幼儿数=6 489人）		84 679 800	99 549 200

省级政府承担的人员经费和培训费限额，取决于省级政府确定的教职工工资水平，这里假定省级政府以当地最低工资标准为限予以支持。已知2018年DL市的最低工资标准为1 620元，同前使用相同的“五险一金”比例，得到DL市ZS区幼儿园生师比为7：1时，生均人员经费和培训费之和为6 773.36元，幼儿园生师比为5：1时，生均人员经费和培训费为9 482.7元，见表5–19。以此得到中央政府承担人员经费和培训费的限额为4 395万元和6 153万元。

表5-19 DL市ZS区学前教育成本核算项目明细四

（以DL市最低工资为标准） 单位：元

成本分类	成本项目	幼儿园生师比	
		7∶1	5∶1
生均固定成本	基础建设费	6 684.57	7 018.8
	设施设备和玩教具费		
生均可变成本	日常修缮费	200.53	210.56
	人员经费	6 544.31	9 162.03
	培训费	229.05	320.67
	其他公务费	1 481.83	1 555.92
生均总成本		15 140.29	18 267.98
总成本（幼儿数=6 489人）		98 245 300	118 540 900

3）分项目按照幼儿园性质分配财政资金

第一，依据政府满足基本质量标准的需求，确定财政资金用于普惠性幼儿园，包括公办幼儿园和普惠性民办幼儿园。首先，确定普惠性幼儿园的覆盖率，依据2017年LN省教育厅等七部门印发的《LN省第三期学前教育行动计划（2017—2020年）》以及2018年《中共中央国务院关于学前教育深化改革规范发展的若干意见》的规定，实现“广覆盖、保基本、有质量”的学前教育，普惠性幼儿园总体覆盖率应为80%，这里假定公办幼儿园覆盖率为45%，普惠性民办幼儿园覆盖率为35%。

第二，各类成本项目的补贴次序。首先，固定成本与可变成本分别予以财政补贴，互不影响，这里假定给予公办幼儿园和普惠性民办幼儿园以不同程度的固定成本补贴，公办幼儿园享有全额补贴，普惠性民办幼儿园享有50%的补贴。其次，可变成本部分，需要优先给予人员经费和培训费资金补贴，规定公办幼儿园与普惠性民办幼儿园享有相同的补贴力度；其他公务费和日常修缮费在既定财政资金不足时，可以选择不予补贴。

前文已经就学前教育可变成本各级政府补贴限额予以详细说明，这里将重点核算固定成本的财政补贴。当幼儿园生师比为7：1时，DL市ZS区为使普惠性幼儿园覆盖率达到80%，固定成本需要财政资金2 711万元，其中用于公办幼儿园的财政资金为1 952万元，用于普惠性民办幼儿园的财政资金为759万元；当幼儿园生师比为5：1时，固定成本需要财政资金2 847万元，其中用于公办幼儿园的财政资金为2 050万元，用于普惠性民办幼儿园的财政资金为797万元。但由于学前教育固定资产有流量与存量之分，学前教育固定资产的获取存在自建和租赁两种形式，因此，上述核算资金中有一部分已经在过去年份支出，以下将具体分析：

第一，已建成的公办幼儿园固定成本已经在过去年度以基础建设支出一次性计入财政支出项目，核算数额只是过去政府投入的分摊，而不会在新的会计年度以货币支出的形式在账目中体现；新建或扩建的公办幼儿园成本，可按照标准固定成本予以补贴。

第二，对于正在运行以及新建扩建的普惠性民办幼儿园，每年获得额度为固定成本的一半的财政补贴。依据2018年对DL市ZS区的调查数据，公办幼儿园的覆盖率为54.48%，普惠性民办幼儿园的覆盖率为18.02%，因而为满足80%的普惠性幼儿园覆盖率，仍需25.52%的普惠性民办幼儿园得到固定成本补贴，当幼儿园生师比为7：1时，补贴金额为553.55万元；当幼儿园生师比为5：1时，补贴金额为581.23万元。

6　完善我国学前教育政府和市场供给作用机制的政策建议

基于学前教育的准公共产品属性与公平原则、效率原则，结合学前教育供给中的突出问题、满意度的实证结果以及学前教育成本分担的思路，本章从学前教育政府与市场的职能定位、政府的制度供给、政府间事权与支出责任划分以及学前教育财政支持方式的角度，试图提出完善我国学前教育政府和市场供给作用机制的建议。

6.1　校准学前教育政府与市场供给职能定位

学前教育供给中的毛入园率低、适龄幼儿家长学前教育满意度低且持续下降等突出问题皆与学前教育政府与市场供给职能定位密切相关，政府的制度供给的设计、政府间事权与支出责任的划分以及学前教育财政投入机制的有效运行，都须以学前教育政府与市场供给职能定位为基准展开，鉴于此，本节将试图从学前教育的产品属性以及公平与效率原则出发来校准学前教育政府与市场供给的职能定位。

6.1.1 政府承担学前教育供给的基本质量标准服务职责

基于学前教育的准公共产品属性中一定范围内具有非竞争性、非排他性和公共外部性、社会外部性以及公平原则，结合当前我国学前教育毛入园率低、以政府供给为表征的具有福利性质的公办幼儿园覆盖率低且园所规模、班级规模较大所凸显的公办幼儿园无法满足现有学前教育基本需求和呈现出的适龄幼儿家长对学前教育满意度较低且持续降低的问题，政府应当担负起供给基本质量标准学前教育的职责。

（1）政府供给基本质量标准学前教育的对象是所有家庭的适龄幼儿。基于此建立针对所有家庭适龄幼儿的基本质量标准学前教育供给体系，以及针对处境不利家庭适龄幼儿的资助体系。具体来说，为设计我国学前教育政府供给的体系，在借鉴国际经验时需格外考虑我国对学前教育公平的定位是“社会公益事业”“关系亿万儿童”，其区别于其他国家政府供给学前教育的对象仅针对处境不利群体家庭的适龄幼儿。鉴于此，我国学前教育供给体系应当至少囊括针对处境不利家庭适龄幼儿的资助体系，以及针对所有家庭适龄儿童的基本质量标准学前教育供给体系。处境不利家庭是指低收入家庭、适龄幼儿有身体或智力残疾的家庭。具体判别处境不利家庭的方式包括：低收入家庭依据当地人民政府规定的低收入标准予以判断，或者适龄幼儿符合《中国残疾人实用评定标准》并持有残疾人证。给予处境不利适龄幼儿以基本质量标准学前教育成本市场承担部分等额的资助。

（2）政府供给学前教育服务标准为基本质量标准。学前教育基本质量标准的制定应考虑学前教育理论发展和适龄幼儿家长需求的影响，即学前教育基本质量标准非固定不变。进一步地，学前教育公平并非简单的平均化或无差异，在不造成收入差距扩大、社会阶层代际传递影响的前提下承认地区、城乡和人群之间存在差距。换言之，政府供给学前教育承担以基本质量标准为底线的兜底责任。

6.1.2 市场机制在学前教育供给中发挥满足高质量多样化标准服务职责

基于学前教育在超出特定范围后消费具有一定程度的竞争性和排他性，结合当前小规模非普惠性民办幼儿园在受到公办幼儿园的规模挤压和社会资本逐利性的驱使下，采取无证办园的经营行为，导致学前教育质量难以保证，而呈现出的适龄幼儿家长对学前教育满意度较低且持续降低的难题，市场应当担负起供给多样化及不断升级高质量标准学前教育的职责。

（1）在资源配置的效率原则基础上，以市场供给为表征的非普惠性民办幼儿园在价格机制作用下，通过提供差异化服务（高标准学前教育）满足购买意愿与购买能力增强的适龄幼儿家庭对高质量学前教育的需求来获取市场势力成为价格制定者，以避免同质化服务（基本质量标准学前教育）缩小其盈利空间，换言之，非普惠性民办幼儿园能够以高质量学前教育服务获取超额利润。

（2）为充分保障市场机制发挥其灵活满足多样且不断升级的需求、促进学前质量提升的职能，需要政府制定完善的制度作为保障，包括学前教育质量标准、师资队伍建设保障机制以及质量监督评价和公开制度，以下将详细介绍各项制度，同时，要在学前教育质量监督与评价体系完善基础上减少政府收费干预，确保民办幼儿园有充足的盈利空间。

6.2 完善政府学前教育制度供给职能

为将学前教育供给中政府与市场分别提供基本质量标准服务和高质量标准服务的职能定位予以准确落实，本节将探索从学前教育的政府战略规划、质量标准、质量监督、评价和公开、师资队伍建设保障等制度的完善并最终促进学前教育立法的角度提出建议。

6.2.1 政府承担学前教育战略规划职能

基于我国学前教育改革的自上而下制度变迁的属性，以及政府对学前教育收益的正外部性认知决定学前教育供给方式（即计划经济时期政府重视学前教育的经济外部性将学前教育作为解放妇女生产力的重要途径纳入到社会福利体系中、社会主义市场经济初期政府关注学前教育的个人收益将学前教育供给转变为市场为主、2010年后政府聚焦于学前教育的社会外部性带来学前教育政府供给比重的提高）的历史经验，结合当前我国学前教育战略规划的政策文件层级较低且缺乏法律层面的强制力、各地政策实施有较大的弹性空间的现实问题，政府应当承担学前教育战略规划职能。

就学前教育供给政府战略规划职能的发挥，可借鉴美国与英国成熟的发展经验。两国将学前教育供给政府战略规划职能通过各类项目体现，并逐步将各类项目或政策的成熟经验纳入法律以增强政策实施的力度。具体来说，美国学前教育政府供给的职能，从“向贫穷宣战”到“不让一个孩子掉队”不断发展，贯穿于开端计划，逐步形成《提前开端法》（1981）、《早期学习机会法》（2000）、《教育科学改革法》（2002）等。英国学前教育政府供给的职能，其中一点表现为“每个孩子都重要”，随着“确保开端计划”（1998）、“儿童保育十年战略”（2004）、“早期奠基阶段”规划（2005）等项目经验的积累，英国在原来《初等教育法》（1987）将5~7岁幼儿教育纳入义务教育的基础上，颁布《初等教育法》（2006），将3~4岁幼儿教育规定为免费学前教育。鉴于以上论述，政府学前教育供给战略规划职能，应当从以下三个层面拓展：

（1）就2017年《教育部等四部门关于实施第三期学前教育行动计划的意见》中确定的学前教育“广覆盖、保基本、有质量”的发展目标，总结三期学前教育三年行动计划的经验，并从学前教育供给中的普惠性学前教育资源供给、学前教育制度供给以及学前教育政府间事权与支出责任划分三方面，明确第四期学前教育三年行动计划的具体目标与实施路径，重点囊括依据经济发展水平、幼儿园服务质量和办园成本、家庭经济承受能力和适龄人口规模确定的学前教育成本政府分担比例和学前教育基本质量标准的阶段化目标。

（2）以三期学前教育三年行动计划的经验为基础，促进学前教育立法，从而提高政策文件的层级，以法律形式规定政府职能定位，增强政策执行的强制力。

（3）在当前管理体制下，需要明确教育部作为学前教育管理的核心地位，其他各部门有效分工，建立专业化的管理团队，尽量避免多头管理带来的责任推诿问题，确保平行政策间冲突时可以有章可循，提高工作效率。

6.2.2 政府承担制定学前教育质量标准职能

基于以学前教育基本质量标准为界的学前教育政府与市场供给分工和以差别化的高质量学前教育获取超额利润的学前教育市场机制有效运转的迫切需要，立足于当前我国学前教育质量标准缺乏以幼儿为中心的双向互动共建知识的教育理念和操作性的现实，政府应当承担制定学前教育质量标准职能。

构建我国学前教育质量标准，可借鉴英国与新西兰的经验。英国连续四次修改完善学前教育质量标准《早期基础阶段法定框架》，最终形成包含个人、社会和情感的发展、数学、识字、表达艺术和设计以及对世界的理解七大领域和十七个子目标的质量标准体系；新西兰政府修订学前教育课程标准《编席子：早期教育课程》，以培养幼儿学习倾向和提升工作能力为目标，在健康、交流、归属、贡献和探索五个领域，遵从授权、全面发展、家庭和社区以及联系四大原则，设计出以幼儿为中心的课程标准。鉴于此，针对构建学前教育质量标准，可将我国2012年发布的《3—6岁儿童学习与发展指南》从以下方面予以修订。

（1）在我国现有学前教育质量标准的健康、语言、社会、科学和艺术五个领域，以发展适龄幼儿的信任、活泼、自信、勇气、好奇心、责任与坚持的学习倾向，培养适龄幼儿在已有知识经验基础上发展新的知识与技能、形成自己的态度和期望的能力，以适龄幼儿与教师以及家长共建知识为理念，将《3—6岁儿童学习与发展指南》的内容予以细化。

（2）将学前教育质量标准的课程具体纳入义务教育课程标准建设，按照义务教育课程标准制定的流程，制定学前教育课程基本规范和质量要求作为学前教育教材编写、教学和评估依据，并依据理论发展与外部环境变化定期修订。特别注意的是，接受学前教育的适龄幼儿区别于接受义务教育的儿童，需以幼儿认知发展规律为依据，开发符合3～6岁年龄段以幼儿为中心、实践操作为主的学前教育课程。

6.2.3 政府供给学前教育质量监督、评价和公开制度

政府在运行中存在公共决策中的经济人行为，即计划的制定者和执行者追求自身利益最大化的行为，这会影响学前教育资源配置效率，以及学前教育质量的信息不对称，导致适龄幼儿家长无法获取有效信息区分高质量学前教育、非普惠性民办幼儿园无法获得差异化服务带来的超额利润，进而阻碍市场机制发挥提升学前教育质量的作用。结合我国政府在学前教育质量监督、评价与公开方面存在的不足，我国亟须建立学前教育质量监督、评价和公开制度。

学前教育质量监督与评价制度的建设，可借鉴英国与新西兰的经验。英国设置独立机构教育标准局、购买第三方机构的专业服务和以《学校督导大纲》《督导手册》为要求对经费管控、管理模式方面予以监督与评价；新西兰设置独立评估机构，按照课程标准要求，对围绕教师、家长、幼儿及管理者等多方搜集的调查证据予以评估。且两国皆将学前教育质量评估结果有效传递给政府部门、学前教育机构以及适龄幼儿家长，起到促进学前教育质量提升的作用。鉴于此，我国学前教育质量监督、评价和公开制度是建立在从学前教育质量标准发展而来的指标评价体系基础上，并从以下三点展开的。

（1）学前教育质量监督应包含三方面主体：学前教育机构的自我监督、社会公众的监督，以及权威评估机构依据学前教育质量标准设计的监督指标进行第三方监督。需注意，社会公众监督职能的发挥，需要政府增加政策执行的信息公开度和透明度，给予公众监督的信息获取渠道，同时，设置通畅的双向信息反馈通道、公众监督和政府问题处理进度的信息反馈渠道。

(2）学前教育质量评估，应遵循管办评分离的原则，由权威的第三方评估机构独立进行学前教育质量的评价工作。搭建具有公信力的学前教育质量信息公开平台，及时且全面地向公众、学前教育机构与政府公开信息。

(3）对于学前教育质量监督与评估结果的使用，政府依据督导结果和奖惩规则实施奖惩，学前教育机构根据反馈结果进行有针对性的改进，社会公众亦可依据督导结果进行合理的学校选择决策，共同促进学前教育质量的提升。

6.2.4 学前教育师资队伍建设保障制度

学前教育满意度实证研究结果证实，适龄幼儿家长存在学前教育服务的满意度较低时“重硬件、轻软件”、满意度较高时对幼儿教师“重数量而轻质量”的不合理偏好。进一步地，不合理偏好导致幼儿园管理者出于经济利益或者考核压力予以迎合，进而导致学前教育师资队伍建设中呈现教职工数量匮乏与结构不合理，幼儿园教师的职业发展受限、薪酬待遇低且不公，“教师”身份属性渐衰等诸多现实问题。与此同时，目前我国学前教育师资队伍制度建设中，虽然引领性文件《国务院关于加强教师队伍建设的意见》和《关于加强幼儿园教师队伍建设的意见》已从师德建设、专业化水平、教师管理制度、教师权益保障和待遇以及部门分工合作五个方面回应现实问题，但是在教师权益与待遇、教师培养、职称评定与考核等方面仍需进一步完善。

为完善我国学前教育师资队伍建设保障制度，从我国学前教育师资建设的问题出发，有条件地借鉴新西兰的成熟经验，将我国学前教育师资队伍建设保障制度划分为四部分，包括教师资格认证标准、各院校学前教育教师培养计划与入职选拔标准、针对初入职教师的入职指导计划以及在职幼儿园教师的权益保障制度。

(1）完善幼儿园教师资格认证标准，为学前教育教师培养选拔、职称评定与监管提供依据。具体而言，在2012年颁布的《幼儿园教师专业标准（试行）》的基础上，补充幼儿园教师在师德方面的详细考核标准，以应对近年来频发的幼儿园虐童事件。

（2）制定幼儿园教师的培养计划与入职选拔标准。各院校的学前教育专业培养计划应当与教师资格标准紧密挂钩，保证教师入职前专业知识与技能的培养，助力通过包含信仰与态度、学术入学准则、算术与读写能力、个人和专业素质以及其他特殊要求等方面的入职选拔。

（3）制定学前教育教师入职指导计划。入职指导类似实习转正，在一年内给予新入职教师实习过程考核，以确定是否适合成为一名学前教育教师。但需要特别注意，大部分新入职学前教育教师是从学校毕业直接进入幼儿园工作环境的，学校理论教学与实践过程存在一定程度差异，所以要建立“一对一”“老带新”的个性化入职引导，和学前教育管理机构组织的入职专业培训相衔接，助力新入职教师职业满意度的提升。

（4）制定在职幼儿园教师的权益保障制度。这具体包括在培养阶段，针对学前教育专业全日制学生提供的学前教育奖学金，以及针对普惠幼儿园教师在工作阶段给予的各类福利津贴。需要特别注意的是，幼儿园教师的各项权益还需要不断完善的学前教育成本分担机制予以保障。

6.2.5 推动学前教育立法发展

当前学前教育发展的问题与机遇并存，亟需共同促进学前教育立法发展。我国学前教育顶层设计、相关制度缺乏强制力保护，导致政府职能越位与缺位问题并存。加之学前教育改革以来，相关经验教训在持续积累，为学前教育立法提供了参照。

具体而言，学前教育法的内容应当涉及学前教育的六大关键点：第一，学前教育的定位是立法的前提；第二，学前教育中政府的责任划分，包括明晰政府间事权与支出责任，划分不同层级政府承担的财政投入责任、管理职责以及运行机制；第三，作为学前教育质量的重要保障，幼儿教师的身份地位确认、工资保证以及促进专业发展体系的构建都至关重要；第四，幼儿园办园体制以及办园行为的规范化；第五，完善的评估与督导以及问责机制，将大大提高政府财政投入的绩效以及未来政府政策的有效性；第六，政府在学前教育的供给中，首先需要满足的对象是处于弱势地位的幼儿，所以应当构建弱势群体的扶助制度。

6.3 建立规范学前教育政府间事权与支出责任划分制度

学前教育供给中政府与市场的职责定位以及政府供给的各项制度的实施，仍需各级政府分工合作、协作完成。特别是当前，学前教育财政投入不足且区域性差距显著的问题凸显，而学前教育政府间事权与支出责任的下移趋势加剧了基层政府供给公共物品的事权与财力矛盾。鉴于此，本节将从学前教育的中央政府、省级政府和县级政府事权与支出责任进一步规范的角度提出建议。

6.3.1 中央政府学前教育事权与支出责任

基于学前教育的经济外部性与社会外部性的产品属性与公平原则，结合人口流动对人口流出地的地方政府供给学前教育的负向激励，以及学前教育成本政府分担比例省级差距较大的现实，中央政府应当承担全国层面的学前教育总体规划、制度供给以及省级政府层面均衡的统筹职能。

中央政府对学前教育的支出责任应当与中央政府事权相匹配，这里将重点分析中央政府统筹职能对应的支出责任。中央政府以其制定的学前教育规划中所规定的全国层面的学前教育成本政府分担比例和基本质量标准（以下简称“国家标准”），按照前述成本核算方法核定全国层面的学前教育基本质量成本（以下简称“国家标准成本”），并以此为上限“兜底”统筹省级政府学前教育，即中央政府对省级政府自有财力无法满足国家标准时给予资金补助，均衡各省之间学前教育的发展。

中央政府的支出责任具体表现为承担处境不利适龄幼儿的部分学前教育成本、资源匮乏地区新增幼儿园的固定成本以及一定额度的人员经费和培训费。进一步细化为：

第一，对尚不能满足基本质量需求的处境不利的适龄幼儿家庭，给予幼儿成本补贴，成本补贴的额度以国家标准成本为上限，扣除已发生的对普惠性幼儿园的补贴部分，即等价于国家标准成本中原本由幼儿家庭承担的成本。第二，中央政府承担一定比例的学前教育资源匮乏地区新增幼儿园的固定成本。第三，中央政府承担一定比例的学前教育人员经费和培训费，承担的限额为以中央设定的学前教育教职工工资水平为基准的全国最低人员经费和培训费。

6.3.2 省级政府学前教育事权与支出责任

基于中央政府制定的全国学前教育规划与学前教育相关制度，结合本省学前教育资源存量、政府管理和支出水平以及省域内人口政策与人口流动引起的适龄幼儿人口规模的浮动，省级政府应承担适当调整制定本省的学前教育规划、落实学前教育相关制度建设的职责。最为关键的是，基于公平原则以及省域内经济发展不平衡、县级政府提供地方公共产品事权与自有财力不匹配的现实，省级政府还应承担学前教育省域内统筹职能。省级政府的统筹职能以其调整制定的学前教育规划中所规定的省级层面的学前教育成本政府分担比例和基本质量标准（以下简称“省级标准”），按照前述成本核算方法核定省级层面的学前教育基本质量成本（以下简称“省级标准成本”），并以此为上限“兜底”统筹县级政府学前教育，其中省级标准至少不低于国家标准。

基于事权与支出责任相匹配的原则，省级政府学前教育的支出责任体现在：省级政府应当以省级标准为上限，以省级标准和国家标准的差额为依据对县级政府给予转移支付支持，当县级政府自有财力无法满足国家标准时，省级政府首先利用省级自有财力予以均衡，不足时利用中央政府用于学前教育的转移支付加以弥补。当县级政府自有财力满足国家标准，但不满足省级标准时，省级政府利用自有财力，均衡县级政府自有财力与省级标准的差额。

省级政府学前教育的支出责任具体体现在：

第一，对尚不能满足基本质量需求的处境不利的适龄幼儿家庭，给予幼儿成本补贴，成本补贴的额度以学前教育省级标准成本与全国标准成本的差额予以衡量。

第二，省级政府承担一定比例的学前教育人员经费和培训费，分担的限额为以省级政府设置的学前教育教职工工资水平为基准的省级最低人员经费和培训费。当县级政府财力不足以满足全国最低标准时，省级政府首先利用自有财力加以均衡，当无法满足时，利用中央政府的转移支付予以弥补；当县级政府的财力足以满足中央设置的全国最低人员经费和培训费标准，但是尚无法满足省级最低标准时，省级政府利用自有财力弥补资金缺口。

6.3.3 县级政府的事权与支出责任

基于对学前一年教育纳入义务教育以及政府间事权下移风险的考量，确定县级政府应当承担学前教育的主要事权。

县级政府承担学前教育运行、管理和统筹县域内城乡一体的职能。具体来说，首先，按照省级政府的制度规定，组织拓宽途径扩大县域内普惠性幼儿园的学位供给，落实幼儿园教职工配备标准、教师培训和教师待遇保障等政策，承担学前教育运行、管理职能。其次，以县域经济发展规划为指导，从人口流动和适龄儿童分布的角度，均衡县域内县城、镇和乡之间学前教育资源配置，缓解镇幼儿园校舍相对紧张、乡村教师匮乏的资源配置现状，以及在学前教育财政投入中投入结构不合理(即着重投资硬件设施而忽视教师队伍建设)，发挥县级政府县域内学前教育资源配置的统筹职能。

县级政府学前教育的支出责任具体体现在：

第一，当学前教育生均保育费超过县域内适龄家庭负担能力时，县级政府依据当地实际，承担一定比例的学前教育日常修缮费与其他公务费。

第二，作为学前教育运行管理事权的承担者，县级政府应当承担一定比例的与学前教育质量密切相关的学前教育人员经费和培训费，成本补贴额度以省级标准成本为上限，财政资金缺口通过中央政府和省级政府的转移支付予以弥补。

6.4 优化学前教育供给中财政支持方式与绩效

学前教育供给政府与市场职能的发挥，需要各级政府分工合作落实学前教育的制度供给，除此之外，至关重要的环节是学前教育财政经费的高效投入。因此，在学前教育供给政府与市场的职能定位、制度供给以及学前教育政府间事权与支出责任划分的基础上，本节进一步探讨优化学前教育供给财政支持方式与绩效的策略。

6.4.1 建立完善学前教育经费投入机制

基于成本分担理论的效率与公平原则，结合学前教育供给中的突出问题和满意度实证结果，按照学前教育成本核算方法，采用固定成本与可变成本独立补贴，分项目按幼儿园性质完善我国学前教育经费投入机制。学前教育经费投入具体设计如下：

第一，学前教育可变成本包含人员经费、培训费、日常修缮费和其他公务费，各类成本项目存在补贴次序。具体而言，考虑到学前教育师资队伍建设的突出问题应优先补贴人员经费和培训费，且规定公办幼儿园与普惠性民办幼儿园享有相同的补贴力度；考虑到其他公务费和日常修缮费在学前教育成本中比重较低，当学前教育保育费造成适龄幼儿家庭较大经济压力时可选择性补贴。

第二，考虑到学前教育固定资产有存量和流量之分，且获取固定资产的方式有自建和租赁两种形式，因此，下面将分类论述学前教育固定成本的财政补贴方式。首先，对于学前教育固定资产以自建形式获取的存量部分，本年度将不再有货币形式的政府资金投入。即已建成的公办幼儿园固定成本已经在过去年度以基础建设支出一次性计入财政支出项目，在新的会计年度将不再有货币支出在财政支出账目中体现。其次，对于学前教育固定资产以自建形式获取的流量部分以及以租赁形式获得的部分，即新建或扩建的普惠性幼儿园成本，按照标准生均固定成本予以补贴。需注意，在财政资金有限的情况下，可采取对普惠性民办幼儿园固定成本部分补贴的方式。

6.4.2 多元化财政支持方式

基于各国学前教育供给的梳理，将财政支持方式概括为以学前教育机构和以适龄幼儿家庭为财政补贴对象两类，并结合我国当前学前教育财政支持方式以适龄幼儿家庭为财政补贴对象和仅有税收抵免、幼儿资助的现实分析，以及将财政补贴发放给适龄幼儿家庭比发放给学前教育机构的福利效果更为显著（张屹山，1994）的理论分析，提出在学前教育供给相对充足的前提下，试行弗里德曼倡导的教育券制度。

教育券的优势体现在保证针对适龄幼儿的津贴用于购买学前教育服务，与此同时，能充分发挥市场机制促进学前教育质量提升的作用。具体表现为：首先，与直接给予适龄幼儿家庭津贴相比，适龄幼儿家长持有等值的教育券仅能选择学前教育服务而不能移作他用，这样能够保证即使适龄幼儿家长存在对学前教育服务效用评价低于社会一般水平的不合理偏好，也能满足指定人群的学前教育需求。其次，通过适龄幼儿家长持教育券选择幼儿园，幼儿园凭借更高质量的学前教育服务获取教育经费的方式，可以达到学前教育质量提升的正向激励，进而发挥学前教育供给中市场机制的作用。

但不应回避的是，教育券制度在学前教育供给中的有效实施，需要建立在完善的制度保障以及学前教育供给相对充足的基础之上。具体而言，首先，完善的学前教育制度包括：学前教育质量标准、质量监督、评价和公开制度、师资队伍建设保障制度、幼儿认知发展常识普及，以及经费投入机制和绩效评价机制等。其次，各类幼儿园的竞争起点差距应当控制在一定范围内，否则将带来马太效应，即原本在学前教育质量具有优势的幼儿园吸引多数生源从而获取大量学前教育经费，进而在充足资金的保障下得以提高学前教育质量吸引更多生源，相反，原本处于劣势的幼儿园则会越来越无以为继进而被市场淘汰，从而带来市场垄断势力提高的结果，而市场垄断势力的增强，可能会使学前教育市场机制促进质量提升的优势消失。

主要参考文献

[1] 包海芹，徐丹．基于DEA模型的我国东部城市幼儿园办学效率分析［J］．学前教育研究，2015（11）：3-12．

[2] 柏檀，王水娟，李芸．外部性视角下我国学前教育财政政策的选择［J］．教育与经济，2018（5）：65-72．

[3] 綦迎旗，王佳悦，张亮．我国学前教育供给模式的演变历程与展望：1949—2019［J］．华中师范大学学报（人文社会科学版），2019，58（5）：25-37．

[4] 曾娟红，赵福军．促进我国经济增长的最优财政支出结构研究［J］．中南财经政法大学学报，2005（4）：77-81．

[5] 曾晓东，范昕．建国60年来我国学前教育财政制度改革研究［J］．幼儿教育：教育科学，2009（10）：1-5．

[6] 曾晓东．政府早期教育与服务财政支出规模的知识基础［J］．学前教育研究，2008（1）：3-6．

[7] 陈欢，王小英．市场机制与政府干预的耦合：基于中英家长择园比较的反思［J］．外国中小学教育，2019（1）：37-43．

[8] 陈蓉晖，安相丞．农村学前教育公益普惠水平的测评与分析［J］．中国教育学刊，2018（11）：25-31．

[9] 陈颂东．我国城乡二元财政的形成与一元化演变［J］．西部论坛，2014，24（1）：9-18．

[10] 崔保师，曾天山，刘芳，等．基础教育服务对象满意度实证研究［J］．教

育研究，2019，40（3）：80-89.

[11] 崔海丽，黄忠敬，李益超．实施学前一年免费教育的“三步走”战略——教育经费需求的视角［J］．华东师范大学学报（教育科学版），2018，36（5）：83-93，168.

[12] 崔总合．市场机制与政府作用的耦合：当前学前教育发展的基本路径［J］．现代教育管理，2018（4）：20-24.

[13] 但菲，王小溪，刘笑男．基于结构方程的高校学前教育专业学生教育实习满意度模型［J］．学前教育研究，2018（10）：36-45.

[14] 丁维莉，陆铭．教育的公平与效率是鱼和熊掌吗——基础教育财政的一般均衡分析［J］．中国社会科学，2005（6）：47-57，206.

[15] 董青．发达地区普惠性幼儿园教育成本分担——以粤省S县为样本［J］．地方财政研究，2017（1）：85-90.

[16] 董艳艳．近十年我国学前教育经费投入及其主要成效与困境［J］．当代教育科学，2015（1）：34-38.

[17] 杜莉．学前教育拨款省级统筹现状分析及其保障建议［J］．学前教育研究，2017（11）：3-13.

[18] 樊婷婷．学前教育专业满意度调查研究［J］．广西教育，2014（31）：163-164.

[19] 范昕，李敏谊．幼儿园教师到底是什么？——从替代母亲到专业人到研究者的发展历程［J］．教师教育研究，2018，30（4）：92-98.

[20] 方怡妮，牟映雪．幼儿园教师专业自我发展现状及其影响因素［J］．学前教育研究，2015（10）：57-63.

[21] 方征，余美君．班额对教师课堂教学行为的影响［J］．教育发展研究，2013，33（12）：31-35.

[22] 方征．班额调整须与教育发展阶段相适应——班额效应“异常”的思考［J］．教育发展研究，2015，35（4）：38-41.

[23] 冯婉桢，康亚军．县域学前教育资源配置效率与优化路径研究——基于西部地区H县2011—2016年的数据分析［J］．基础教育，2019，16（3）：70-77，85.

[24] 冯婉桢，吴建涛．普惠性幼儿园弹性定价机制构建［J］．教育研究，2019，40（5）：94-102.

[25] 冯婉桢，吴建涛．政府和市场在学前教育资源配置中的角色错配与调整研究——基于教育资源配置效率的分析［J］．教育科学，2016，32（4）：1-6.

[26] 冯婉桢．雁行发展与区域学前教育资源微观配置效率的提升研究［J］．基础教育，2018，15（1）：40-46.

[27] 冯婉桢．民办幼儿园园长对地方政府学前教育管理的满意度［J］．学前教育研究，2015（4）：27-34.

[28] 冯晓霞，蔡迎旗，严冷．世界幼教事业发展趋势：国家财政支持幼儿教育［J］．学前教育研究，2007（5）：3-6.

[29] 傅勇．财政分权、政府治理与非经济性公共物品供给［J］．经济研究，2010（8）：4-15.

[30] 高琳．分权与民生：财政自主权影响公共服务满意度的经验研究［J］．经济研究，2012，47（7）：86-98.

[31] 高孝品，秦金亮．城乡幼儿家长对学前教育满意度的调查研究——基于浙江省的取样数据［J］．幼儿教育，2017（1）.

[32] 桂磊．关于财政性学前教育经费在幼儿园之间的分配问题［J］．学前教育研究，2004（3）：48-50.

[33] 郭燕芬，柏维春．我国学前教育经费投入-产出效率分析及政策建议［J］．学前教育研究，2017（2）：3-16.

[34] 洪秀敏，张明珠．我国幼儿园教师权益保障状况及对其职业压力的影响——基于全国18个城市的调查［J］．教师发展研究，2020，4（1）：74-80.

[35] 黄洪，庄爱玲，张翼飞．学前教育财政投入的分担机制研究——基于事权与支出责任相适应的视角［J］．教育与经济，2014（3）：21-25.

[36] 霍利婷，王桂新．中国学前教育资源空间均衡度变化研究——兼论两期“学前教育三年行动计划”的实施成效［J］．现代教育管理，2019（10）：14-20.

[37] 霍力岩，沙莉，郑艳．世界部分国家学前教育基本属性的比较研究［J］．比较教育研究，2011，33（6）：5-9.

[38] 江夏．“准公共产品”抑或“公共服务”——不同视域中的学前教育属性及其供给差异［J］．教育理论与实践，2017，37（11）：17-20.

[39] 姜勇，庞丽娟．我国普惠性学前教育公共服务体系建设的突出问题与破解思路——基于ROST文本挖掘系统的分析［J］．湖南师范大学教育科学学报，2019，18（4）：51-58.

[40] 黎日龙，朱星曌，吕苹．乡镇学前教育公共服务满意度调查及相关建议——以杭州市W镇为例［J］．幼儿教育：教育科学，2015（Z6）：28-32.

[41] 李辉．改革开放40年我国民办学前教育的发展历程与展望——基于政府与市场的关系视角［J］．学前教育研究，2019（2）：21-28.

[42] 李键江，花筝．我国学前教育资源配置效率现状及其对策研究［J］．基础教育，2020，17（1）：47-58.

[43] 李玲，黄宸，李汉东．“全面二孩”政策下城乡学前教育资源需求分析［J］．教育研究，2018，39（4）：40-50．

[44] 李萌．我国家庭学前教育成本分担研究［J］．湖南师范大学教育科学学报，2014，13（6）：101-107，115．

[45] 李硕豪，耿乐乐，富阳丽．公众某础教育满意度实证研究——基于2015年甘肃省网络调查的数据［J］．基础教育研究，2016（11）：10-15．

[46] 李文彬，艾俊雯，沈涵．我国基础教育公众满意度的影响因素研究——基于分层模型的视角［J］．教育导刊，2019（10）：20-25．

[47] 李祥云，徐晓．中国学前教育财政制度重构——从社会福利转向公共服务［J］．中南财经政法大学学报，2015（4）：75-79，87，159．

[48] 李振宇，王骏．中央与地方教育财政事权与支出责任的划分研究［J］．清华大学教育研究，2017，38（5）：35-43．

[49] 梁文艳，王玮玮，史艳敏．人口政策调整后学前教育适龄人口变动趋势与教育需求分析［J］．全球教育展望，2014，43（9）：82-91．

[50] 刘鸿昌．学前教育公益性实现研究［D］．成都：四川师范大学，2018．

[51] 刘焱，涂玥，康建琴．学前一年教育纳入义务教育的经费需求及可行性研究［J］．教育学报，2014，10（3）：79-87．

[52] 刘焱，郑孝玲．关于普惠性学前教育公共服务属性定位的探讨［J］．教育研究，2020，41（1）：4-15．

[53] 吕炜，王伟同．我国基本公共服务提供均等化问题研究——基于公共需求与政府能力视角的分析［J］．财政研究，2008（5）：10-18．

[54] 刘焱，郑孝玲．关于普惠性学前教育公共服务属性定位的探讨［J］．教育研究，2020，41（1）：4-15．

[55] 马建芳，田汉族．公立幼儿园服务定位落实的困境与出路［J］．陕西学前师范学院学报，2018，34（2）：109-113．

[56] 倪红日，张亮．基本公共服务均等化与财政管理体制改革研究［J］．管理世界，2012（9）：7-18，60．

[57] 潘月娟，刘焱，周雪．美国学前一年教育的政策与实践［J］．比较教育研究，2010，32（10）：6-11．

[58] 庞丽娟，王红蕾，贺红芳，等．加快立法为学前教育发展提供法律保障［J］．中国教育学刊，2019（1）：1-6．

[59] 秦金亮，李轩，方莹．有效学前教育机构的特征——英国EPPE项目对我国学前教育质量政策制定的意义［J］．外国教育研究，2017，44（1）：15-26．

[60] 秦旭芳，王默．学前教育普惠政策的价值分析［J］．教育研究，2011，32（12）：28-31．

[61] 任慧娟．政府购买公共服务下普惠性学前教育主体关系探析［J］．教育理论与实践，2020，40（5）：3-6.

[62] 沙莉，庞丽娟，刘小蕊．通过立法强化政府在学前教育事业发展中的职责——美国的经验及其对我国的启示［J］．学前教育研究，2007（2）：3-9.

[63] 史慧中．中华人民共和国幼儿教育50年大事记［J］．幼儿教育，1999（10）：4-5.

[64] 孙诚，陈友庆，方东玲．学前教育专业毕业生对母校教学培养的反馈——兼与在校生的比较［J］．学前教育研究，2018（10）：46-59.

[65] 孙开，王冰．政府间普通教育事权与支出责任划分研究——以提供公平而有质量的教育为视角［J］．财经问题研究，2018（8）：73-81.

[66] 孙晓露，周春燕．人岗匹配程度对幼儿园教师职业倦怠的影响：工作满意度的中介和组织支持感知的调节［J］．学前教育研究，2020（1）：42-53.

[67] 王春元．学前教育成本分担：理论模型、实证检验及政策分析［J］．安徽师范大学学报（人文社会科学版），2014，42（5）：653-660.

[68] 王东．构建普惠性幼儿园成本合理分担机制［J］．教育科学，2017，33（3）：78-84.

[69] 王默，秦旭芳．不同利益主体视野下的普惠性幼儿园发展思路——基于辽宁省三市的实证分析［J］．现代教育管理，2015（6）：21-26.

[70] 王鹏程，龚欣．家庭收入与学前教育机会——基于CFPS数据的实证研究［J］．教育发展研究，2018，38（Z2）：18-26.

[71] 王善迈．教育公平的分析框架和评价指标［J］．北京师范大学学报（社会科学版），2008（3）：93-97.

[72] 王水娟，柏檀．学前教育财政投入的效率问题与政府责任［J］．教育与经济，2012（3）：4-8.

[73] 王娅，宋映泉．"幼有所育"中政府普惠性投入的必然性——来自六省县级面板数据的历史证据［J］．学前教育研究，2019（6）：14-24.

[74] 魏聪，王海英．我国学前教育成本分担现状与社会期望研究［J］．全球教育展望，2015，44（10）：67-83.

[75] 夏茂林，孙佳慧．我国学前教育经费支出城乡差距的实证分析及政策建议［J］．当代教育与文化，2019，11（1）：108-114.

[76] 肖灿．幼儿家长择园影响因素研究［D］．武汉：华中师范大学，2014.

[77] 谢桂平．教育资源供给效率测算及影响因素分析——基于网络SBM模型的研究［J］．求索，2014（12）：109-113.

[78] 熊波．我国公共服务事权划分的理论思考［J］．财政研究，2007（6）：27-29.

[79] 徐晓. 普惠性学前教育成本测算及分担方案构建——基于H省J县的调研案例分析 [J]. 学前教育研究，2018 (7)：3-12.

[80] “学前教育成本分担研究”课题组，李宏堡，王海英. OECD国家学前教育成本分担现状及其启示 [J]. 学前教育研究，2015 (3)：26-37.

[81] 学前教育成本分担研究课题组，吴静. 我国东部、中部、西部学前教育成本分担现状分析与政策建议 [J]. 学前教育研究，2015 (1)：26-35.

[82] 杨娟. 学前教育成本分担与价格形成机制研究 [J]. 经济研究参考，2012，(59)：18-22.

[83] 杨俊，黄潇，李晓羽. 教育不平等与收入分配差距：中国的实证分析 [J]. 管理世界，2008 (1)：38-47，187.

[84] 杨雪萍. 河南省幼儿教育消费支出水平分析与建议——以大班幼儿家庭为例 [J]. 学前教育研究，2013 (8)：22-26，60.

[85] 闫建璋，张欣. 学前教育纳入义务教育的必要性与可行性 [J]. 现代教育管理，2011 (6)：13-16.

[86] 姚引妹，李芬，尹文耀. “单独二孩”政策下我国受教育人口变化趋势研究 [J]. 教育研究，2015，36 (3)：35-46.

[87] 虞永平. 试论政府在幼儿教育发展中的作用 [J]. 学前教育研究，2007 (1)：3-6.

[88] 翟菁. 集体化下的童年：“大跃进”时期农村幼儿园研究 [J]. 妇女研究论丛，2017 (2)：36-49.

[89] 湛中乐，李烁. 我国学前教育立法研究——以政策法律化为视角 [J]. 陕西师范大学学报（哲学社会科学版），2019，48 (1)：45-53.

[90] 张曾莲. 我国学前教育成本分担研究 [J]. 价格理论与实践，2012 (6)：51-52.

[91] 张明，张学敏，涂先进. 高等教育能打破社会阶层固化吗？——基于有序probit半参数估计及夏普里值分解的实证分析 [J]. 财经研究，2016，42 (8)：15-26.

[92] 张墨涵，季诚钧，田京. 家长满意度与基础教育均衡发展——基于浙江省的调查与思考 [J]. 浙江社会科学，2019 (3)：146-151，133，160.

[93] 张琴秀，赵国栋，成颖丹. 中部六省学前教育成本分担现状比较及政策建议 [J]. 教育财会研究，2019，30 (5)：43-49.

[94] 张雪. 县级政府学前教育成本分担的影响因素 [J]. 教育学术月刊，2016 (9)：53-63.

[95] 张雪. 学前教育财政体制改革政策效果评估——基于地方政府学前教育成本分担的视角 [J]. 教育发展研究，2016，36 (24)：29-36.

[96] 张雪. 学前教育普及化过程中供给方式的选择及影响——基于美国两州学前教育的比较研究 [J]. 学前教育研究，2019 (6)：3-13.

[97] 张屹山，艾成龙. 住宅补贴效果的经济分析 [J]. 经济研究，1994 (4)：73-76.

[98] 张玉琴，南钢. 幼儿园教师职业生涯适应力对离职意向的影响：工作满意度的中介作用 [J]. 学前教育研究，2020 (2)：32-40.

[99] 赵海利. 美国政府学前教育投入的特点、趋势与启示 [J]. 教育研究，2016，37 (5)：141-147.

[100] 赵海利. 学前教育成本分担：文献分析的视角 [J]. 教育发展研究，2011，33 (24)：14-18.

[101] 赵慧君，胡文雅. 民办幼儿园教师生存现状、问题及策略——以吉林省长春地区为例 [J]. 长春师范大学学报，2018，37 (11)：137-140.

[102] 赵景辉，刘云艳. 政府分担学前教育成本的合理性及其运行机制 [J]. 学前教育研究，2012 (2)：15-19.

[103] 赵彦俊，刘敏慧. 学前教育生均经费投入的区域差异分析——基于基尼系数和帕尔玛比值的考查 [J]. 学前教育研究，2017 (8)：35-45.

[104] 赵卓娅. 我国学前教育财政事权与支出责任划分问题探讨 [J]. 河南教育学院学报（哲学社会科学版），2018，37 (2)：59-64.

[105] 郑楚楚，姜勇，王洁，等. 公办学前教育资源区域配置的空间特征与均衡程度分析 [J]. 学前教育研究，2017 (2)：17-26.

[106] 郑方辉，胡晓月. 积极的财政教育政策应着力提升公众教育满意度——基于广东省的抽样调查 [J]. 中国行政管理，2019 (6)：111-116.

[107] 庄爱玲，黄洪. 我国学前教育财政投入绩效及城乡差异 [J]. 教育与经济，2015 (4)：50-56.

[108] ARTHUR J，ROLNICK. Early childhood development: economic development with a high public return [J]. Region，2003 (3)：14.

[109] BARNETT W S，BELFIELD C R.Early childhood development and social mobility [J]. The Future of Children，2006 (16).

[110] BECKER G，CHISWICK B. Education and the distribution of earnings [J]. The American Economic Review，1966，56 (1/2)：358-369.

[111] BELFIELD C R，NORES M，SCHWEINHART B L.The high/scope perry preschool program: cost-benefit analysis using data from the age-40 followup [J]. Journal of Human Resources，2006，41 (1)：162-190.

[112] BERLINSKI S，GALIANI S，GERTLER P. The effect of pre-primary education on primary school performan [J]. Journal of Public

Economics, 2009, 93 (1-2): 219-234.

[113] DELALIBERA, FERREIRA. Early childhood education and economic growth [J]. Journal of Economic Dynamics and Control, 2019 (98): 82-104.

[114] BUCHANAN J M. Demand and supply of public goods [M]. Chicago: Rand Mcnally, 1968.

[115] ABINGTON C, BLANKENAU W. Government education expenditures in early and late childhood [J]. Journal of Economic Dynamics and Control, 2013, 37 (4): 854-874.

[116] DUNCAN R, TIAN X. China's inter-provincial disparities: an explanation [J]. Communist & Post Communist Studies, 1999, 32 (2): 211-224.

[117] GRAMLICH. Evaluation of education projects: the case of the perry preschool program [J]. Economics of Education Review, 1986, 5 (1): 17-24.

[118] GRISAY, ALETTA, MAHLCK, et al. The quality of education in developing countries: a review of some research studies and policy documents [J]. Developing Nations, 1991 (100): 87.

[119] MAY H. Early Childhood care and education in Aotearoa-New Zealand: an overview of history, policy and curriculum [J]. McGill Journal of Education, 2002 (2).

[120] Roberts H. What is sure start? [J]. Arch Dis Child, 2000, 82 (6): 435-437.

[121] WONG, LUO R, ZHANG, et al. The impact of vouchers on preschool attendance and elementary school readiness: a randomized controlled trial in rural China [J]. Economics of Education Review, 2013 (35): 53-65.

[122] HECKMAN J J, MOON S H, PINTO R, et al. The rate of return to the highscope perry preschool program [J]. Journal of Public Economics, 2010, 94 (1-2): 114-128.

[123] FINN J D. Achilles C M. Answers and questions about class size: a statewide experiment [J]. Educational Research Journal, 1990 (27): 557-577.

[124] GREGORIO J D, LEE J W. Education and income inequality: new evidence from cross-country data [J]. Review of Income & Wealth, 2002, 48 (3): 395-416.

[125] TEMPLE J A, REYNOLDSA J. Benefits and costs of investments in preschool education: evidence from the child-parent centers and related programs [J]. Economics of Education Review, 2007, 26 (1): 126-144.

[126] KIMURA M, YASUI D. Public provision of private child goods [J]. Journal of Public Economics, 2009, 93 (5): 741-751.

[127] SCHWEINHART L J, WEIKARTD P. The high/scope preschool curriculum comparison study through age 23 [J]. Early Childhood Research Quarterly, 1997, 12 (2): 117-143.

[128] HARGREAVES L, GALTON M, PELLA. The effects of changes in class size on teacher - pupil interaction [J]. International Journal of Educational Research, 1998 (29): 788-789.

[129] BASTOS P, STRAUME O R. Preschool education in Brazil: does public supply crowd out private enrollment [J]. World Development, 2016 (78): 496-510.

[130] SPODEK B. Chinese kindergarten education and its reform [J]. Early Childhood Research Quarterly, 1989, 4 (1): 31-50.

[131] TIEBOUT, CHARLES M. A pure theory of local expenditures [J]. Journal of Political Economy, 1956, 64 (5): 416-424.

[132] TURGEON L. Tax, time and territory: the development of early childhood education and child care in Canada and Great Britain [D]. 2010.

[133] Gong X, Xu D, Han W J. The effects of preschool attendance on adolescent outcomes in rural China [J]. Early Childhood Research Quarterly, 2016 (37): 140-152.

索引